노동사회과학 제12호
자본주의 위기 격화와 계급투쟁

엮은이: 노동사회과학연구소 연구위원회
연구위원장: 문영찬
편집위원: 고희림, 권정기, 김용화, 김유정, 김정수, 김해인, 배은주, 신재길, 심미숙, 이규환, 이동건, 이상배, 임경민, 장인기, 전성식, 채만수
펴낸이: 채만수
펴낸곳: 노사과연
교정·교열: 문영찬, 이동건
편집: 이동건
표지디자인: 이규환

등록: 302-2005-00029 (2005.04.20.)
주소: (우)06916서울시 동작구 본동 435번지 진안상가 나동 2층
      (신주소: 서울시 동작구 노량진로 22길 31 나동 2층)
전화: (02) 790-1917 | 팩스: (02) 790-1918
이메일: wissk@lodong.org
홈페이지: http://www.lodong.org

발행일: 2019년 11월 9일

ISBN   978-89-93852-32-2   04300
       978-89-956695-8-7   04300

* 책값은 뒤표지에 있습니다.
* 잘못된 책은 바꿔드립니다.

노동사회과학 12호

자본주의 위기격화와 계급투쟁

차 례

편집자의 글 / 7

| 문영찬 | 자본주의 위기의 시대, 사회주의 기치 하에 변혁운동의 재정립으로! | 7 |

권두시 / 16

| 고희림 | 파업 | 16 |

특집 한국 자본주의의 위기와 노동자계급의 대응방향 / 19

채만수	위기의 세계경제에 대하여	20
문영찬	한국 자본주의의 위기와 노동자계급의 전술적, 전략적 과제	42
김태균	문재인 정권에 맞서는 노동운동의 전술 원칙	62
문영찬	한(조선)반도에서 전쟁과 평화의 문제에 대하여	95
채만수	득세하는 포퓰리즘, 그리고 파씨즘과 모칭 사회주의	110
김형균	한국 노동운동의 전개와 '사회구성체(사회성격)' 논쟁에 대한 비판적 검토 – '계급모순'과 '민족모순'의 통일적 인식을 위하여	136
홍승용	헤겔과 맑스를 읽는 기묘한 방식 – 알튀세르와 들뢰즈의 경우	184

박문석	[서평] ≪자본론≫, 채만수 역	208
김용화	[서평] 노동해방 · 인간해방 : "각자는 그 능력에 따라서 노동하고, 각자에게는 그 필요에 따라서 주어진다"	226
제일호	[번역] 공산당 및 노동자당 20차 국제회의에서, 그리스 공산당 중앙위원회 총서기 디미트리스 코촘파스(Dimitris Koutsoumpas)의 연설	255
제일호	[번역] '68'년 5월로부터 우리는 무엇을 배웠는가?	268

편집자의 글

자본주의 위기의 시대, 사회주의 기치 하에 변혁운동의 재정립으로!

자본주의의 위기가 깊어지고 있다. 자본의 과잉생산으로 인한 경제위기는 미국, 중국, 유럽, 일본, 한국 등 세계 곳곳에서 전개되고 있는데 그것은 국가독점자본주의 하에서 장기적인 경제 침체로 나타나고 있다. 그리하여 세계 무역 자체가 침체되고 있고 이러한 위기는 무역의존도가 높은 한국 경제를 깊은 나락으로 떨어뜨리고 있다.

이러한 위기에 대해 자본가계급은 극우 이데올로기를 강화하는 것으로 대응하고 있다. 중국과 미국의 무역 분쟁, 한국과 일본의 무역 분쟁에서 보듯이 주요 자본주의 세력 간의 갈등이 심화하고 있다. 또한 시리아, 리비아 등 세계 곳곳은 자본의 지배와 헤게모니를 둘러싼 전쟁이 발발하고 있다. 한편 경제위기를 노동자, 민중들에 대한 억압과 착취, 수탈의 강화를 통해 돌파하려는 자본의 공세에 대한 노동자, 민중들의 투쟁 또한 성장하고 있다. 칠레에서 지하철 요금 인상에 항의하는 시위가 폭발하는 등 중남미의 각국은 시위의 물결이 일고 있다.

그러나 이러한 노동자, 민중들의 투쟁은 자연발생적인, 즉자적 성격을 띠고 있다. 투쟁의 목표와 전망이라는 점에서 그리고 조직화의 정도에서 아직까지는 자연발생적 양상인 것이다. 자본주의의 위기가 깊어갈수록, 노동자·민중을 짓누르는 억압은 자본주의 자체의 모순에서 비롯되고 있다는 것을 노동자와 민중들은 깨달아 갈 것이다. 사회의 모든 부를 노동자계급이 생산하지만 자본가들에 의한 생산수단의 사적 소유로 인해 그 모든 부는 자본가에게 귀속되고 있다는 것! 이러한 자본주의의 근본 모순이 해결되지 않는 한 탈출구는 없다는 것이 서서히 명확해질 것이다.

그 과정에서 노동자계급은 자본주의를 넘어서서 계급이 없는 사회, 사회주의 사회에 대한 전망을 찾아 나서게 될 것이다. 그러한 사회주의 사회를 건설할 주체는 바로 노동자계급과 민중 자신임을 깨닫게 될 것이다. 그리고 이러한 과정을 단축하기 위해서는 의식적 전위의 노력이 필요한데 첫째로, 20세기 사회주의에 대한 엄정한 평가를 통한 사회주의의 기치의 재정립을 이루어내야 하고 둘째로, 계급투쟁의 과학에 있어서, 전략과 전술의 영역, 그리고 조직의 영역에서 맑스-레닌주의에 기초한 재정립을 이루어 내야 한다.

이와 같이 현재의 정세는 자본주의의 모순 자체를 폭로하며 대중들에게 사회주의 의식을 제고하는 선전과 선동을 필요로 하며 그리고 운동의 재정립을 위해 필요한 조건들, 무기들을 창출해 내는 노력을 필요로 하고 있다.

한국 사회에서 변혁운동의 재정립이라는 전망 하에 이번 ≪노동사회과학≫ 제12호 "자본주의 위기 격화와 계급투쟁"에서는 <특집>으로 '한국자본주의의 위기와 노동자계급의 대응 방향'을 다루는 등 투쟁의 전망과 운동의 재정립을 위한 연구와 노력들을 담고 있다.

먼저, 특집의 첫 번째로 채만수의 '위기의 세계경제에 대하여'는 현재의 자본주의 세계경제위기에 대한 전반적인 분석과 평가를 담고 있다. 인플레이션과 디플레이션이 경제공황의 상황 하에서, 국가독점자본주의의 상황 하에서 동시적으로 발생하고 있다는 점을 논증하고 있다. 주요하게는 AI(인공지능)으로 대표되는 현재의 생산력 발전이 무인화, 자동화의 전면화를 이끌고 있는 상황은 그러한 생산력 발전과 자본주의적 생산관계의 충돌을 필연화할 것임을 분석하고 있다. 그것의 해결은 생산수단에 대한 자본주의적 사적 소유의 폐지임을 제기하고 있다. 이러한 문제에 대한 일부 '진보적' 지식인들의 기본소득을 통한 해결의 시도는 몰과학임을 폭로하면서 20세기 세계 사회주의 진영 붕괴에 따른 패배주의를 딛고 혁명적 정치조직을 획득하는 길로 나아가야 함을 역설하고 있다.

특집의 두 번째는 문영찬의 '한국 자본주의의 위기와 노동자계급의 전술적, 전략적 과제'이다. 한국 자본주의의 위기가 심화되는 상황에서 제기되는 노동자계급의 과제를 다루고 있다. 한국 자본주의가 국가독점자본주의 하에서 경제 침체의 양상을 보이고 있고 이 위기는 일정 단계에서 폭발의 가능성을 내포하고 있음을 주장하고 있다. 한국사회를 달구었던 조국정세는 자본가계급의 보수화, 반동화로 귀결되고 있으며 이에 맞서 노동자계급의 변혁적 진출이 요청됨을 서술하고 있다. 또한 현 정세에서 노동자계급의 전술적 과제로서 문재인 정권의 '개혁'의 기만성에 맞서서 노동법 개악 저지 등을 중심으로 한 투쟁전선의 형성을 들고 있고 이러한 투쟁이 힘을 갖기 위해서는 변혁전략이 제기되어서 현실의 투쟁을 지탱하는 역할을 해야 함을 주장하고 있다. 즉, 한국 사회를 근본적으로 변혁하는 전망과 전략의 문제는 더 이상 추상적 이론에 그쳐서는 안 되며 현실 정세의 진전에 의해 전략의 문제의 해결이 요청되고 있다는 것을 밝히고 있다.

특집의 세 번째는 김태균의 '문재인 정권에 맞서는 노동운동의 전술원칙'이다. 이 글에서는 문재인 정권과 자본가계급과 직접 맞서는 노동운동의 전술원칙에 대한 탐구를 담고 있다. 먼저 노동운동의 근본적 목표는 자본주의를 넘어서서 계급대립을 철폐하는 노동자계급의 해방임을 분명히 하면서 이 목표에 의해 노동운동의 전술원칙이 규정됨을 밝히고 있다. 전술원칙을 규정하는 객관적 조건으로 두 가지를 들고 있다. 첫 번째는 현 시기가 독점자본주의 시대라는 점, 그로부터 비롯되는 독점자본의 노동통제 전략에 맞서는 것을 들고 있다. 두 번째는 현 시기가 공황기라는 점에서 공황기의 자본가계급의 공세의 특징에서 비롯되는 전술원칙을 들고 있다. 그리하여 문재인 정권 하에서 노동운동은 이윤율 제고, 노동시장 유연화를 위한 자본의 공세에 맞서 비정규직 철폐, 생존권 사수투쟁을 해야 하며 하며 두 번째로, 공황기 자본의 공세에 맞서 자본의 국유화 요구 투쟁을 할 것, 세 번째로, 공황기 자본의 법·제도 개악에 맞서는 투쟁, 네 번째로, 독점이윤에 의해 배양된 노동운동 내 기회주의 세력의 폭로와 노동자 민주주의의 실현, 다섯 번째로, 조합주의, 경제주의 극복을 위하여 노동자계급 정당건설 투쟁의 전면화를 내걸고 있다. 이러한 접근은 현실적으로 노동운동이 견지해야 할 전술원칙의 주요 측면을 드러내고 있지만 정세에 조응해야 하는 것이 전술의 본질적 측면이라는 관점에서 보면 정세의 특징을 독점자본주의 시대와 공황기로만 규정하는 것은 보완을 필요로 하는 것이 아닌가 한다.

특집의 네 번째는 문영찬의 '한(조선)반도에서 전쟁과 평화의 문제에 대하여'이다. 이 글은 한(조선)반도에서의 전쟁과 평화의 문제에 대한 기본적 접근을 보여주고 있다. 한(조선)반도에서 대결과 대화국면의 교체는 남과 북, 북과 미국 사이의 역관계의 변화를 보여주고 있다는 것을 제기한다. 그리고 전쟁은 제국주의가 존재하는 한 사라질 수 없다는 것, 그리고 한(조선)반도에서 전쟁위기는 한-미동맹과 미 제국주의의 신식민지적 지배의 극복을 필요로 한다는 것을 제기한다. 그리고 전쟁은 정치의 연속이라는 클라우제비츠의 명제를 기초로 전쟁위기를 극복하기 위해서는 전쟁위기를 야기하는 제국주의 정치를 극복해야 하며 전쟁위기에 맞선 반전평화투쟁으로 전쟁위기를 지배계급의 위기로 전화시켜야 함을 논하고 있다. 그리고 평화 또한 정치의 산물이라는 점을 분명히 하면서 제국주의를 비롯한 각 계급세력의 평화에 대한 태도를 분석하고 있다.

이러한 특집의 글들은 현 정세 속에 관통하는 특징을 드러내면서 그에 맞서는 노동자와 민중의 계급투쟁의 문제에 대한 기본적 원칙을 담고 있다고 할 수 있다.

채만수의 '득세하는 포퓰리즘 그리고 파씨즘과 모칭 사회주의'는 최근 대두되고 회자되는 포퓰리즘에 대한 분석의 글이다. 먼저 포퓰리즘은 내용적으로 하나의 동일한 개념으로 규정되기 힘들지만 그 행태, 양상에서의 동일성 때문에 포퓰리즘으로 규정될 수 있다는 점을 들고 있다. 즉, 그리스의 시리자 등의 좌익 포퓰리즘, 극우적인 포퓰리즘은 내용적 동일성은 없지만 기성의 정치에서 벗어나서 대중의 감성을 자극하는 행태를 보인다는 점에서 포퓰리즘으로 규정되고 있다고 분석한다. 그러나 실은 부르주아 민주주의적 정치 일반이 곧 포퓰리즘이라 규정하고 있다. 이는 대중의 빈곤과 자본주의 공황의 원인 등에 무지한 부르주아 정치가 몰이론적, 몰과학적이라는 점에서 포퓰리즘적이라고 본다. 그리고 이러한 근년의 포퓰리즘의 발흥의 원인은 자본주의의 위기에서 비롯되고 있으며 그것은 좌익과 우익을 가리지 않는다고 분석한다. 우익적 포퓰리즘은 사실은 파씨즘을 말하는데 부르주아 언론이 이를 포퓰리즘이라 포장하는 것은 20세기에 있어서 파씨즘의 해악과 파멸의 역사를 가리기 위해서라고 본다. 사회주의를 내걸거나 아니면 평등과 민주주의를 내거는 좌익적 포퓰리즘은 생산수단에 대한 사적 소유를 제거하지 않는다는 점에서 파탄할 수밖에 없다. 이러한 좌익적 포퓰리즘의 발흥은 과학적 사회주의 진영이 쏘련 붕괴 후 제 역할을 하고 있지 못하기 때문으로 보면서 과학적 사회주의를 통해 노동자계급의 미래를 열어갈 것을 주장하고 있다.

김형균의 '한국 노동운동의 전개와 '사회구성체(사회성격)' 논쟁에 대한 비판적 검토 – '계급모순'과 '민족모순'의 통일적 인식을 위하여'는 한국의 사회운동에서 보이는 전략구도의 문제에 대한 비판적 분석의 글이다. 이 글은 필자의 포괄적인 인식을 보여주는데 일제하로부터 시작되는 한국의 노동운동사를 사회구성체 논쟁, 전략의 문제와 연관을 지어 논하고 있는 점이 특징적이다. 필자는 사회구성체 논쟁에 대한 분석에서 기본적으로 신식민지 국가독점자본주의의 입장에 서 있는데, 단 그것을 미완성의 이론으로 본다. 예를 들면 독점 강화/종속 심화 테제가 현실의 자본주의에 대한 구체적인 분석과는 거리가 있다는 점을 지적한다. 그리고 이 글의 핵심은 민족모순과 계급모순에 대한 것인데 필자는 한국의 변혁이 민족해방과 계급해방의 통일이라고 본다. 즉, 민족해방과 계급해방은 '동시적이며 통일'되어 있다고 본다. 이러한 관점의 근거로 제국주의 시대에 민족모순은 계급모순의 표현이고 외화형태라는 점을 들고 있다. 이러한 필자의 접근은 전반적이고 포괄적이며 향후 사회변혁전략의 정립을 위해 긴요한 것이다. 그러나 몇 가지 점을 짚는다면 민족모순과 계급모순이 통일되어 있다는 것이 민족해방과 계급해방이 동시에 이루어질 것으로 반드시 연결되는 것은 아니라는 점 그리고 민족모순이 계급모순의 표현형태라는 점이 민족모순과 계급모순의 연관에 대한 구체적 분석의 종착점은 아니라는 점이다. 왜냐하면 민족모순과 계급모순의 통일성은 단지 그 모순들의 상호연관에 대한 구체적 분석의 출발점에 불과할 수도 있기 때문이다. 그럼에도 필자의 문제의식과 노력은 한국 사회운동이 부딪히고 있는 질곡을 드러내고 있으며 또 향후 이론적 발전에 귀중한 자양분이 될 것이다.

　홍승용의 '헤겔과 맑스를 읽는 기묘한 방식-알튀세르와 들뢰즈의 경우-'는 대구에서 현대사상연구소 활동을 하고 있는 필자의 섬세한 이론적 감각이 돋보이는 글이다. 필자의 의도는 현대 서유럽철학이 변증법을 반대하기 위해 헤겔을 배척하는 풍토를 비판하는 것이다. 서유럽에서, 특히 쏘련 붕괴 후에 변증법이 배척되고 매장되면서 그러한 흐름은 한국의 운동진영, 이론진영에도 광범한 영향을 미쳤고 혁명의 대수학으로 불렸던 변증법을 구사하는 사람은 운동진영에서도 이제는 찾기 어려운 실정이다. 이에 대해 필자는 알튀세르, 들뢰즈의 논리의 내적인 모순을 하나하나 드러내면서 무리 없이, 섬세하게 변증법의 필요성과 변증법적 사고의 묘미를 서술하고 있다. 사실 알튀세르의 인식론적 단절이라는 개념, 이론적 실천이라는 개념은 운동에 대해 조금의 진정성이 있는 사람이라면 그 문제점을 인식할 수 있는 것들이다. 이런 엉터리 개념들이 그동안 한국 사회운동에서 판을 쳤던 것은 쏘련 붕괴 후의 한국 운동진영의 이데올로기적 공황상태 때문이었다. 이에 대한 필자의 제대로 된, 멋진 비판은 한국의 사회운동에서 이데올로기적 공황상태가 종식되어 가고 있다는 하나의 징후이다. 이 글은 알튀세르와 들뢰즈에 대해 직접 공부해본 적이 없는 사람이 읽기에 조금 어려울 수도 있지만 이 글에 흐르는 필자의 섬세한 이론적 감각은 독자로 하여금 많은 매력을 느낄 수 있게 할 것이다.

≪노동사회과학≫ 12호 "자본주의 위기 격화와 계급투쟁"에서는 2편의 서평이 실려 있다. 하나는 채만수 역 ≪자본론≫ 1권에 대한 서평이고 다른 하나는 맑스주의 국가론인 ≪가족 사유재산 국가의 기원≫, ≪국가와 혁명≫, ≪프롤레타리아 혁명과 배신자 카우츠키≫에 대한 서평이다. 먼저 박문석은 채만수 역 ≪자본론≫에 대해 독일어 원본에 근거하여 기존의 번역본의 오역을 제거했다는 점을 들고 있다. 역주의 풍부함으로 인해 기존의 막혔던 지점들이 '시원하게' 뚫리고 있다는 점을 새로운 번역본의 장점으로 들고 있다. 그러면서 정치는 경제를 기초로 하기 때문에 정치를 제대로 알려면 우선적으로 자본주의 경제에 대한 과학적 분석을 담고 있는 ≪자본론≫을 읽어야 함을 역설하고 있다. 그리고 노동자들의 경우 혼자서 읽기 어려운 조건인데 이를 세미나를 통하여 극복할 수 있음을 제언하고 있다.

김용화는 맑스주의 국가론을 담고 있는 ≪국가와 혁명≫ 등을 서평하면서 상품과 화폐의 발생, 계급의 발생, 국가의 발생, 프롤레타리아 독재의 문제, 국가의 소멸 등을 다루고 있다. 특히 여성노동자로서 살아가면서 느꼈던 여성 억압에 대해서도, 그것이 계급의 문제에서 비롯된다는 날카로운 지적을 한다. 필자는 프롤레타리아 독재의 문제에 있어서 단호한 태도를 보이는데 계급의 폐지를 위한 노동자계급의 권력은 권력이기 위해서 독재를 필요로 한다는 점을 강조하고 있는 것이다. 필자는 또한 지긋지긋한 임금노동에서 벗어나기 위해서 계급의 폐지가 필요하고 그를 위해서는 '국가권력의 문제'의 해결이 필요하다는 것을 실천적으로 제기하고 있다. 사실 맑스주의 운동의 부활은 이론의 측면에서 프롤레타리아 독재론의 부활을 조건으로 하며 그를 위한 다방면의 노력과 투쟁이 필요할 것이다.

그리고 이번 호에는 그리스 공산당의 활동과 이론을 보여주는 번역 글 두 편이 실려 있다. 그리스 공산당(KKE)의 총서기의 연설문과 서유럽의 68운동에 대한 그리스 공산당의 평가 글이다. '공산당 및 노동자당 20차 국제회의에서, 그리스 공산당 중앙위원회 총서기 디미트리스 코촘파스(Dimitris Koutsoumpas)의 연설'은 현 정세에 있어서 그리스 공산당의 정치적 입장을 요약하고 있다. 특히 최근에 있었던 선거에서 만족스런 결과가 나오지 않은 상태에서 일부 제기되는 타협의 요구, 기존의 요구를 축소시켜야 한다는 주장에 대해 비판하면서 변혁적 노선의 고수와 강화를 주장하고 있다. 그리스에서 자본가계급은 기회주의적인 SYRIZA 정부를 통해 노동자계급의 투쟁을 약화시키려 하고 있는데 이에 대해 자본주의의 근본 모순의 해결이 없이는 탈출구가 없다는 것을 대중에게 선전할 것을 제기하고 있다. 그러면서 대중의 분위기는 여전히 저항을 지향하고 있으며 이를 공산주의적 전위가 앞장서서 이끌어가야 함을 말하고 있다.

68운동에 대한 그리스 공산당의 평가는 귀중한 문건이다. '68년 5월로부터 우리는 무엇을 배웠는가?'는 흔히 68혁명이라고 불리던 운동에 대한 그리스 공산당의 전면적 평가를 담고 있다. 68운동 이후 신좌파운동이 생성되었다는 점에서 68운동에 대한 과학적 평가가 중요한데 그리스 공산당의 평가는 이를 위한 초석을 놓고 있다. 먼저 그리스 공산당은 68운동이 미국의 개입과 그에 대한 프랑스 내 부르주아 계급의 분열의 상황을 평가한다. 드골이 미국으로부터 독립적인 길을 걷고자 하고 그에 대해 프랑스 내 부르주아지 내에서 미국과의 동맹을 중시하는 사회민주주의 세력이 드골에 맞서는 정치적 조건 속에서 68운동이 생성되었음을 분석한다. 68년 당시에 프랑스 자본주의는 공황의 상태가 아니었고 경제적 상승기에 있었음에도 2차 대전 이후 새롭게 형성되는 대중들의 현대적 요구들(가전제품, 자동차, 주택의 구입 등)을 충족시키지 못하고 있었다. 이런 상황이 대중들의 불만을 강화시켰으며, 특히 과학기술혁명의 발전으로 산업에서 과학기술자의 수요가 증가하는 가운데 대학생들이 급증했고 이들의 불만의 폭발이 68운동의 직접적 도화선이었음을 분석한다. 이 운동은 노동조합의 호응으로 폭발적으로 전개되었다. 약 1,000만 명의 노동자가 참가하는 총파업이 68운동에 실질적인 정치적 성격을 부여하였는데 이 과정에서 프랑스 공산당은 대중을 혁명적 요구와 운동으로 이끌지 못하였음을 비판한다. 프랑스 공산당은 2차 대전 후에 부르주아 정부에 참여하기도 했는데 1968년 당시에는 사민당과 연합정부 수립을 목표로 하여 개량주의 노선을 걷고 있었던 것이 대중들을 흐릿한 분위기로 몰고 갔음을 비판한다. 그럼에도 68운동은 현대 자본주의가 대중의 현대화된 요구를 충족시키는 것과 거리가 멀다는 것을 폭로했으며 공산주의적 전위는 자본주의를 넘어서서 노동자계급의 권력 수립의 길로 대중을 인도해야 함을 강조하고 있다.

2019년 11월 9일
노동사회과학연구소 연구위원장 문영찬

권두시

파업[*]

고희림 | 시인, 회원

자고 일어나니 해고
자고 일어나니 불법파견
자고 일어나니 자회사
자고 일어나니 비정규직
자고 일어나도 침묵
자고 일어나니 천막
자고 일어나니 거리
자고 일어나도 집이 아니다
자기도 일어나기도 어려운
땅값 비싼 세습의 땅, 바닥이다

소 닭 보듯 하는 정권 대리인 새끼가
최종 결과에 대해서는
삼척동자도 예측할 수 있다니
탄압하는 데만 주력하는 정부는
노리고 노려
별안간 선수를 치겠지만

---

[*] 이 시는 도로공사 톨게이트 노동자들의 본사점거 투쟁에 결합하면서 그 투쟁과 연대하기 위해 쓴 시들 중의 하나이다.

사회적으로 정치적으로 국제적으로
파업은 이제 노동자의 유일한 무기이다

지도부의 열렬한 핏대도
미온적인 연대와 합심의 힘도
아직은 역부족이다
침묵의 겁박을 넘어서야 한다
시간이 우리의 편이 아님을 누구든 깨닫자
오판하지 말고
우리는
연대의 확산에 주력해야 한다

노조파괴분쇄의 진지가 무너지면
그 여파는 확대될 것이다

전면파업과 동맹파업으로
확보된 쟁의권으로 못할 일도 아니다

위기와 함께 또한 기회도 왔다

자고 일어나면 공장 밖으로 던져 질것인가

파업할 것인가
자고 일어나서 불법파견 당할 것인가
파업할 것인가
자고 일어나면 자회사로 해고당할 것인가
파업할 것인가
또 다른 김용균이 될 것인가
파업할 것인가

투쟁이 어려운
광장의 촛불을 찬양하면서
노무라인이 고사되기를 기다릴지도 모른다

한 단계 더 높은
생산에 타격을 주는 방안까지…
고려해 볼 일이다

파업은 연대는 이제
우리들의 유일한 무기이다

특집

한국 자본주의의 위기와 노동자계급의 대응방향

위기의 세계경제에 대하여

채만수 | 소장

지난 해 말부터 유난히 여기저기에서 '경기 하강'에 대해서 설왕설래하더니, 마침내 지난 9월 20일 정부는 한국경제가 지난 2017년 9월 이래 장기간의 하강국면에 있다고 선언했다. 그리고 IMF·세계은행 총회에 다녀온 홍남기 부총리 겸 기획재정부 장관은 10월 22일, "세계경제 상황에 대한 국제사회의 위기감을 체감했다"며, "경기 하강을 막기 위해 가용 정책을 총동원해 대응해야 한다"고 강조했는데, 그 중에서도 특히 "주 52시간 근로제 확대에 따른 기업 부담 최소화 대책을 마련하겠다"는 다짐이 눈에 띈다. 거듭 "주 52시간 근무제의 보안"을 촉구한, 즉 노골적으로 거침없이 자본의 이익을 위해 봉사하시겠다는 문재인 대통령의 의중을 반영한 발언일 터이다. 부르주아 국가의 권력은 본래 자본의 것이니 물론 조금도 새삼스러울 것은 없다.

아무튼 이러한 모든 움직임은, 한국경제뿐 아니라 자본주의 세계경제 전체가 지금 다시금 위기로 빠져들고 있는 데에 대한 자본의 인식, 그 위기의식의 표현이면서, 동시에 이 위기의 부담을 최대한 노동자들에게 전가하겠다는, 언제나 있어 왔던 방침의 표현이다.

그런데 한편, 자본주의 세계경제는 지난 2007/2008년의 공황 이후, 특히 2008년 가을의 리먼브라더스 파산과 2010년/2011년 남부 유럽국가들의 재정위기 이후, 예전에는 그저 잠복되어 있던 경향이 이제는 명확한 새로운 동향으로 나타나 있다.

인디플레이션 기조의 세계경제

다름 아니라, 인디플레이션(indeflation), 즉 인플레이션과 디플레이션의 동시 진행이라고 하는, 일견 (형용)모순적이지만, 그 성질상 사실은 전혀 모순적이지도, 형용모순적이지도 않은 현상이 그것인데, 이 인디플레이션은 현재 자본주의 세계경제의 기조로까지 되어 있다.

인플레이션과 디플레이션의 동시 진행, 즉 인디플레이션이 전혀 모순적이지도, 형용모순적이지도 않은 이유는, 주지하는 바와 같이, 인플레이션은 전적으로 지폐의 감가(減價)에 의한 물가의 명목상의 상승, 즉 금량(金量)의 증가 없는 명목상의 물가상승임에 비해서, 디플레이션은 과잉생산과 그에 따른 수요부족에 의한 물가의 실질적인 하락, 즉 화폐=금의 가치의 상대적 상승에 의한 물가의 하락, 보다 적은 금량으로 표현되는 물가의 하락이기 때문이다. 따라서 물가의 명목적 인상과 그 심층에서의 실질적 하락의 동시 진행은 그 양자의 본질상 논리적으로 전혀 모순적이지 않은 것이다.

2008년 리먼브라더스 파산 이후 그리고 2010/2011년 아일랜드를 포함한 남부유럽 국가들의 재정위기 이후 미국과 유럽연합 등의 중앙은행들이 "양적 완화(quantitative easing; QE)"라는 신조어까지 유행시키면서, 당시 미 연방준비제도 이사회 의장이던 벤 버냉키(Ben S. Bernanke)의 표현대로, 그야말로 "헬리콥터에서 달러를 뿌리듯", 엄청난 자금을 살포하기 시작했을 때, 경제(학)에 관심이 있는 사람이라는 누구나 고율의 급성 혹은 악성 인플레이션을 예상했을 것이다. 그러나 그 후의 상황 전개는, 예상을 크게 빗나갔을 뿐 아니라, "인플레이션을 2%까지 끌어 올리는 것"이 자본주의 주요 국가들의 주요 경제정책 목표의 하나로 되어 왔다. 게다가 근자에 이르러서는 심지어 '디플레이션과의 싸움'이 저들의 당면정책으로까지 되어 있다.

그리고 최근에 다시 경제위기가 꿈틀대자, 2008년 이후의 상황이 이렇게 전개된 것에 힘입어, 미국의 정계·자본시장의 일부에서는, "화폐를 발행하는 국가는 화폐를 아무리 발행해도 문제가 없다"는 소위 "현대 화폐론(Modern Monetary Theory; MMT)"까지 목소리를 높이고 있는 상황이다.

우선 "화폐를 발행하는 국가는 화폐를 아무리 …" 운운에 대해서부터 간단히 언급할 필요가 있다. 저들이 그렇게 말할 때 그 "화폐"란 물론 지폐 내지 불환의, 현대 중앙은행권을 가리킬 터인데, "화폐"란 용어의 그러한 사용법이 아무리 현대 부르주아 경제학자들 사이에서 지배적이고 공인된 것이라 할지라도, 그것은 주류 경제학을 자처하는 현대 부르주아 경제학의 비과학성을 광고할 뿐이다. "화폐"라는 용어의 그러한 사용법의 기초에는, 오늘날에는 "금은 더이상 화폐가 아니다"라는, 저 유명한 이른바 '금폐화론(金廢貨論)'이 자리 잡고 있는데, 이들 금폐화론자들은 흔히 당시 미국 대통령이었던 닉슨의, 1971년 8월 15일 특별성명에 의한 '금과 달러의 교환정지'를 그 근거로 내세우곤 한다. 정말 훌륭한 근거다!

왜냐하면, 애초 브레튼 우즈 협정에서 미국이 금과 달러의 교환을 보증했던 것과 마찬가지로, 미 정부에 의한 금과 달러의 일방적인 교환정지 역시 사실은, '금만이 여전히 진정한 화폐'라는 미 제국주의의 본능적 인식의 표현이었던 것인데, 즉 금만이 진정한 화폐이기 때문에 그 유출을 거부한 것이 그 성명이었던 것인데, 그것을 거꾸로 '금은 이제 화폐가 아니다'는 근거로 내세우고 있으니 말이다.

눈을 씻고 봐도 세계 그 어느 나라에서도 금 태환은 실시되고 있지 않은데, '아직도 금만이 화폐라고 주장하는 것이냐', '아직도 금 타령이냐'는 반론을 제기할 것이다.

그러나 그렇게 주장한다면, 동일한 인물이 설령 '그래, 과거 금태환제 하에서는 금이 화폐였다'고 인정한다고 하더라도, 그는 역시 천박한 '화폐 국정론자(國定論者)'에 불과하다. 금은 상품교환의 발달과 함께 그 상품교환의 본성과 필요 때문에 역사 필연적으로, 말하자면, 저절로 화폐가 된 것이지, 국가가 법률로 그것을 화폐로 지정,1) 발권은행에 은행권의 태환을 강제했기 때문에 화폐가 된 것이 아니기 때문이다. 따라서 지폐 혹은 은행권이 법률상 태환이 되고 안 되고는, 현재에는 금만이 여전히 화폐이고, 지폐나 은행권은 그것의 대리물일 뿐이라는 사실을 조금도 바꾸지 못한다. 사실 지폐나 은행권의 태환성은 반드시 그 법률상의 태환성에 한정된 것이 아니다. 법률에 의한, 은행권의 태환 강제는 단지 그 은행권의 가치감소를 저지하는 장치일 뿐이다. 맑스는 이렇게 말하고 있다:

> 금과 은으로의 태환성은 …, 그 지폐가 법률적으로 태환할 수 있든 아니든, 금 혹은 은으로부터 그 명칭을 취하는 모든 지폐의 가치의 실질적인 척도이다. 명목가치는 단지 그림자로서 그 물체의 곁에 따라다닐 뿐이다. 그 양자가 일치하는지 여부는 <u>지폐의 현실적 태환성(교환 가능성)</u>이 입증하지 않으면 안 된다. <u>명목가치 아래로의 실질가치의 저락(低落)이 감가(減價, Depreciation)</u>다. [금·은과 지폐가: 인용자] 현실적으로 병존(竝存)하는 것, 서로 교환되는 것이 태환성이다. 태환할 수 없는 은행권들(Noten)의 경우, 그 태환성은, 은행의 창구(Kasse)에서가 아니라, 지폐와, 그 명칭을 지폐가 가지고 있는 금속화폐 사이의 매일 매일의 교환에서 입증된다.2) (강조는 인용자.)

---

1) 법률에 의해서 국가가 금을 화폐로 지정했기 때문에 금이 화폐가 되었다고 주장하는 부르주아 경제(비과)학자들은, 화폐에 대한 과학적 인식의 부재, 즉 무지 때문에, 국가에 의한 도량표준의 확정, 즉 그 자체 화폐인 금이나 은의 일정량에 국가가 법률로 화폐명(貨幣名)을 부여하는 것을 국가가 화폐를 결정하는 것이라고 오해하고 있는 것이다.
2) *MEGA*², II, 1.1, SS. 66, 69.; 김호균 역, ≪정치경제학 비판 요강≫, 백의, 2000, pp. 109-109. 인용하면서, "명목가치 아래로의 실질가치의 저락(低落)이 감가(減價, Depreciation)다"라고 강조한 이유는, "Depreciation"을 김호균 교수가 "평가절하"로 잘못 번역하고 있기 때문이다. "평가절하"란 국가의 법률상·행정상의 조치에 의한 지폐의 감가이기 때문이다.

법률에 의한 금태환제가 폐지되어 있는 오늘날에도 여전히 금만이 화폐라는 것에 대해서, 그리고 지폐, 따라서 또한 오늘날의 불환의 중앙은행권의 태환성에 대해서 새삼스러울 만큼 길게 얘기한 것은, 말할 나위도 없이, 오늘날 금폐화론, 즉 화폐국정설이 크게 위세를 떨치고 있기 때문이다. 그러나 그러한 주장이 아무리 위세를 떨치더라도, 애초에 이 문제를 꺼내지 않을 수 없게 했던 "화폐를 발행하는 국가는 화폐를 아무리 …" 운운과 관련해서 말하자면, 국가나 국가의 은행인 중앙은행은 결코 '화폐'를 발행하는 것이 아니다. 단지 그 대리물로서의 지폐, 통화를 발행할 뿐이다.

아무튼 오늘날에는 금만이 진정한 화폐이며, 지폐나 은행권은 그것의 대리물이라는 것을 이해해야만, 국가독점자본주의 시대의 화폐제도, 그리고 그에 필연적으로 수반되는 인플레이션을 이해할 수 있다. 그것을 이해하지 못하면, 그 원인을 불문하고 모든 형태의 물가상승을 인플레이션이라고 주장하는 부르주아 비과학에 농락당하게 된다.

인플레이션은 결코, 부르주아 비과학이 늘상 떠드는 것과 같은 '물가상승' 그 자체가 아니다. 오늘날에는 그 현실적 가능성은 사실상 전혀 없지만, 논리적으로, 만일 어딘가에서 거대한 노천금광이 발견되어 금 생산에서의 노동생산성이 다른 물건들의 생산에서의 노동생산성보다 월등히 증대한다고 가정해보자. 그렇게 되면, 화폐 즉 금에 의한 상품들의 가치표현, 즉 상품들의 가격은 과거보다 더 많은 금량(金量)으로 표현되게 된다. 즉 그렇게 물가가 상승한다. 그러나 그러한 물가상승은 결코 인플레이션이 아니다. 그것은 물가의 실질적인 상승이다. 인플레이션이란, 상품들의 가격이 같은 금량으로, 혹은 심지어는 보다 적은 금량으로 표현되는데도, 지폐, 즉 오늘날에는 불환의 중앙은행권의 감가, 즉 가치감소 때문에3) 더 많

---

3) 지폐의 이러한 가치감소는 유통에 필요한 금량, 즉 화폐량보다 더 많은 지폐, 즉 화폐의 대리물이 유통에 투입됨으로써 발생한다.

은 지폐액으로 표현되는 물가현상이다. 즉, 그러한 명목상의 물가상승이다.

그리하여 아무튼 우리의 주제로 돌아오면, "양적 완화"라는 신조어까지 유행시키면서 엄청난 자금을 풀기 시작했을 때, 고율의 급성 혹은 악성 인플레이션을 예상했을 것이나, 그 후의 상황 전개는, 예상을 크게 빗나갔다고 앞에서 말했는데, 사실 이 발언에는 진실과 진실이 아닌 것이 뒤섞여 있다.

"인플레이션을 2%까지 끌어 올리는 것"이 목표라는, 중앙은행들이나 부르주아 언론·논객들의 주장을 받아들여서, 표면적 현상만을 관찰하자면, 예상이 크게 빗나갔다는 것은 진실인 것처럼 보인다. 나아가서, 예컨대, 특히 1970년대에 겪었던 것과 같은 그야말로 고율의 악성 인플레이션을 예상했다면, 그 예상이 크게 빗나갔다는 것은 진실이다.

그러나, 부르주아적 비과학적 개념이 아니라 과학적인 인플레이션 개념에 입각해서 그 간의 물가 동향을 고찰하면, 표면에 나타난 것과는 달리 고율의 인플레이션이 진행되었음을 어렵지 않게 알 수 있다.[4] 비근하게, '금 가격', 즉, 금이 화폐이기 때문에 금 가격이란 본래 불합리한 표현이지만, 금 태환제가 폐지되어 있는 상황에서는 널리 받아들여지고 있는 개념인, 불환통화에 의한 금의 가치의 표현인 '금 가격'의 변화를 보면, 2008년엔 1온스 당 평균 US$871.96이었는데,[5] 2019년 8월, 9월의 월간 평균은 모두 US$1,500.-를 넘고 있다.[6] 이는 2008년 평균의 금내용을 갖는 달러라면

---

[4] 이하에서는, 주로 자본주의 세계의 최강국이자 중심국인 미국의 달러, 물가를 중심으로 얘기하자.
[5] <https://www.statista.com/statistics/268027/change-in-gold-price-since-1990/>
[6] <https://www.indexmundi.com/commodities/?commodity=gold&months=60>

US$871.96로 표현되어야 할 어떤 상품의 가격이 2019년 8월이나 9월 현재의 달러로는 US$1,500.- 이상으로 표현되는 것을 의미한다. 그리고 이는 당연히 2009년 이래 달러의 금내용이 70% 이상 감가되었다는 것을, 즉 그만큼 인플레이션이 발생했다는 것을 의미한다. 년 평균 5%의 인플레이션이다. 이 년 평균 5%로 '금 가격'이 계속 상승하면, 2008년으로부터 100년 후인 2107년의 1온스 당 '금 가격'은 US$114,662.72, 즉 2008년의 약 131.5배가 된다. (16세기 100년 동안에 유럽의 물가가 약 4배 오른 것을 가리켜 경제사는 "가격혁명"이라고 기록하고 있는 것을 상기하면, 무척 흥미로울 것이다!)

이는 물론, 예컨대, 1960년대나 1970년대 등에 자본주의 세계가 겪은 엄청난 악성 인플레이션에 비하면, 그야말로 조족지혈이다. 그러나 사실 실제의 인플레이션률은 이보다 훨씬 더 높다고 해야 할 것이다. 왜냐하면, 그간의 생산력 발전이 그다지 크지 않았을 것으로 짐작되는 일부 전통적 산업부문들, 예컨대, 농업이나 어업 등은 그저 그렇다 하더라도, 제4차 산업혁명이니, AI(인공지능)니 운운하며 자동화·무인화가 급속도로 진행되고 있는 기타 공업부문 일반에서는, 금 생산부문에 비해서, 그 생산력 상승이, 통계화·수치화 할 수는 없더라도, 월등히 높았을 것이라는 것은 충분히 인정될 수 있는 것이고, 그렇다면, 지폐의 감가가 없었다면, 물가 일반은 그 생산력 발전의 차이만큼 내려갔어야 하는 것이기 때문이다.

사실 2008년 위기 이후의 이른바 양적 완화, 즉 국채 및 시중의 유가증권 매입에 의한 중앙은행의 자금살포는, 미국의 그것도, 유럽의 그것도, 일본이나 기타 국가들의 그것도, 이구동성으로 "사상 유례없는"이라는 수식어가 따라다닐 만큼 엄청난 량이었고, 또 그 때문에 많은 사람들이 급성 혹은 악성 인플레이션을 예상했던 것이다. 그런데 예상과 달리 "년 2%까지 인플레이션을 끌어올리는 것"이 그들 국가의 정책목표가 되어야 했던 원인은 무엇일까?

대략 세 가지를 들 수 있을 것이다.

우선 맨 먼저 생각할 수 있는 것은, 엄청난 자금이 살포되긴 했지만, 그 자금들은, 주로 투기적 금융자본의 파산을 막기 위한 것이어서, 대중의 소득으로는 물론 전혀, 그리고 생산자본·상업자본 등으로도 별로 흘러들어 가지 않았기 때문이었다고 할 수 있다. 말하자면, 투입자금의 아주 적은 부분만이 '유통영역'에 주입되고, 그리하여 '낮은' 인플레이션으로 나타난 것이다. 남부유럽 국가들에서의 재정위기의 구제 역시 마찬가지여서 구제자금이 결국은 투기적 국제 금융자본의 구제를 위한 것이었기 때문에 특히 그리스 등 '구제금융'을 받은 국가들 내에서는 이를 둘러싼 계급적 갈등·투쟁이 격화되기도 하였다. (그리고 오늘날에는 좌익 포퓰리즘의 득세로 나타나고 있기도 하다.)

아무튼 이렇게 엄청난 자금이 투기적 자본의 파산을 막기 위해서, 그것도 "제로 금리" 운운하는 '초저금리'로 주로 금융부문에 투입되었기 때문에 그 투입의 결과가, 한편에서는 예상을 빗나간 '낮은' 인플레이션으로 나타났다면, 다른 한편에서는, 이른바 자산 가격, 즉 주식·채권 등의 유가증권과 대도시 부동산 가격의 폭등으로 나타났다. 그리고 이러한 이른바 '자산 가격'의 폭등은, 부르주아 논객들도 널리 인정하는 바이지만, "빈부격차"를 더욱 극심하게 확대시켰다.

게다가 이른바 '양적 완화', 즉 막대한 자금을 풀어 투기자본의 파산을 막는 정책은, 공황구제를 목적으로 하는 일체의 국가독점자본주의적 정책이 그렇듯이,[7] 투기를 더욱 증폭시키는 그 자체의 모

---

[7] 참고로, 제2차 대전 후 한때나마 '수정자본주의'니, '케인즈주의 혁명'이니 하는 허위 이데올로기가 득세했던 것은, 제국주의 제2차 대전에 의한 엄청난 파괴와 살육 '덕택'이었다. 특히 서유럽과 동아시아를 중심으로 생산시설들이 대대적으로 파괴되었기 때문에, 그리고 수천만 명이 무참하게 도륙당했기 때문에, 한 동안 과잉생산의 문제도, '과잉인구', 즉 실업의 문

순을 내포하고 있다. 그리하여 지금 다시금 시작되고 있는 '경기 하강', 즉 공황이 미구에 본격화될 때, 과연 어떤 상황이 전개될 것인지 적이 궁금하지 않을 수 없다.8)

투기·금융 자본의 이러한 거대화와 그에 따른 금융위기의 폭발은 자본주의의 부후성(腐朽性)이 이미 극에 달해 있음을 말해주고 있다.

두 번째로는, 고도의 생산성 증대에 의한 상품의 저렴화, 즉 생산과 재생산과정 일반의 자동화·무인화의 급속한 진전에 의한 상품의 저렴화 역시 인플레이션의 앙진을 저지한 주요 요인의 하나였다고 할 수 있다. 물론 이 자동화·무인화의 속도는 산업별로, 그리고 독점자본과 비독점자본, 중·소·영세 자본 간에 무척 다른 속도로 진전되고 있어서, 특히 지배적인 독점자본 부문 및 정보·통신 부분에서는 가히 비약적으로 진행되고 있는 반면에, 비독점 자본의 경우는 상대적으로 더디게 진행되고 있지만, 이러한 속도의 차이는 인플레이션의 앙진을 저지하는 요인으로서는 정도의 차이로서만 작용하고 있을 뿐이다.

참고로, 이 속도의 차이와 관련하여 한 가지만 간단히 언급하자

제도 있을 수 없었던 것이다. 그것을 저들 자본주의 이데올로그들은 '수정자본주의'니, '케인즈주의 혁명'이니 하며, 마치 국가독점자본주의적 정책에 의한 공황의 퇴치라도 되는 듯 찬미했던 것이다. 그러나 제국주의 전쟁을 통해서 생산력을 배가한 미국의 경우에는 제2차 대전 이후에도 공황이 빈발했고, 38선을 중심으로 소규모 국지전으로 벌어지던 전쟁이 1950년에 전면전으로 확전된 것도 1949년에 미국에서 발발한 공황과 무관하지 않다는 연구들도 없지 않다.
8) 사실 이미 지난 7월 8일에는 유럽경제의 견인차라는 독일의 최대은행 도이체방크(Deutsche Bank)가 경영위기로 18,000명의 감원과 €740억(약 98조 원)의 자산매각을 발표하고 나섰고, 9월 23일엔 190여 개의 호텔과 항공사를 운영하는, 세계 최고(最古) 178년 전통의 영국 여행사 토마스쿡(Thomas Cook)이 파산, 수십만 명의 여행객이 귀국을 못해 유럽 여러 나라가 자국민 긴급 귀국작전을 펴야 했던 소동도 벌어지긴 했지만....

면, 그것은 엄청난 규모의 독점이윤의 획득·축적으로 나타나고 있다.

오늘날 제4차 산업혁명9)이니, AI(인공지능)니 하고 떠들어대는 생산과 재생산 일반의 자동화·무인화가 격화시키고 있는 자본주의적 생산체제의 모순, 따라서 그 역사적 의의는 절(節)을 바꾸어 뒤에서 논의하자.

마지막으로는, 만성적 과잉생산과 그에 따른 만성적 수요부족에 의한 시장가격의 하락 압력, 즉 디플레이션 또한 엄청난 지폐의 투입에도 불구한 '낮은' 인플레이션의 한 원인이었다고 할 수 있다.

이러한 수요부족과 그에 따라 물가현상의 심층에서 진행되고 있는 디플레이션은 당연히, 엄청난 자금이 투입되었지만, 그것이 대중의 소득증대로는 나타나지 않은 사실을 반영한다. 이는, 예컨대, 1930년대 미국에서의 '뉴딜', 즉, 1933년 4월 금태환 정지 후의 대대적인 공공토목공사를 통한 자금의 살포와 그에 따른 수요 확대, 인플레이션과도 비교되는 현상이다.

다른 한편에서는, 만성적 과잉생산과 소비부족에 의한 이러한 디플레이션은, 이른바 제4차 산업 혁명 혹은 인공지능 등에 의한 생산의 자동화·무인화에 따른 고용의 상대적, 그리고 많은 경우 심지어 절대적 축소와 그에 수반한 고용의 질의 악화, 즉 저임금 비정규직화의 확산의 반영이기도 하다. 그런데 고용의 축소와 그에 수반한 고용의 질의 악화에 따른 대중의 이 소비제약이라는 현상은, 자본주의적 생산이라는 조건 속에서는 이른바 제4차 산업 혁명 혹은 인공지능 등에 의한 생산의 자동화·무인화가 가속화될수록 그와 더불어 더욱 더 격화될 수밖에 없는 성질의 현상이다. 최근에 유난히 "D의 공포"니, "디플레이션"이니 하는 소리가 시끄러운 것도, 그 기초

---

9) 오늘날 널리 '제4차 산업혁명' 운운하며 떠들고 있지만, 실은 그것은 과거에 '제3차 산업혁명'으로 불렸던, 1970년대 이래의 극소전자(ME) 혁명 및 디지털 혁명의 연장선상에 있는 것이고, 그 가속화·고도화다. 다만, 통상적인 용어법에 따라 여기에서도 '제4차 산업혁명'으로 부르기로 하자.

에는 물론 주기적인 과잉생산과 그 공황으로의 폭발이라는 산업순환의 국면이 있지만, 급속한 생산의 자동화·무인화 또한 주요한 요인의 하나로 작용하고 있다고 능히 짐작할 수 있다.

그런데 과학기술혁명의 고도화에 따른 고용의 축소와 그에 따른 고용의 질의 악화, 그리고 다시 그에 따른 대중의 소비의 제약이 디플레이션의 요인의 하나라면, 이 과학기술혁명의 고도화는 다시 전반적 과잉생산과 그에 따른 경쟁의 격화에 의해서 가속화되고 있다. 그리하여 과잉생산이 경쟁의 격화를, 경쟁의 격화가 과학기술혁명의 고도화를, 과학기술혁명의 고도화가 고용의 축소·악화와 그에 따른 소비의 제약을, 소비의 제약이 다시 과잉생산에 의한 경쟁의 격화를, ... 하는 식으로 악순환과 모순이 격화되어 가고 있다.

최근 제4차 산업 혁명 혹은 인공지능 등으로 고조되고 있는 생산과 재생산 일반의 급속한 자동화·무인화를 고려할 때, 즉 자본주의적 생산이라는 조건 속에서의 그것을 고려할 때, 이 악순환은 과연 언제까지 지속될 수 있을까?

현 시기 생산력 혁명의 특징

현 시기에 문자 그대로 비약적으로 전개되고 있는 생산력 혁명으로서의 이른바 '제4차 산업혁명'·'AI(인공지능) 혁명'은 그 성격과 규모, 속도 등 모든 면에서 가히 획기적이다. 그리고 그 핵심적 특징은, 누구의 눈에나 명백한 것처럼, '전면적인 자동화'·'무인생산'을 향한 돌진이다! 그리고 이 전면적인 자동화·무인화는, 공장에서만, 즉 직접적 생산과정에서만 이루어지고 있는 것이 아니다. 그것은, 예컨대, "로봇이 커피 내리고, 디저트 장식하고, 칵테일 만들고… 외식업계에 로봇 도입 붐"[10] 운운하는 데에서도 짐작할 수 있는 것처럼, 재생산과정 전반에서 이루어지고 있다. 그리고 바로 이

점이야말로 현재 진행되고 있는 생산력 혁명, 즉 '제4차 산업혁명'이니 'AI 혁명'이니 하고 불리는 과학기술의 고도화가 과거의 산업혁명들과 구별되는 결정적인 특징이다.

사실상 헤아릴 수 없을 정도로 수많은 예들을 제시할 수 있지만, 여기에서는 우선 현재 투쟁이 한창 진행 중인 한국도로공사의 통행료 수납원의 예부터 보자.

자동화·무인화 바람에 밀려 일자리를 잃는 노동자가 늘고 있다. 소규모 영세한 산업군은 '악' 소리도 못 내고 사라졌다. 한국은 이미 '예견된 미래'로 접어들었다.

기술로 인한 노동자 떠밀림 현상은 4차 산업혁명 대세론에 눌려 수면 위로 떠오르지 못했다. 더구나 자동화의 첫 번째 타깃은 이미 불완전 고용에 시달리던 이른바 하위 노동자들로 한국 산업구조에서 이들의 실직은 새삼스러운 게 아니었다. 조용히 확산되던 노동자 떠밀림 문제는 한국도로공사 톨게이트 수납원의 정규직 전환 문제를 계기로 수면 위로 떠올랐다. 도로공사가 톨게이트 수납인력을 직접고용하라는 법원의 판단을 거부하면서 내세운 명분은 '자동화 시스템'이었다. 도공은 "수납시스템(하이패스) 자동화로 수납인력을 고용할 수 없다"며 되레 한국 사회에 "하이패스 시대에 수납원은 필요한가"라는 질문을 던졌다. 이에 대해 경제계는 "수납원의 도태는 기술 진보로 인한 자연스러운 현상"이라며 "수납원은 필요 없다"고 답했다.

톨게이트 노동자들은 정부의 뜻을 물었다. 노동계는 정부가 전환의 속도와 방향을 조절해줄 것을 기대했다. 청와대의 답은 기대와 달랐다. 이호승 청와대 경제수석은 ... "도로공사 톨게이트 노조의 수납원들이 (투쟁을) 하지만, 톨게이트 수납원이 없어지는 직업이라는 것은 눈에 보이지 않느냐"고 말했다.11)

---

10) ≪조선일보≫, 2019. 10. 05.
11) 반기웅 기자, "'없어질 직업'에 매달린 우리의 노동", ≪경향신문≫(인터넷판) 2019. 10. 26. (<http://biz.khan.co.kr/khan_art_view.html?artid=2

"청와대의 답은", "톨게이트 수납원이 없어지는 직업이라는 것은 눈에 보이지 않느냐"!

다음엔, 역시 자본의 착취욕·축적욕과 이데올로기를 가장 잘 대표하는 극우 신문이 보도하고 있는 네덜란드의 한 항만을 보자.

"유럽 최대 항만인 네덜란드 로테르담 항구는 영화 '트랜스포머'의 한 장면을 연상케 했다. 지난달 찾은 로테르담항(港)의 마스블락테(Maasvlakte) 2터미널엔 대형 크레인이 컨테이너 수백 개를 일사불란하게 옮기고 있었다. <u>사람은 그림자도 보이지 않았다.</u> 전기로 움직이는 크레인과 화물차의 기계음만 들릴 뿐 고요하다. 북해(北海)에서 불어오는 바람 소리만 스친다.

거대한 철제 크레인은 항구에 정박한 화물선에 실린 컨테이너를 성큼 들어 올려 항만에 차곡차곡 내려놓았다. 크레인의 키는 144m. 50층 건물 높이의 거대한 철제 기계는 묵묵한 하인처럼 배에서 땅으로 컨테이너를 하나씩 옮겼다. '**봐주는 사람도 없는데 크레인이 움직여도 괜찮은 건가?**' 물어볼 사람조차 없다.(강조는 인용자.)

이곳 로테르담 항구는 세계 최초로 무인 자동화 하역 시스템을 도입(2015년)한 곳이다. 사람의 지시를 받아 크레인이 배에서 컨테이너를 내려놓는 대신 인공지능(AI)이 알아서 '교통정리'를 하고 초대형 로봇(크레인)이 작업을 완료한다. 이런 무인 스마트 항구를 만들기 위한 준비에 15년이 걸렸다고 한다. 국내외 전문가를 모아 추진 전략을 세우고 노조와 길게 대화했다.

영·호남을 합친 정도 크기의 땅에 인구 1700만 명 수준인 네덜란드가 강소국(强小國) 입지를 굳힌 저력을 나는 이 항구에서 볼 수 있었다. 키워드는 AI를 활용한 치밀한 무인화, 그리고 그 변화를 가능케 한 치열한 인간 설득이었다. ….."[12]

01910261015001&code=920100>)
[12] "AI가 크레인을 움직인다 … 로테르담 항구, 無人혁명", ≪조선일보≫, 2019. 4. 3.

"사람은 그림자도 보이지 않았다." "'봐주는 사람도 없는데 크레인이 움직여도 괜찮은 건가?' 물어볼 사람조차 없"을 만큼 항만이 완전히 자동화·무인화되어 있다는 것이다.

극단적인 예외 아닌가?

물론 현재로서는 극단적인 예외이다. 그리고 이렇게 완전히 자동화·무인화되어 있는 항만만큼 극단적이지는 않지만, 재생산과정 일반에서의 자동화·무인화의 "사실상 헤아릴 수 없을 정도로 수많은 예들을 제시할 수 있다"는 서술 자체가 사실은 그것들이 아직은 보편화되어 있지 않다는 것을 의미한다.

그러나 '예외 아닌가' 하고 문제를 제기하는 사람조차도, 자본주의적 생산의 특징을 운운하지 않더라도, 그리고 "모든 것은 처음이 어렵다"는 금언을 구태여 들먹이지 않더라도, 현재의 기세·속도로 봐서, 그들 자동화·무인화의 보편화가 시간의 문제, 단지 시간의 문제일 뿐이라는 것은 인정하지 않을 수 없을 것이다.

그렇다면, 즉 생산과 재생산과정 일반의 전면적 자동화·무인화가 현재와 같은 기세·속도로 진행된다면, 그 사회적 결과는 무엇일까?

공동체적으로 조직된 사회라면, 맑스가 ≪자본론≫이나 ≪고타강령 비판≫ 등에서 전개하고 있는 것과 같은, "자유의 왕국", 즉 인간이 생존을 위해 노동해야 하는 "필연의 왕국"을 넘어선 사회, 노동은 필연이 아니고 생활의 욕구의 일부이며, 인간으로서 타고난 자질을 맘껏 발전시킬 수 있는 활동이 되는 사회일 것이다.

그러나 생산수단이 소수에 의해서 사유, 즉 독점되어 있고, 무산자인 노동자는 자본에 의해서 고용되어야만 호구(糊口)할 수 있는 자본주의 사회에서는, 무엇보다도 우선, 일자리를 잃거나 찾을 수 없는 노동자들에게 그 생산력의 혁명, 즉 그러한 전면적인 자동화·무인화는 재앙이 될 것이다. 그리고 이미 그렇게 재앙이 되고 있다.

자본에게는 그것은, 역시 무엇보다도 우선은 거대한 공황으로서, 따라서 역시 재앙으로서 나타날 것이다. 그리고 이미 그렇게 나타나고 있다.

그리고 상황이 이렇게 전개되면, **결국은 사회혁명일 수밖에 없다!** 그리고 근래의 추세를 고려하면, 그 "결국"이 사실은 <u>조만간의 일일</u> 수밖에 없다는 것을 알 수 있을 것이다.

주지하는 바와 같이, 맑스는 다음과 같이 말하고 있다.

"임금노동자의 수가 상대적으로는 감소함에도 불구하고 절대적으로는 증가한다고 하는 것은, 단지 자본주의적 생산양식의 요구임에 불과하다. 이 생산양식에서는, 노동력을 하루에 12시간에서 15시간 일하게 하는 것이 더 이상 필요하지 않게 되면, 이미 노동력은 과잉이 된다. <u>노동자의 절대수를 줄이는, 즉 국민 전체로 하여금 실제로 보다 적은 시간에 총생산을 수행할 수 있게 하는 생산력의 발전은 혁명을 불러일으킬 것인바, 왜냐하면, 그것은 인구의 다수를 용도폐기할 것이기 때문이다. 여기에 또, 자본주의적 생산의 독특한 한계가 나타나고, 또 자본주의적 생산이 결코 생산력의 발전이나 부의 생산을 위한 절대적인 형태가 아니라, 오히려 일정한 시점에서 그 발전과 충돌하게 된다는 것이 나타난다.</u> 부분적으로 이 충돌은 노동자 인구의 이런저런 부분이 지금까지의 취업양식으로는 과잉으로 되는 주기적인 공황으로 나타난다. 자본주의적 생산의 한계는 노동자들의 과잉시간이다. 사회가 획득하는 절대적인 과잉시간은 자본주의적 생산과는 아무 관계도 없다. 자본주의적 생산에서 생산력의 발전이 중요한 것은, 단지 그것이 노동자계급의 잉여노동시간을 늘리는 한에서이지, 그것이 물질적 생산을 위한 노동시간 일반을 줄이기 때문이 아니다. 자본주의적 생산은 대립 속에서 운동하는 것이다."[13]

여기에서 의문이 들지 모른다. — 결국은 사회혁명을, 즉 자본주의적 생산체제의 종말을 초래할 수밖에 없는 그 '제4차 산업혁명'·'AI 혁명', 다시 말하면, 재생산과정 일반의 전면적 자동화·무인화

---

13) 《자본론》 제3권, *MEW*, Bd. 25, S. 274.

에 자본은 도대체 왜 미친 듯이 매달리는 것일까?

그렇다면, 앞에서 길게 인용한, 4월 3일자 ≪조선일보≫로 되돌아가 보자. 그 기사에는 다음과 같은 장황한 글줄기가 달려 있다:

"**무인 자동화는
선택 아닌 생존문제**
15년 설득에 노조도 'OK'
무인 크레인이 컨테이너 내리면
자율주행 트럭이 알아서 운반
하역작업하는 시간 40% 줄고
인건비 · 연료비도 37% 절약
그럼 사람은 뭘하지? 순간 섬뜩
하지만 이미 '피할 수 없는 흐름'" (강조는 인용자.)

바로 이렇게, "그럼 사람은 뭘하지?"하고, "순간 섬뜩"해 하면서도, 자본에게 있어 "무인 자동화는 선택 아닌 생존문제"이고 "이미 '피할 수 없는 흐름'"인 것이다!

다름 아니라, "경쟁이 각 개별자본가 누구에게나 자본주의적 생산양식에 내재하는 법칙을 외적인 강제법칙으로서 강요"14)하기 때문이다!

참고로, "15년 설득에 노조도 'OK'" 운운하고 있는데, 이는 단지 두 가지를 말해줄 뿐이다. — 하나는 해당 노조의 타락. 그리고 다른 하나는 경쟁 앞에서는 마치 자본과 노동이 운명공동체라는 식의, 자본과 그 언론의 기망. 하지만 깨어 있는 노동자들은 결코 그러한 기망에 빠지지 않는다. 그리고 한때 기망에 빠지는 후진의 노동자들도 이윽고, 그 '설득'이란 것이 사실은 고용을 대폭 축소하기 위한

---

14) ≪자본론≫ 제1권, *MEW*, Bd. 23, S. 618.; 채만수 역, ≪자본론≫ 제1권, 제4분책(근간), p. 977.

자본의 계략에 불과했다는 것이 사실에 의해서 밝혀지고, 그에 따라 실업자로 전락함에 따라 결국엔 투쟁에 나서지 않을 수 없게 된다.

그리하여, 시쳇말로, 공은 노동자계급에게 넘어 와 있다. ─ 자본은 이미 그것이 죽음의 길인 줄 알면서도 '당장의' 연명을 위해서 **"무인 자동화는 선택 아닌 생존문제"** 이고 **"이미 '피할 수 없는 흐름'"** 으로 받아들일 수밖에 없기 때문이고, 소부르주아지는, 역사와 경험이 입증하는 바와 같이, 착취자 즉 자본가계급과 피착취자 즉 노동자계급 사이에서 끊임없이 동요하는 그 계급적 성격상 변혁의 주체일 수 없기 때문이다.

한편, 잉여가치의 생산이야말로 자본주의적 생산의 규정적 목적인데,15) 이 잉여가치는, 가치 그 자체와 마찬가지로, 아니 가치 그것의 일부이기 때문에, 오직 인간의 노동에 의해서만 생산된다. 그 때문에, 경쟁에 의해 강제되어서, 그리고 그 경쟁의 한 형태이긴 하지만, 선진적 기술을 채용함으로써 획득하는 특별잉여가치에 눈이 멀어서, 지금 자본이 경쟁적으로 도입하고 있는 <u>생산 및 재생산 일반의 전면적 자동화·무인화는 결국엔 잉여가치의 생산을 목적으로 하는 자본주의적 생산과는 물론, 생산수단의 사적 소유를 전제로 하는 바의, 노동생산물의 가치로서의 생산, 즉 상품생산과도 결정적으로 충돌하지 않을 수 없게 된다.</u> 그리고 생산력 혁명으로 <u>미구에 불가피한 무산의 노동자계급에 의한 사회혁명, 생산수단의 사적소유의 폐지는 바로 이 충돌의 해결</u>이다.

'진보적' 소부르주아 지식인들의 반동성

현재 급속히 보급되고 있는 생산 및 재생산 일반의 전면적 자동

---

15) ≪자본론≫ 제1권, *MEW*, Bd. 23, S. 243.; 채만수 역, ≪자본론≫ 제1권, 제2분책, p. 381.

화·무인화는, 앞에서 본 것처럼, 자본과 극우 언론조차 "그럼 사람은 뭘 하지?" 하며 "섬뜩"함을 느끼게끔 하고 있다. 그런데 적잖은 수의 '진보적' 소부르주아 지식인들은 그 앞에서, 그러한 섬뜩함을 느끼는 대신에, 사회혁명 없이, 즉 생산수단에 대한 현존의 자본의, 독점자본의 소유, 곧 사적소유를 공고히 유지한 채, 유토피아를 건설하는 길을 모색하고, 그 유토피아를 대중에게 선전·설득하지 않으면 안 된다는 사명감을 느끼고 있다.

이들 '진보적 지식인들', 즉 소부르주아 진보 이데올로그들의 주의·주장을 잠깐 들어보자면, 그들은 대체로 소위 '복지국가'의 추억에 젖어 있다. 그리고는 그 추억을 기초로 영지(英智)를 발휘하여, 국가가, 즉 독점자본의 국가가 모든 사람에게 보장하는 소위 '<u>기본소득</u>'이라는 기막힌 유토피아를 구상, 그 유토피아를 실현하기 위해 대중을 분주히·헌신적으로 설득·조직하고 있다. — 독점자본의 국가가 '기본소득'을 통해서 모든 국민에게 품위 있는 삶을 보장한다! 이 얼마나 황홀한 유토피아인가!

그런데 우선 저들은, 추억에 젖어 있을 뿐, 과거의 그 '복지국가'라는 것이 어떤 배경과 조건에 의해서 성립되었는가에 대해서는, 그리고 그것이 왜 해체되어 왔는가에 대해서는 그다지 관심이 없다.

저들은 혹시 저 '복지국가'가 기본적으로 박애주의적 인지(人智)·의지의 산물이며 발현이라고 생각하는지도 모른다. 그렇지 않다면 어떻게 저토록 이른바 '기본소득'이라는 박애주의적 망상에 매달릴 수 있겠는가?

그러나 1930년대 대공황과 제2차 대전을 계기로 주요 선진자본주의 국가들에 형성된 이른바 '복지국가' 체제는 박애주의적 인지·의지의 산물도 그 발현도 결코 아니었다. 그것은 단지, 끝날 줄 모르는 대공황이라는 대재앙과 수천만의 인명을 도륙하는 제2차 제국주의 세계대전에 분노하여, 그리고 사회주의 쏘련의 발전에 자극받아 혁명적으로 진출하던 노동자계급을 회유, 그 혁명을 예방·저지하기 위한, 독점자본의 고육지계, 따라서 그 음흉한 계략이었을 뿐이었다.

이는, 다름 아니라, 그들 '복지국가'의 노동자계급이 1950년대 후반 이후 그 '복지국가' 체제에 안주하자, 그리고 특히 쏘련을 위시한 20세기 사회주의 세계체제가 해체되자, 저 박애주의적 독점자본가계급과 그 국가가 문제의 '복지국가' 체제를 어떻게 해체해 왔는가를 보면, 충분히 알 수 있을 것이다.

그럼에도 불구하고 오늘날 저들 '진보적 지식인들'이 '기본소득' 운운하며, 사실상 숙명적인 자본주의 영구번영론인 '개량'에 대한 열정에 매달리는 것은, 소부르주아로서의 그 계급적 체질을 차치하면, 특히 쏘련을 위시한 20세기 사회주의 세계체제가 해체된 후 진한 청산주의가 이들을 지배하고 있기 때문이다. 하지만 저들을 그러한 망상 속으로 몰아가는 것은 자본주의 체제의 심화일로의 위기이고, 그에 대한 저들의 위기감이다. '기본소득'이라는 망상, 즉 독점자본의 국가에 노동자계급의 미래를 의탁할 수 있다는 저들의 망상은, 그러한 체제의 위기, 위기감에 대한, 특히 근래 급속히 전개되고 있는 재생산 과정 일반의 자동화·무인화에 따른 위기·위기감에 대한 저들 소부르주아 지식인들의 반동적 위안인 것이다.

그런데 적지 않은 수의 저들 '진보적 지식인들'은 위기 및 자신들의 위기감에 대한 소부르주아적 싸구려 위안을 오늘날 심지어 '맑스주의' 등의 이름으로 노동자들에게 강매하려 들고 있다.

위기와 제국주의, 그리고 노동자계급

근래 우리는 '경기 하강'에 대한 설왕설래와 함께, '중-미 무역분쟁'이라든가, '미-유럽 무역분쟁'이라든가, '한-일 무역분쟁' 등에 대한 보도·논의 등도 빈번히 접하고 있다. 세계경제에서의 그 두

나라의 압도적인 비중 때문에 '중-미 무역분쟁'이 특히 주요 관심사로 되어 있는데, 대개의 보도나 논의는, 주지하는 바와 같이, "'중-미 무역분쟁'으로 생산규모가", 혹은 "교역규모가" 얼마만큼 "축소되었다"는 식이다. 혹은, 트럼프 미국 대통령의 독불장군 식의 퍼스낼리티와 그에 따른 즉흥적이고 포퓰리즘적인 정책들이, 예컨대, '중-미 무역분쟁'을 불러일으키고 있고, 그 때문에 영향을 받는 국가들의 생산규모나 국제 무역규모가 그렇게 축소되고 있다는 식이다.

그런데 그런 식의 논의·보도는 그들 분쟁과, 생산 혹은 교역의 규모 축소 간의 인과관계를 설명하고 있는 듯하지만, 사실은 그 인과관계를 실제와는 정반대로 설명하고 있다. 그들 분쟁이 생산과 교역을 축소시키고 있는 것처럼 보이지만, 사실은 정반대여서, 과잉생산과 그에 따른 시장의 부족, 그에 따른 생산 및 교역의 축소가 저들 분쟁을 불러일으키고 있는 것이다. 즉, 이미 새로운 공황이 시작되고 있어서 독점자본들이 그들의 국가를 내세워 시장쟁탈전을 벌이고 있는 것이고, 저들 분쟁은 그 쟁탈전의 형태인 것이다.

여기에서 우리는 다시, 제국주의는 역사적으로 대공황을 어떻게 극복했으며, 극복하려 하는가를 주목해야 한다!

20세기 이래 제국주의가 대공황을 극복한 것은, 주지하다시피, 전쟁 — 특히 제1차, 제2차 제국주의 세계대전이었다. 그리고 제국주의는 지금도 곳곳에서, 특히 '중·미 무역분쟁'으로 대표되는 동아시아와, 석유자원에 대한 지배문제 때문에 진즉부터 크고 작은 전쟁이 빈발하고 있는 중동에서 전쟁의 혓바닥을 날름대고 있다.

게다가 2008년 9월에 리먼브라더스 파산이라는 대금융위기에서 그 절정에 달했던 2007/2008년 위기의 연장선상에서 2010/2011년에 발발한 재정위기를 계기로 득세하기 시작하여 근자에는 '난민문제'를 중심으로 극우적 광기로까지 발전하고 있는 유럽의 우익 포퓰리즘, 즉 파씨즘도 새로운 전쟁의 가능성을 높이고 있다. 유럽은 양차 대전의 최대의 피해지역이었기 때문에 제2차 대전 후 상대적으로 반극우적 분위기가 강했던 곳이다. 그런데 그곳에서 오늘날 저렇게 극우적 광기가 득세하고 있는 것은, 두말할 나위도 없이, 그 바탕에 바로 경제위기·공황으로 표출되고 있는 자본주의적 생산의 격화된 모순이 있기 때문이다.

전쟁과 관련해서 다행이라면 다행인 것은, 첫째로는 제1, 제2차 대전의 참화를 통해서 인류가 다시는 그러한 대전을 허용해서는 안 된다는 교훈을 얻었다는 것이고, 두 번째는 인류를 절멸시킬 수 있는 핵무기가 그러한 대전을 억제하고 있다는 슬픈 역설이다.

그러나 국지전들은 계속 벌어져 왔고, 벌어질 수 있으며, 그러다 보면 자칫 핵전쟁으로 비화할 수도 있는 가능성을 배제할, 어떤 절대적 장치는 없다. ― 말하자면, 사실 인류는 자칫 인류 절멸을 초래할지도 모를 위험에 처해 있는 것이다.

그렇다면 이러한 위험 앞에서 노동자계급은 과연 무엇을 어떻게 해야 하는가?

간단히만 얘기하자면, 무엇보다도 우선 조합주의·경제주의를 시급히 극복하고, **정치적 혁명성, 혁명적 정치조직을 획득해야** 한다. ― 과거 '복지국가' 체제에의 안주에서 체질화되다시피 한 조합주의·경제주의, 20세기 사회주의 세계체제의 붕괴에 따른 좌절감·패배주의·무력감, 그리고 그 때문에 만연한 사상·이론적 혼란 등등, 여러 이유로 지금 노동자계급이 자신의 혁명적 정당을 유지하고 있는 곳은 세계적으로도 극소수이다. 이러한 상황을 시급히 극복해야 하고, 따라서 그것을 시급히 극복하려는 필사적인 의식적 노력이 필요한 것이다.

그리고 이를 위해서는 노동자계급이 과학을 재획득해야 하고, 그 재획득을 위한 의식적 노력이 필요하다. ― 사실은 야바위꾼들에 불과한 이른바 '진보적 지식인들'이 '맑스주의' 등의 이름으로 강매하는 부르주아적·소부르주아적 비과학을 배격하고, 노동자계급의 과학을 재획득해야 하는 것이다. 그리고 종파주의로 노동자계급을 분열시키면서 극좌적 언사로 노동자계급 속에 위장된 반공주의를 심고 있는, 독점자본의 위장된 도구들인 수많은 형태의 뜨로츠키주의와 이른바 '좌익 공산주의' 조류들도 걷어내지 않으면 안 된다.

뿐만 아니라, 자본이 고취하는 국가주의·애국주의·민족주의를 극복하고, 노동자 국제주의를 재확립하지 않으면 안 된다. 특히 신식민지 사회의 해방·혁명은, 제국주의16) 및 그의 대리통치 세력인 신식민지 내의 토착 자본가계급과의 투쟁을 통해 이루어질 수밖에 없는바, 이 역시 몰계급적인 민족주의를 배격하고, 노동자 국제주의를 확립하지 않으면 안 되는 이유 중의 하나이다.17)

그리고 노동자 국제연대의 관점에서, "코리안 인베스터스 아 브루탈!"을 외치고 있는, 동남아시아 노동자계급과의 연대는 당연히 한국 노동자계급의 영광스러운 의무다! 노사과연

---

16) 이 제국주의와의 투쟁에서 제국주의 국가 내 노동자계급의 반제국주의 투쟁과의 연대 없는 승리는, 물론 절대적으로 그렇지는 않겠지만, 사실상 무망하거나, 극히 지난할 수밖에 없다고 할 수 있다.
17) 이에 대한 보다 상세한 논쟁적 논의는, 채만수, "'현 시기 민족문제'의 본질과 통일운동, 그 주체와 투쟁대상에 대하여", ≪정세와 노동≫ 제156호, 2019년 11월, 참조.

한국 자본주의의 위기와 노동자계급의 전술적, 전략적 과제

문영찬 | 연구위원장

1. 한국자본주의의 위기를 둘러싼 제 계급 세력들의 각축

세계경제 위기와 한국자본주의 위기의 전개 양상

현재 한국경제는 수출증가율의 지속적 저하와 물가에서 마이너스 즉, 디플레이션 국면을 보이는 양상으로 전개되고 있다. 디플레이션 현상은 일본에서 경제의 장기침체에서 나타났던 현상과 동일한데 이는 한국 경제가 일본과 같이 장기 침체 국면으로 접어드는 것이 아닌가 하는 전망을 낳고 있다. 디플레이션은 구매력의 부족, 유효수요의 부족으로 인해 나타나는 것인데 자본가들이 판매를 목적으로 상품을 생산하여 시장에 내놓아도 팔리지 않는 현상이 심화되고 있다는 것을 의미한다. 이는 전형적인 경제공황의 전조를 가리키는데 국가독점자본주의 하에서 국가의 역할로 인해 공황이 폭발적 양상을 보이는 것이 아니라 장기적인 경제침체로 현상하는 일반적인 현상과 일맥상통하는 것이다.

그런데 이러한 한국 경제의 위기는 한국만의 현상이 아니라 전 세계적으로 진행되고 있는 경제 침체와 맥을 같이 한다. 즉, 세계경제 자체가 위기 국면으로 서서히 진입하고 있고 일정 단계에 가면 폭발적 양상으로 전개될 가능성이 증대되고 있는 것이다. 현재 세계 경제는 세계 경제의 주요 세력인 중국, 유럽, 미국, 일본 등 거의 모든 주요 국가에서 침체되는 양상을 보이고 있다. 거의 유일하게 호황을 누리는 듯했던 미국 경제는 금리인상을 중단하였고 트럼프 대통령은 중앙은행을 압박하여 금리를 인하할 것을 주문하고 있다. 유럽의 경우 유럽 경제의 기관차라 했던 독일 경제는 침체 국면으로 접어들어 유럽 경제 전체가 활력을 잃고 경제 침체를 겪고 있다. 더욱이 영국의 유럽 연합 탈퇴는 유럽의 분열을 의미하는 것으로서 이러한 정치적 현상은 경제에 반작용하여 유럽 경제 전체, 그리고 영국 경제에 대해 악영향을 미칠 것으로 보인다. 중국의 경우 미국과의 무역 분쟁으로 인해 경제적 압박을 받고 있는데 국가자본주의 특유의 집중력을 발휘하면서 버티고 있으나 생산과 투자, 소비, 수출 등에서 일정한 하락세를 보이고 있다. 이렇게 세계 주요 국가들은 경제 침체 양상을 보이고 있는데 이는 2007년의 금융위기, 세계대공황의 발발 이후 뚜렷한 회복세를 보이지 못한 상태에서 다시금 세계 경제 전체가 경제공황의 재격화를 향해 가고 있다는 것을 말해준다.

한국경제는 이러한 세계경제의 위기의 영향을 고스란히 받고 있는데 이는 경제 전체에서 무역 의존도가 100% 가까이 되어 세계 경제와의 연관성이 높기 때문이다. 거꾸로 무역의존도가 높은 한국 경제의 위기는 세계 경제 전체가 위기국면으로 접어들고 있다는 것을 확인시켜 주는 것이다. 한국 경제의 주력 수출 품목인 반도체, 조선, 석유화학, 자동차 등등은 세계 전체를 시장으로 하는데 세계 시장 자체가 위축되어 수출이 침체되고 있는 것이다. 특히 반도체가 침체되고 있다는 것은 그동안 경제 위기 상황에서도 강한 활력을 보여 왔던 첨단산업, IT산업조차 침체 국면으로 접어들고 있다는 것을 의미한다. 이는 세계 경제위기의 심화 정도를 보여주는데 자본주의의 활력, 추동력이 급속히 악화되고 있다는 것을 말해주는 것이다.

이러한 추세로 볼 때 한국경제가 단기간 내에 침체에서 벗어나는 것은 어려울 것으로 전망되며 나아가 세계경제 위기의 폭발 여부에 따라 한국 경제 또한 본격적인 공황 국면으로 접어들 가능성이 있다. 국가독점자본주의 하에서 국가의 경제개입으로 인해 공황의 폭발이 지연될 수는 있지만 양의 일정한 축적이 질적인 변화를 불러오는 것은 필연적인 경향이기 때문에 지금의 경제 침체가 지속된다면 공황의 폭발로 전개될 가능성은 농후한 것이다.

조국 정세의 계급적 의미

이렇게 한국 경제의 위기가 심화되는 가운데 한국 사회는 조국 정세에 휩싸여 있었다. 2020년 4월의 총선에서의 승패를 둘러싸고 전개되고 있는 '조국수호 검찰 개혁'의 목소리와 '조국 사퇴'의 목소리가 부딪혀 소용돌이를 만들어 내면서 한국 자본주의의 위기에 대해 반동인가 개혁인가의 방향을 둘러싼 투쟁을 보여주었다. 그런데 이 구도는 일차적으로 지배계급 내부, 자본가계급 내부의 투쟁이지만 그것은 전 사회적 영향을 끼치고 있는데 이러한 조국 정세에 대한 계급적 분석은 찾아보기 어려운 것이 현실이다.

자유한국당은 조국사퇴를 요구하면서 반동적 공세를 강화하고 있다. 이들 반동세력은 자유한국당과 박근혜 추종세력인 우리공화당과 일부 교회세력으로 이루어져 있는데 파씨즘과 미제, 일제에 대한 예속의 정당성을 주장하는 반동적 세력으로서 언론과 검찰의 협력 속에서 공세를 폈다. 조국 정세는 한국 언론의 현실을 적나라하게 드러내고 있는데 사실의 교묘한 왜곡에 기초하여 자신들의 반동적인 정치적 목적에 따라 기사를 기획하고 편집하고 출판했다. 이러한 반동적 공세에 한국의 대부분의 언론이 가담했다. 한국의 언론이 자본가계급 반동의 선두에 선 것이다. 검찰 또한 조국 정세의 주연 중의 하나인데 조국을 '낙마'시키기 위한 전면적 수사로 조국의 장관직 사퇴를 이끌어 냈다.

그런데 이러한 반동의 공세에 빌미를 제공한 것은 조국 자신이다. 온갖 개혁적 목소리의 대변인인 듯 행세하면서 실은 특권층으로 살아온 조국의 모습이 대중의 실망과 반발을 야기하면서 그것이 반동적 언론과 검찰의 사냥감으로 된 것이다. 그런데 이는 단지 조국 자신의 한계 혹은 오류의 문제가 아니라 문재인 정권 자체의 '개혁'의 한계와 그 계급적 성격을 보여주는 것이다. 문재인 정권의 온갖 '개혁'의 목소리가 용두사미로 끝나고 또 줬다 뺏었다하는 조삼모사로 나타나는 양상은 대중의 반발을 불러일으켜 왔다. 이는 문재인 정권의 '개혁'이 민주주의의 확대, 노동자와 민중의 이익의 실현과는 거리가 멀고 단지 한국자본주의의 위기에 대응하는 자본가계급의 기득권의 유지, 강화의 차원에서 이루어져 왔기 때문이다. 즉, 문재인 정권의 개혁은 철저히 부르주아적 한계 내에서 이루어져 왔다. 이러한 '개혁'은 반동적 세력을 제어하기는커녕 오히려 서서히 강화시켜 왔고 다시 전열을 정비한 반동세력이 지금 조국을 빌미로 문재인 정권에 대한 공세를 감행한 것이다. 박근혜가 구속되고 2년밖에 지나지 않은 시점에 반동의 공세가 전개되고 있는 것은 그만큼 문재인 정권의 '개혁'이 노동자계급과 민중들의 이익과 거리가 멀다는 것을 말한다.

이와 같이 조국 정세는 문재인 정권이 추진한 '개혁'의 모순이 폭발한 것이다. 촛불시위로 권력을 잡았지만 노동자계급과 민중을 일관되게 기만하면서 자본가계급, 재벌의 이익에 충실한 길을 걸어온 후과가 지금 나타나고 있는 것이다.

정세분석에 있어서 경제주의

그동안 한국의 운동진영은 개량주의의 환상에 푹 빠져 있었다. 그리하여 자유주의 세력과의 타협, 계급협조를 통한 약간의 실리를 확보하는 것이 그 활동의 대부분이었으며 그에 따라 노동자계급은 사실상 계급으로서 해체되는 길을 걸어왔다. 이에 반발하여 전투성을 유지하는 일정한 세력 또한 과학적이고 변혁적인 전술이라는 점에서는 일정한 한계가 있었다. 과학적 전술의 부재의 원인은 여러 가지가 있지만 정세분석의 차원에서 경제주의적 관점이 그에 한 몫을 해왔다. 즉, 한국경제가 위기에 처하고 공황이 폭발하면 대중의 투쟁이 폭발하고 성장할 것이라는 관점이 그것이다. 언뜻 보기에 그럴듯하지만 이러한 관점은 철저히 비과학적인 경제주의적 관점이다.

정세는 한 사회를 구성하는 각 계급세력의 역관계의 문제이고 상호관계의 문제이다. 그것과 경제적 토대에서의 위기 문제는 연관을 가지지만 경제적 위기가 직접적으로 정세를 규정하는 것은 아니다. 레닌은 정세를 '전체로서 계급들의 관계'로 파악한 바 있다. 잠시 레닌의 언급을 인용해 보자. "피억압 계급들은 언제나 억압자들에 의해 기만당해 왔다. 그러나 이 기만의 의미는 역사에서 상이한 시점마다 상이하다. 전술은 억압자들이 인민을 기만한다는 사실 자체에 기초할 수는 없다. 전술은 **전체로서** 계급관계들을 분석하는 것 그리고 의회 밖의 투쟁과 의회적 투쟁 양자의 발전에 따라 형성되어야 한다."[1] 여기에 인용된 레닌의 언급은 정세와 전술의 상호연관에 대한 유물론적 관점, 과학적 관점을 보여준다. 억압자의 기만이라는 사실에 기초하여 전술을 결정해서는 안 된다는 것은 지배계급이 아무리 강대하다 할지라도 지배계급의 의도 자체가 정세는 아니라는 것이며 정세는 한 사회를 구성하는 각 계급들의 상호관계라는 것을 의미한다. 또한 레닌은 '전체로서'의 계급 관계라는 것을 강조하고 있다. 이는 정세의 본질은 사회를 구성하는 주요 계급들의 상호관계만이 아니라 사회를 구성하는 모든 계급세력들의 상호관계라는 것을 말하는 것이다. 계급 관계의 총체성의 흐름, 이것이 곧 정세인 것이다. 이렇게 정세를 규정하고 보면 정세에 대한 경제주의적 관점

---

1) 레닌, 한 정치평론가의 일기로부터, ≪레닌선집≫ 2권, progress판, 모스크바, p.339

과 명확히 선을 그을 수 있다. 경제적 토대, 그러한 토대의 위기 여부가 정세에 지대한 영향을 미치지만 그러한 경제적 토대에서 위기 여부는 정세 자체가 아니며 또 정세를 직접적으로 규정하는 것도 아니며 정세에 영향을 미치는 주요한 '조건'이라는 것을 의미한다. 즉, 경제적 토대에서의 위기 여부는 정세가 형성되어 가는 '조건'일 뿐이다. 그렇다면 정세는 경제적 토대를 비롯한 여러 조건들, 예를 들면 국제관계, 한국의 경우는 남북관계 등에 의해 영향을 받으면서 형성되어 가는 계급 관계들의 총체인 것이다. 레닌은 바로 이러한 정세에 대한 과학적 관점에 기초했기 때문에 정확한 전술을 구사할 수 있었고 러시아 혁명을 승리로 이끌 수 있었다.

이렇게 본다면 경제적 위기의 심화에 따른 대중투쟁의 폭발을 정세의 주요 내용으로 파악하는 인식은 매우 불철저하며 비과학적인 것임을 알 수 있다. 즉, 이러한 인식은 경제주의적 정세인식이다. 그렇다면 과학적인 정세분석은 경제적 위기에 기초하여 형성되고 어우러지고 상호작용하는 계급 관계들의 현실적인 내용을 대상으로 하게 된다. 예를 들면 조국 정세는 직접적으로는 검찰개혁과 조국사퇴를 쟁점으로 한 것이었다. 이 쟁점 자체는 경제적 위기와는 직접적인 관련이 없다. 그러나 근본적으로는 자본가계급 내부에서 한국 자본주의의 위기 상황에 대해 반동인가 개혁인가의 흐름을 둘러싼 투쟁이 밑바탕에 깔려 있는 것이다. 이것은 자본가계급의 각 분파의 전략적 구도의 문제이다. 그러나 이러한 전략적 구도 자체가 정세를 결정하는 것은 아니며 자본가계급 내부 분파간의 구체적 상호관계가 정세의 한 측면을 구성하는 것이다. 이것이 자본가계급 내부의 상호관계의 문제라면 자본과 노동의 상호관계 또한 정세분석의 주요 대상이 된다. 문제인 정권의 기만적 '개혁'의 흐름에 영합하는 노동운동의 일부 세력의 존재 그리고 문제인 정권의 '개혁'과 사회적 합의주의를 비판하며 자본에 맞서는 투쟁을 주장하는 세력의 존재 등이 정세분석의 주요 축을 차지하게 된다. 도로공사 톨게이트 노동자들의 투쟁, 전교조의 투쟁 등등 제반의 노동자 투쟁들이 자본과 노동의 관계에서 어떤 정세적 의미, 계급적 의미를 갖는가가 정세분석의 주요 내용을 형성하는 것이다. 그리고 자본과 노동의 관계를 넘어서서 노동자계급 이외에 소부르주아들의 상태와 요구, 그리고 빈민, 농민들의 상태와 요구, 이들의 노동자계급과 자본가계급과의 관계 등이 정세분석의 대상이 된다. 자본과 노동 이외의 여타 계급은 현실적으로 정세에 미치는 영향은 작지만 이들의 상태가 정세의 추이에 대한 바로미터가 될 수도 있다. 왜냐하면 자본가계급과 노동자계급의 힘겨루기는 여타 계급에 대한 태도에서 잘 드러날 수도 있기 때문이다. 그런 의미에서 레닌이 강조한 '전체로서'의 계급 관계라는 정세에 대한 정의는 과학적 의미를 갖는 것이다.

이와 같이 정세는 경제적 위기에 의해 많은 영향을 받지만 경제적 위기 자체가 정세는 아니며 경제적 위기는 정세를 규정하는 하나의 조건일 뿐이다. 정세 자체는 경제적 위기를 비롯한 여러 조건들에 의해 규정받으면서 이루어지는 계급들의 상호관계의 총체로서 규정되게 된다. 이렇게 정세를 인식하게 되면 정세에 대한 기계적 접근, 경제주의적 접근을 넘어설 수 있고 정세에 대한 구체적 인식, 전체로서의 정세 인식에 다가설 수 있으며 결국은 과학적인 정세분석의 획득으로 접근하게 되는 것이다.

2. 문재인 정권의 기만적 '개혁'과 그에 맞선 노동자계급의 투쟁

문재인 정권은 촛불시위로 태어난 정권이다. 촛불이 없었다면 문재인 정권의 집권 가능성은 희박했던 것이 사실이었다. 박근혜가 구속된 후 집권한 문재인 정권은 공공부문의 비정규직을 제로로 만들겠다고 선언했고 또 이북의 핵, 미사일 실험과 그에 대한 미국의 군사적 대응 등으로 야기됐던 전쟁위기 속에서 남-북 정상회담을 하였고 북-미 정상회담에 조력하면서 전쟁위기를 대화국면으로 전환시키기도 했다. 이러한 문재인 정권은 박근혜의 파쇼적 통치와 비교해 볼 때 그람시의 표현을 빌어서 말하자면 '헤게모니적 지배'를 구사하는 것이었다. 즉, 폭력적 통치 일변도가 아니라 피지배자의 동의에 기초한 지배를 구사하는 것이었다.

이명박, 박근혜의 억압과 수탈에 놓였던 노동자계급과 민중들에게 있어서 중요한 것은 '개혁'의 문제였으며 이에 있어서 문재인 정권의 '개혁'은 철저히 배신적인 것이었으며 기만적인 것이었음이 드러나고 있다. 그 결과 조국 정세에서 드러났듯이 '계급'의 문제는 현재 대중적인 화두가 되었으며 '계급'의 문제에 대해 어떻게 접근하는가가 각 정치세력의 명운을 좌우하는 상태에 이르렀다.

문재인 정권의 '개혁' 정책의 가장 주요한 것이었던 소득주도 성장론은 이명박, 박근혜 정권의 재벌 중심 성장에 대한 대안이었다. 문재인 정권은 이를 위해 최저임금의 인상 카드를 들고 나왔다. 그러나 2019년의 최저임금 인상은 노동 측의 반발 속에 공익위원 주도로 일방 처리되었다. 최저임금의 인상이 자영업자를 압박한다는 것이 구실이었으나 실은 최저임금 인상으로 인해 자본 측에서 임금 인상 압박을 받는다는 점을 고려하여 사실상 최저임금 인상의 기조를 철회한 것이었다. 용두사미가 바로 이러한 모습일 것이다.

사실 소득주도 성장이라는 것은 기만적인 레토릭에 지나지 않는다. 왜냐하면 자본주의의 축적의 법칙을 고려해 볼 때 재벌 중심의 자본축적 구도를 변화시키지 않은 상태에서 소득주도 성장이라는 것은 기만에 지나지 않는 것이기 때문이다. 사회의 모든 부를 빨아들이는 재벌 즉, 독점자본을 타격하지 않는 상태에서 최저임금을 올려 성장을 도모하겠다는 것은 언 발에 오줌누기에 지나지 않는다. 한국의 재벌, 독점자본은 노동자를 정규직과 비정규직으로 분할하여 착취의 강도를 높이고 저항을 무력화시키고 있다. 또한 중·소자본에 대해서도 하청계열화를 통해 직접적으로 지배하면서 수탈을 하고 있다. 이러한 축적구조에 대해 전혀 손대지 않은 상태에서 소득주도 성장이라는 것은 레토릭 이상이 될 수 없다. 즉, 문재인 정권의 소득주도 성장론은 한국자본주의의 새로운 성장 방식 혹은 성장 전략으로서 기능할 수는 없는 것이다. 단지 촛불을 통해 드러났던 이명박, 박근혜 정권에 대한 대중의 분노, 재벌에 대한 대중의 분노를 달래기 위한 정치적 수사에 지나지 않았던 것이다.

문재인은 집권 초기에 인천 공항을 방문하여 공항 노동자들 중 비정규직을 정규직화 하겠다고 선언하였다. 이른바 공공부문 비정규직의 제로화를 선언한 것이다. 그러나 현실은 어떠한가? 최근까지 점거농성을 하고 있는 톨게이트 노동자들에 대해 도로공사는 법원의 정규직화 판결에도 불구하고 이들을 자회사에 고용하겠다고 하여 대립을 격화시키고 있다. 자회사의 정규직이라는 것은 사실 비정규직을 하청회사를 통해 고용하겠다는 것이다. 이는 비정규직에 대한 사회적 비난을 회피하고 노동자 투쟁을 기만하기 위한 또 하나의 장치에 지나지 않는 것이다. 노동자를 쪼개고 또 쪼개어 갈가리 분열시켜야만 경제적 착취가 용이해지고 또 노동자 투쟁을 막을 수 있다는 점은 자본가계급에게 있어서 근본적인 계급적 요구인 것이다. 공기업이라 해서 이러한 자본가계급의 계급적 요구와 달리 행동하는 것이 아니며 오히려 더욱 더 기만적인 행태로 대응하고 있는 것이다. 박근혜 정권의 노조아님 통보로 인해 졸지에 합법성을 잃어버린 전교조는 문재인 정권에 대해 기대를 걸었으나 이러한 기대는 철저히 배신당하고 있다. 법원의 판결을 기다린다는 궁색한 변명을 통해 전교조의 합법 지위의 박탈을 유지하고 있다. 이는 문재인 정권 또한 전교조의 이념과 활동, 즉, 민족민주 인간화 교육에 대해 반대하고 억압하겠다는 것을 보여준다. 현재 민주당의 중진들을 구성하는 386들은 과거 전교조에 보냈던 열광과 지지를 까마득히 잊거나 배신하고 전교조에 대한 탄압에 동조하고 있는 것이다.

문재인 정권은 현재 반동의 공세에 직면하고 있는데 이것은 문재인 정권의 적폐 청산이 얼마나 불철저 했나를 증명하는 것이다. 촛불에서 드러났던 민중들의 열망은 소위 국정농단에 대해서만이 아니라 경제, 정치, 사회 등등 모든 분야에서 한국 사회의 개조를 요구하는 것이었다. 그러나 문재인 정권은 적폐청산의 범위를 최소한으로 축소했고 사회의 개조가 아닌 자본주의의 개량과 착취와 억압체제에 대한 분식(粉飾)에 머물렀다. 한편으로는 촛불의 열망을 자신들의 정치적 성과로 챙기면서 다른 한편으로는 촛불에서 드러난 민중들의 열망을 두려워하여 민중들을 기만하는 길을 태연히 걸어왔던 것이다. 그리하여 그 결과 조국 정세가 출현했던 것이다.

문재인 정권의 지지율을 끌어올렸던 남북 관계는 최근 북-미 협상이 지지부진하여 문재인정권의 대북 정책의 한계를 드러내고 있다. 이러한 상황의 근본 원인은 문재인 정권이 대북 정책에 있어서 '한-미 동맹의 강화에 기초한 한반도 평화'를 추구했기 때문이다. 그러나 한-미 동맹은 미국의 제국주의적 헤게모니를 강화시키는 것이며 한국사회에 대한 미국의 신식민지 지배의 기제이며 나아가 중국과 러시아에 대항하는 제국주의 동맹이다. 이러한 한-미 동맹을 기초로 한반도 평화를 추구하겠다는 것은 미 제국주의의의 헤게모니를 이북으로까지 확장하고 이북을 자본의 시장으로 만들겠다는 것에 다름 아니었다. 그렇기 때문에 한반도의 평화체제 구축이라는 민중의 염원을 실현하는 것과는 거리가 멀었다. 결국은 이북의 새로운 셈법 요구에 부딪히고 이북으로부터의 비난에 처하게 된 것이다.

이렇게 문재인 정권의 개혁은 자본가계급의 요구와 이해라는 근본적 한계에 의해 규정되고 촛불의 열망을 배신하면서 용두사미에 그치고 결국은 반동적 공세에 직면하고 있다. 촛불에서 드러났던 민중들의 사회대개조의 요구가 문재인 정권의 기만적인 '개혁'에 의해 사실상 좌초되고 있는 것이다. 그러나 아직까지 대중의 상당부분은 여전히 문재인 정권의 '개혁'에 대한 환상을 품고 있다. 이는 사회변혁을 기치로 하는 노동자계급의 정치, 해방의 정치의 결여로 인한 것이다. 노동자계급의 정치부대가 온전했으면 조국정세에서 구도는 개혁인가 혁명인가가 되었겠지만 현실은 대중의 요구가 부르주아 정치에 의해 비틀어지면서 반동인가, 개혁인가의 구도로 되었던 것이다. 그러나 분명한 것은 조국 정세를 경과하면서 문재인 정권의 헤게모니가 일정하게 약화되고 있다. 특히 노동정책 등에서 기만성과 반노동자성이 드러나면서 노동자계급의 변혁적 진출을 위한 하나의 조건이 형성되고 있다는 점이다.

민주노총의 결성 이후 노동운동에서는 개량주의가 지배적이었다. 그 결과 노동자의 계급적 단결에 기초한 전투적이고 변혁적인 투쟁이 아니라 당장 눈앞의 실리를 추구하는 데 급급했다. 이러한 흐름은 정치의 영역에서 민주노동당, 통합진보당으로 대변되는 개량주의적 흐름에 의해 강화되었다. 노동자계급의 계급의식은 흐릿해지고 투쟁 역량은 소진되었고 하나의 계급으로서 노동자계급은 해체의 길을 걸어왔던 것이다. 이에 따라 현재 노동자 투쟁은 몇몇 대공장의 투쟁을 제외한다면 고립분산적인 처절한 투쟁으로 전개되고 있다. 삼성전자 사옥 앞의 김용희 동지의 고공농성 투쟁, 기아차 비정규직 노동자들의 단식 투쟁 등이 그러하다. 그러한 이러한 투쟁은 쉽사리 승리하지 못하고 있고 자본가계급은 대법원의 판결도 무시하고 탄압을 강화하고 있는 것이다. 이러한 상황은 그동안 노동자계급의 역량의 취약화의 반영이다.

그럼에도 2019년 상반기 민주노총 대의원대회에서 경사노위 참가가 부결된 것은 노동자계급의 향후 투쟁을 위한 하나의 전제를 마련한 것이었다. 사회적 합의주의 혹은 경사노위는 단순한 협의 기구를 의미하는 것이 아니라 계급타협체제의 성립을 의미하는 것이었다. 그러나 1960년대 유럽에서 성립한 계급타협은 노동자계급에 대한 자본가계급의 양보를 의미했지만 현 시기 한국사회에서 계급

타협은 노동자계급의 굴종을 의미한다. 그렇기 때문에 노동운동이 매우 취약해져 있음에도 김명환 집행부의 경사노위 참가안이 밑으로부터 격렬한 반대에 부딪혀 좌초된 것이다. 이러한 노동자계급의 전투성과 변혁성은 경제위기 상황에서 향후 노동자계급의 운동이 발전해 나갈 초석이 될 것이다.

3. 자유한국당 부활저지를 투쟁의 중심에 놓아야 한다는 주장에 대하여

정의당의 심상정 대표는 대표 선거에서 자유한국당의 부활저지를 내걸고 당선되었다. 다음 총선에서 자유한국당의 부활 저지를 목표로 선거투쟁을 하겠다는 것이다. 조국 정세로 대표되는 현재의 정치적 구도에서 현상적으로는 심상정 대표의 주장이 들어맞는 것 같기도 하다. 그러나 과연 그러한가?

앞서 보았듯이 조국 정세는 반동과 개혁의 구도인데 이는 계급의 문제에 대한 대중의 분노를 부르주아 정치가 왜곡한 결과이다. 이러한 왜곡의 직접적 원인은 문재인 정권이 말하는 '개혁'의 기만성이다. 그렇다면 자유한국당의 부활 저지는 문재인 정권에 대한 '비판적' 지지를 의미하는 것이 아닌가? 그리고 부르주아 정치가 대중의 분노를 왜곡하는 구도에 가담하는 것이 아닌가? 나아가 심상정의 주장은 노동자계급이 부르주아 정치를 하라는 것, 부르주아 정치 구도의 일부가 되어야 한다는 것을 의미하지 않는가? 부르주아 정치의 졸이 되라는 이러한 주장을 노동자계급은 어떻게 보아야 하는가?

현재 금수저, 흙수저 논란이 쟁점이 되는 것, 특권층의 삶에 대한 대중의 분노, 개혁을 말하는 세력의 허구성에 대한 대중의 분노는 어떻게 표현되고 조직되어야 하는가? 계급의 문제가 한국 사회의 최대 쟁점이 되고 있는데 억압받고 착취받는 세력 중 최대 세력인 노동자계급은 계급의 문제에 대해 어떤 입장을 가져야 하는가?

그것은 노동자계급의 처지와 바람을 있는 그대로 표현하는 것, 부르주아 정치에 의해 왜곡됨 없이 노동자계급 스스로의 힘에 의해 표현하는 것이 아니겠는가? 그것은 계급의 문제가 한국 사회의 가장 주된 문제이면서 동시에 가장 근본적인 문제라는 것, 노동자계급은 계급 자체를 폐지함에 의해, 계급대립 구도 자체를 소멸시킴에 의해서만 해방될 수 있다는 것을 사회적으로 표현해야 하지 않겠는가? 즉, 노동자계급은 계급 대립이 없는 새로운 사회, 사회주의 사회를 표방하면서 부르주아 정치에 대당하는 자신의 정치, 사회주의 정치를 개척하는 길을 걸어야만 하는 것이다. 노동자계급은 부르주아 정치의 졸이 되는 것이 아니라 척박하고 거친 길이지만 노동자계급의 해방, 사회주의 사회의 건설을 목표로 스스로를 해방하고 여타의 모든 계급세력을 해방하는 정치의 길로 가야 한다. 이러한 점을 노동자계급 스스로가 깨달을 때만, 주체적으로 실현할 때만, 노동자계급은 억압과 소외, 착취와 분열, 몰락과 상실 등 자본주의 사회의 졸의 위치로부터 해방되어 스스로 새로운 사회 건설의 주체가 될 수 있다.

심상정은 자유한국당의 부활을 두려워 하지만 자유한국당은 누구에 의해 부활되고 있는가? 그것은 기만적인 개혁으로 대중을 기만하면서 자신의 기득권에 안주해 왔던 문재인 정권이 아닌가? 문재인 정권 스스로가 자유한국당을 부활시키고 있지 않은가? 적폐청산을 불철저하게 수행하여 그 범위를 최소화하고 또 박근혜 정권의 최대 악폐 중의 하나인 세월호에 대해 진상규명과 책임자 처벌을 방기하고 있는 것이 문재인 정권이 아닌가? 문재인 정권으로 대표되는 자유주의세력은 노동자계급과 민중의 민주주의를 확대하기보다 자유한국당으로 대표되는 반동세력에게 권력을 넘겨주는 길을 기꺼이 선택하는 세력이지 않은가? 국가보안법으로 대표되는 한국

사회의 파쇼적 질서, 자유한국당의 정치적 토대에 대해 문재인 정권은 털끝 하나 건드리지 않고 있다. 이는 자본가계급의 민중에 대한 억압체제를 유지하는 데 문재인 정권이 기꺼이 동의하고 있음을 의미하지 않는가?

문재인 정권은 가장 값싼 대가, 몇 푼의 개량을 노동자와 민중에게 베푸는 외양을 띠지만 민중을 각성시키고 조직화하는 민주주의의 확대에 대해서는 단 한 걸음도 내딛고 있지 못하다. 전교조의 합법성 회복에 대한 거부는 민주당의 정치적 한계, 계급적 성격을 있는 그대로 드러내고 있는 하나의 사례에 지나지 않는다. 따라서 노동자계급은 자유한국당 부활 저지라는 부르주아 정치 구도의 하나가 되는 것이 아니라 문재인 정권을 넘어서는 구도, 부르주아 정치의 구도 자체를 타파하고 부르주아 정치가 노동자와 민중의 요구를 왜곡하는 것을 비판하면서 스스로의 정치를 하나의 구도로서 대치시켜야 한다.

자유한국당의 부활저지라는 구도는 노동자계급에게 부르주아 정치를 하라는 것이다. 그것도 부르주아 정치의 졸이 되라는 것이다. 그러나 노동자계급은 스스로의 정치, 노동자계급 해방의 정치, 사회주의 정치를 할 때만 허리를 펼 수 있다. 노동자계급 해방의 정치, 이것이 한국 사회의 선진 노동자와 사회주의자들이 고민하고 빚어내야 하는 정치의 상이다.

이러한 것이 계급적 관점에서의 비판이라면 전술적 측면에서 보면 역시 자유한국당 부활저지를 투쟁의 중심에 놓아야 한다는 것은 어리석은 길이 된다. 현재 누가 국가권력을 쥐고 있는가? 문재인 정권이지 않는가? 그것은 현재 자본가계급을 대표하는 것은 문재인 정권이라는 것을 의미한다. 즉, 문재인 정권은 지금 총자본가를 의미한다. 노동자계급은 경제투쟁에 있어서도 자본가와 맞설 때만 의미 있는 성과를 거둘 수 있다. 그래서 '진짜 사장이 나와라'라는 요구를 한다. 하물며 정치투쟁에서야 어떻겠는가? 현재 권력의 담지자를 제외하고 자유한국당하고 싸우라는 것은 일체의 성과를 자본가계급에게 넘겨주면서 스스로는 정치적 총알받이가 되라는 것이 아닌가? 이것은 노동자계급의 전술이 아니라 배신의 전술이고 몰 과학의 전술이다. 따라서 노동자계급은 문재인 정권하고 맞설 때만 의미 있는 성과를 거둘 수 있고 또한 자유한국당의 부활을 저지할 수도 있다. 왜냐하면 자유한국당을 부활시키고 있는 것은 문재인 정권 자신이기 때문이다. 따라서 문재인 정권을 비판하면서 그 개혁의 기만성을 폭로하고 부르주아 정치의 틀을 넘어서는 노동자계급의 정치를 건설하는 길을 갈 때만, 반동과 개혁이라는 부르주아 정치의 구도에 대해, 변혁의 길이라는 노동자계급의 정치적 구도를 대치시킬 때만, 자유한국당의 부활은 저지될 수 있다.

따라서 심상정의 자유한국당 부활 저지를 중심에 놓아야 한다는 주장은 노동자계급의 주장이 될 수 없고 자유주의세력과의 연합을 통해 떡고물이 떨어지기를 바라는 소부르주아의 주장일 뿐이다. 그러나 조국 정세는 계급의 문제가 이미 사회의 전면에 대두하고 있다는 것을 제기하였으며 노동자계급은 그러한 쟁점에 대해 자기 자신의 입장, 노동자계급의 해방의 정치를 대치시켜야 한다.

4. 사회변혁의 전망 하에 문재인 정권에 맞서는 전선을 형성해 가자!!

조국 정세는 대중의 계급에 대한 문제제기를 반동이냐 개혁이냐의 문제로 비틀어버렸다. 이렇게 대중의 요구를 부르주아 정치가 비틀어버리는 것 또한 정세의 반영이다. 그만큼 노동자계급과 민중의 정치적 처지가 열악하다는 것을 말하는 것이다. 그러나 부르주아 정치에서 다시금 반동적 흐름이 강화된다는 것은 그만큼 자본가계급이 위기의식을 느끼고 있으며 부르주아 정치의 대중적 헤게모니가 약화되고 있다는 것을 말해준다.

노동자계급은 부르주아 정치의 반동이냐 개혁이냐는 구도의 종속 변수가 되면 안 된다. 자신의 해방의 정치의 구도를 부르주아 정치 구도에 대치시켜야 한다. 그것은 변혁의 길, 변혁의 전망, 변혁 전략을 대치시킨다는 것을 의미한다. 이는 전략의 문제, 변혁의 전망의 문제가 현 정세에 의해 요구되고 있다는 것을 말한다. 오랜 세월 한 구석에 처박혀 있었던 변혁 전략의 문제가 다시금 햇빛 속으로, 세상 속으로 나와야 하는 상황에 도달한 것이다. 물론 전략의 문제는 일거에 해결될 수 있는 것은 아니다. 그것은 자본주의를 넘어서는 것을 분명히 하는 관점, 계급 없는 사회를 건설한다는 목표를 분명히 하는 가운데 지속적인 투쟁과 전술의 실천 속에서 서서히 해결되어갈 수 있는 성질의 것이다. 즉, 사회변혁의 전략은 단지 이론의 문제가 아니라 현실 투쟁 과정의 집약, 전술적 실천의 집약으로서 성립되어가는 것이다. 물론 그를 위해서는 과학적인 정세분석과 전술이 요구되며 그것은 변혁적 이론의 도움을 필요로 한다. 변혁적 이론 없이 변혁적 실천과 전술은 존재할 수 없다. 그러나 이론의 목표와 준거는 변혁적 실천이며, 변혁 전략은 한편으로 변혁 이론의 성립과 발전을 조건으로 하면서 다른 한편으로 현실의 전술적 실천을 지탱하고 방향을 잡아가는데 기여하면서 비로소 정치적 현실성을 띠는 전략으로 자리매김 될 수 있을 것이다.

이와 같이 현 정세는 새로운 사회, 자본주의 사회를 넘어서는 사회의 전망을 요구하며 이를 위한 변혁전략이 문제를 제기하고 있다. 촛불에서 드러난 노동자와 민중의 열망이 배신당하고 왜곡되는 지금의 상황은 부르주아 정치의 기만적인 개혁에 대해 노동자계급의 사회변혁의 전망과 전략이 대치될 것을 요구하고 있는 것이다.

문재인 정권이 출범하고 나서 운동진영은 사회대개혁의 요구를 제기해 왔다. 이것은 개량의 요구이지만 노동자계급을 결집시키고 민중과의 연대를 강화하며 부르주아 정치에 맞서 전선을 형성할 수 있는 슬로건으로 제시되어 왔다. 그러나 현실에 있어서 민주노총 등의 사회대개혁의 요구는 문재인 정권의 기만적 개혁을 폭로하지 못하고 개량주의 진영이 문재인 정권과 협조하는 것을 가리는 가림막으로 작용해 왔다. 그런 점에서 사회대개혁이라는 개량의 요구는 변혁적 흐름을 강화시켜온 것이 아니라 대중의 변혁성을 마비시키고 전투성을 약화시키는 것이 되었다.

이러한 상황에서 노동자계급을 결집시키고 계급적 단결을 강화하기 위해서는 더 이상 개량의 요구에 머물러서는 안 된다. 자본주의를 넘어서는 새로운 사회, 계급 없는 사회의 건설을 분명히 하는 것이 필요하다. 즉, 지금의 정세는 사회 변혁의 기치를 전면에 내거는 것이 필요한 상황이다.

사회 변혁의 기치를 내건다는 것은 노동자계급의 전략적 선택을 의미한다. 자본주의를 넘어서는 전망, 자본가 권력을 타도하고 노동자계급의 권력을 수립하는 길을 간다는 전략적 선택을 한다는 것을 의미한다. 그런데 전략적 선택이 정치적 힘을 가지기 위해서는 그것은 전술로서 나타나야 한다. 정세에 조응하는 전술로서 구체화될 때, 전략은 정치적 현실성을 가질 수 있다.

현재 자본과 노동의 전선에서 주요한 쟁점은 현대중공업과 대우조선의 합병에 대한 투쟁, 자동차 산업의 구조조정에 맞선 투쟁, 최저임금 투쟁, 주 52시간제 도입을 빌미로 한 탄력근로제의 확대 도입에 맞서는 투쟁, 단체협약의 기간의 연장 문제, 노동조합의 임원과 간부에 대한 제한 문제 등등이다. 여기에서 드러나는 것은 경제위기에 대한 자본의 대응으로서 자본의 집중과 구조조정의 문제가 주요한 하나이며 또 다른 측면은 경제위기에 대한 총자본가의 대응으로서 노동법의 개악이 시도되고 있다는 것이다. 특히 노조활동의 무력화를 기도하고 노동자를 장시간 노동에 처하게 하여 과로사를 일상으로 만들 것이 뻔한 노동법 개악의 문제는 자본과 노동의 전선의 핵심 쟁점이다. 나아가 이러한 법, 제도의 문제는 노동자의 광범한 층을 결집시킬 수 있다는 점에서 2019년 하반기를 관통하는 주요고리가 되어야 한다.

전략과의 연관에서 현재의 쟁점을 본다면 그것은 노동자계급의 최소강령의 문제가 된다. 현대중공업과 대우조선의 합병과 구조조정, 자동차산업의 재편과 구조조정, 탄력근로제 확대, 노동조합의 활동에 대한 통제 강화 등은 곧 노동자계급의 최소강령의 문제이다. 자본주의를 넘어서는 전망을 분명히 하면서도 노동자계급과 민중의 현재의 절박한 처지를 반영하는 최소한의 요구를 집약하는 것이 곧 최소강령이기 때문이다.

따라서 한편으로는 자본가계급의 공세에 대응하는 전선을 형성해 가면서 다른 한편으로 노동자계급의 물러설 수 없는 요구를 정식화하고 그러한 요구를 노동자계급의 계급적 발전의 경로로서 배치해 나가는 것이 필요하다. 이는 개량의 요구가 자본가계급과 개량주의에 종속되는 것을 배격하고 변혁의 전망 아래에서 개량투쟁을 배치하는 것으로 집약된다.

이러한 요구투쟁이 전술로서 관철되고 사회변혁의 전망의 강화로 귀결되기 위해서는 노동자계급의 헤게모니의 강화가 필수적이다. 그리고 노동자계급의 헤게모니가 성립하고 강화되기 위해서는 첫째 문재인 정권의 '개혁'의 기만성에 대한 전면적 폭로와 비판, 둘째, 사회 변혁의 전망에 기초하여 노동자계급 내부, 노동운동 진영 내부의 단결의 강화, 셋째, 심상정 등 부르주아 정치 추종적인 소부르주아 세력에 대한 비판과 노동자계급의 독자성의 강화, 넷째, 빈민, 영세자영업자, 농민 등 노동자계급 이외의 민중부문과의 연대의 강화 등이 필요하며 이를 통해 노동자계급의 헤게모니는 서서히 형성되고 강화되어 갈 것이다.

5. 현 정세와 노동자계급의 변혁 전략의 문제

현재의 정치적 구도, 즉, 반동인가 개혁인가라는 왜곡된 구도에 대해 노동자계급 자신의 해방의 정치를 대치시키려면 그 전제로 노동자계급의 독자성이 수립되어야 한다. 노동자계급의 독자성은 이데올로기 차원의 독자성과 정치적 독자성으로 나누어 볼 수 있는데 이데올로기 차원의 독자성은 사회주의의 기치를 재정립하는 문제와 긴밀히 연관되어 있다. 이는 쏘련 붕괴 후로 무너지고 꺾여진 사회주의의 기치를 재정립하는 문제이다.

정치적 독자성은 사회주의의 기치를 전제로 할 뿐만 아니라 노동자계급의 헤게모니의 정립과 강화 그리고 그에 기초한 전술의 구사를 전제로 하는 것이다. 그러나 노동자계급의 헤게모니가 정립되려면, 노동자계급의 헤게모니가 일시적이지 않고 또 흔들리지 않는 굳건함을 지니려면, 그것은 변혁 전략의 수립을 요청하는 것이다.

즉, 반동이냐 개혁이냐 라는 부르주아 정치 구도에 대해 노동자계급의 정치로 대치시키는 것을 요구하는 현재의 상황은, 노동자계급의 변혁 전략의 문제가 현실 정치적으로 제기될 필요가 있다는 것을 의미한다. 노동자계급의 해방이 가능하다는 것, 자본주의를 넘어서는 새로운 사회의 건설이 가능하다는 것, 자본주의는 해결할 수 없는 모순에 신음하고 있다는 것, 20세기의 사회주의 진영은 비록 그 한계와 오류가 있어서 붕괴했지만 자본주의를 넘어서는 무계급 사회를 실현했었고 거대한 진보를 이루어냈다는 것, 21세기 자본주의는 새로운 무계급 사회 건설을 위한 물적 조건을 만들어 내고 있다는 것, 마지막으로 역사의 기관차는 혁명의 내용 등이 녹아들어 있는 변혁 전략이 제기될 때 노동자계급 해방의 정치로 실제 나아갈 것이다.

그러한 해방의 정치는 구체적으로 보면 해당 정세에 조응하는 전술을 구사해 가면서 대중에게 자본주의를 넘어서는 사회주의의 전망을 제기하고 또 현실적인 변혁의 경로를 구체화해나갈 것이다. 이는 사회주의 기치를 재정립하는 문제이며 또 변혁 경로를 과학적으로 정립하는 문제이기도 하다. 그리고 이러한 사회주의 정치, 노동자계급의 정치는 조직적으로는 전략적인 당 건설을 요구한다.

당 건설의 문제는 주체의 문제이면서 동시에 객관 현실의 변혁의 문제인데, 한국사회를 짓누르는 제반의 억압과 착취를 폭로하고 그에 맞서 투쟁하는 과정에서 전략적 주체는 서서히 형성되어갈 것이다. 그러한 객관 현실의 변혁의 과정이 없이 당 건설을 사고하는 것은 그림그리기에 지나지 않으며 아무런 힘도 없는, 변혁성이 거세된, 또한 노동자계급의 투쟁을 속박하는 형식적 틀에 지나지 않을 것이다.

한국 자본주의의 위기와 그것의 현상 형태인 조국 정세, 그리고 자본가계급의 보수화, 반동화는 노동자계급과 노동운동으로 하여금 노동자계급의 해방의 정치, 사회주의 정치를 수행할 것을 요청하고 있다. 그리고 노동자계급의 해방의 정치, 사회주의 정치는 그 조건으로 전략의 문제, 변혁의 전망의 문제를 현실의 일정으로 올릴 것을, 현실에서 구체화할 것을 요구하고 있다. **노사과연**

문재인 정권에 맞서는 노동운동의 전술 원칙

김태균 | 연구위원

서론

지난 2017년 5월 9일 민주당의 문재인 후보가 제19대 대통령으로 당선되었다. 역대 대통령 선거 중 2위와 가장 큰 표 차이로[1] 당선된 것을 재확인이라도 하듯이 출범 직후 1년 내내 80%에 육박하는 국정 지지도를 유지했다. 문재인 정권은 출범과 동시에 촛불투쟁의 적자임을 자임하면서 기존의 정권과는 달리 친 노동자 정권인 양 노동자계급을 상대로 한 '소득주도성장론', '공공부문 비정규 제로 선언', '최저임금 1만원 선언', '적폐청산' 등을 주창하였다. 문재인 정권이 노동자 계급을 상대로 제기한 주요한 노동정책은 크게 세 가지 정도로 나눠 질 수 있다.

우선 첫 번째는 일자리 창출 관련한 노동정책이다, 그리고 두 번째는 비정규직 감축 및 처우 개선 관련한 노동정책, 마지막으로 세 번째는 노동존중 사회 실현 중심의 노동정책이다.

첫 번째 일자리 창출 관련한 노동정책은 대통령 직속으로 '일자리 위원회' 설치를 시작으로 2009년부터 유명무실하게 운영이 되어왔던 주요 정책과 예산 사업에 있어 고용 영향 평가제 강화 실시, 공공부문 중심으로 81만개 일자리 창출 관련한 정책이다.

---

[1] 이날 문재인 민주당 후보는 홍준표 자유 한국당 후보의 7,852,849표보다 24.03%, 5,570,951표 많은 13,423,800표 득표(41.4%)로 당선이 되었다.

두 번째 비정규직 감축 및 처우 개선 관련해서는 상시 지속 업무 정규직 고용 원칙과 비정규직 규모를 OECD 수준으로 감축, 비정규직 차별 금지 및 처우 개선, 사내하청 간접 고용에 대한 원청의 사용자 책임성 법제화, 최저임금 1만원과 생활임금제 확산 등을 중심으로 한 노동정책이다.

그리고 마지막으로 노동존중 사회 실현 관련한 노동정책은 한국형 사회적 대화기구(경사노위) 설치, 연간 1,800시간대의 노동시간, 체불임금 제로를 위한 근로감독 강화, 알바 존중 법, 청소년과 청년 노동기본권 보장, ILO 핵심협약 비준으로 노동기본권 보장, 노조 가입률 및 단협 적용률 높이기, 중소·영세 미조직 노동자들의 권리보장, 최초 복직 판정으로 복직 가능, 위험의 외주화 방지 및 산재발생 사업장에 대한 책임 강화, 30만 택시 노동자 생존권 보호 등과 관련한 정책이다.

문재인 정권의 일자리 창출 관련, 비정규직 감축 및 처우 개선 관련, 노동존중 사회 실현 중심의 노동정책은 기존의 정권의 정책과는 달리 '소득주도성장론'에서도 확인이 가능하듯이 경제정책의 하위 개념이 아닌 경제정책의 주요한 부분으로 제기하고 있으며 일자리 문제와 노동시장 양극화의 문제를 핵심에 두고 있다.

그러나 문재인 정권의 노동정책이 노동자를 위한 정책이 아님이 드러나는 것은 그리 오랜 시간이 걸리지 않았다. 임기 2년이 되는 2019년 5월을 기준으로 문재인 정권의 주요 정책이라 할 수 있는 '최저임금 1만원', '노동시간 단축', '비정규직 차별 해소', 'ILO 핵심 협약 비준' 등을 보면 문재인 정권의 노동정책은 노동자를 위한 정책이 아니라 현재의 자본의 위기라 할 수 있는 경제위기(공황기) 시대에 자본의 위기를 극복하고자 전개하는 자본의 정책임을 분명하게 확인할 수가 있다.

문재인 정권의 일자리 창출 관련한 노동정책은 '최저임금 1만원'을 폐기 선언하면서 그 성격을 분명히 했다. 문재인 정권의 '최저임금 1만원' 공약은 2018년 16.4%(1,060원) 인상하여 7,530원으로 된 후 2019년도에 최저임금 산입범위가 확대되면서 소폭인 10.9%(820원)가 인상된 8,350원이 되면서 2020년 최저임금 1만원 공약은 실질적으로 폐기가 되었다.

세계 최장이라 할 수 있는 장시간 노동을 적정한 노동시간으로 그리고 일과 가정의 양립을 주장했던 문재인 정권의 노동시간 단축 관련한 노동정책은 결국 임금(휴일 근로 수당)삭감과 처벌유예에 이어 탄력적 근로시간제 강화 의도로 노동시간 단축 관련한 노동정책이 노동자를 위한 정책이 아니라 자본가를 위한 정책임이 확실해졌다. 노동시간 단축 관련한 노동정책은 2020년 1,800시간이라는 노동계의 요구를 2022년 1,800노동시간으로 둔갑시키면서 2018년 3월 12시간의 시간 외 근무시간을 포함한 주 52시간 노동을 주된 내용으로 하는 근로기준법을 개정했다. 할증 임금을 삭감한 주52시간 노동시간 단축은 당시 노동계의 많은 항의를 받았던 지점이다. 그런데 반쪽짜리 주52시간 노동시간 단축 근로기준법조차 2018년 7월부터 300인 이상 대기업에 적용하기로 했으나 2019년 2월까지 처벌을 유예함으로써 사실상 도입 유예로 귀결되었다. 그리고 한 걸음 더 나아가 주 52시간 노동제 도입을 전제로 탄력적 근로시간제 확대를 요구함으로서 노동시간 단축이 누구를 위한 노동정책임이 드러났다. 할증임금 삭제와 처벌유예 그리고 탄력적 근로시간제 확대 추진으로 귀결되고 있는 주 52시간 노동시간 단축은 실질적 노동시간 단축의 효과를 상쇄함과 동시에 탄력적 근로시간제 도입의 명분이 되면서 문재인 정권의 노동시간 단축 노동정책이 어느 계급을 위한 노동정책인가가 드러난 것이다.

'공공부문 비정규 제로'로 표현되는 문재인 정권의 비정규직 남용과 차별 해소 정책은 공공부문의 기간제 7만 명과 파견용역 11만 명이 무기 계약직으로 전환되면서 무기 계약직의 고착화로 이어졌다. 그리고 파견 용역 전환자 50% 이상이 자회사 직고용을 통한 고용으로 귀착하면서 이로 인해 자회사 설립이 난립하면서 공공부문에 있어 또 다른 비정규 확대와 차별이 확대되고 있는 실정이다. 또한 문재인 정권은 공공부문 비정규직의 정규직화를 통해 민간부분에서 비정규직의 정규직화가 확대될 것이라고 주장했으나 300인 이상의 대기업과 10대 재벌 기업을 중심으로 정규직화 통계2)를 보면 민간부문으로의 확산이 매우 저조한 상태임이 확인할 수 있다. 결국 문재인 정권의 공공부문 비정규 제로 정책 또한 위의 일자리 창출 및 노동시간 단축 관련한 노동정책과 마찬가지로 허구임이 여실히 드러났다.

2019년 ILO 창립 100주년, 한국 정부의 ILO 가입 28주년을 맞이하여 문재인 정권은 ILO 기본 협약 중 87호와 98호 등 핵심협약 일부를 비준하겠다고 선언을 했다. ILO 핵심협약 비준의 방법으로 '선 입법 후 비준' 방식을 제시한 문재인 정권은 경사노위에서의 법 개정 합의를 압박했었다. 그러나 민주노총이 빠진 상태에서의 경사노위 운영, 2019년 10월 현재까지 국회 파행 등으로 '선 입법 후 비준'이 현실적으로 불가능해진 상황이다. 특히 탄력적 근로시간제 확대 중심의 노동법 개정과 함께 추진하고자 하는 문재인 정권의 ILO 핵심협약 비준은 꼼수에 꼼수로 이어지면서 실질적으로 비준이 어려워진 상태이다.

결국 촛불항쟁의 적자를 자임하면서 다수의 노동자, 민중의 지지로 출범한 문재인 정권의 지난 2년간의 주요 노동정책을 평가해 보면 '최저 임금 1만원'은 실질적으로 폐기되고,, '주 52시간 노동시간 단축'은 할증 임금 삭감과 대기업 처벌 유예 및 탄력적 근로시간제 확대 추진으로, '공공부문 비정규 제로 정책'은 무기 계약직과 자회사를 통한 또 다른 비정규 확대로, ILO 핵심협약 비준은 탄력적 근

---

2) 300인 이상 대기업 비정규 노동자 : 2017년 192만 명(40.3%) → 2018년 194만 명(39.8%). 10대 재벌 기업 비정규 노동자 : 2017년 48만 명(37.6%) → 2018년 48만 명(37.2%).

로시간제와 맞물려 비준 자체의 위기 등으로 나타났다.

출범 이후 2년간 문재인 정권의 노동정책은 분명하게 노동자계급을 겨냥하면서 공황기 자본가 계급의 위기를 극복하기 위한 부르주아적 계급 정책임이 드러났다.

물론 초기에 촛불투쟁의 적자 또는 이명박근혜 정권과는 다른 민주당 정권이라는 점, 문재인 후보에 대한 진보성(?) 등으로 인해 문재인 정권의 대한 노동자, 민중의 지지는 비판적 지지를 넘어 적극적 지지를 보였었다. 그러나 위에서 지적을 했듯이 지난 2년간 문재인 정권의 노동정책을 통해 문재인 정권에 대한 노동자, 민중의 지지는 당연하게도 철회 되었어야 했다.

그러나 여전히 문재인 정권에 대한 노동자, 민중의 지지는 지속되고 있는 듯하다. 특히 지난 2018년 4월, 5월, 9월 세 차례 진행된 남북 정상회담과 2018년 5월에 이어 2019년 2월 하노이, 6월 판문점에서 개최된 조미 정상회담 등 문재인 정권의 한반도 정책과 조국의 법무부장관 임명을 둘러싸고 전개되었던 소위 '조국정국'에서 나타나고 있는 문재인 정권을 상대로 한 노동자, 민중의 태도는 이해하기 어려울 정도의 지지로 나타났다.

문제는 여기서 머물지 않는다. 톨게이트, 거제의 대우조선, 울산의 현대중공업, 영남대 병원의 고공농성 투쟁, 삼성 노동자의 목숨을 건 고공투쟁, 한국 GM 노동자들의 투쟁 등 현장에서 목숨을 건 노동자 투쟁들이, 문재인 정권을 지지하고 엄호하는 상황 속에서 고립되고, 한 걸음 더 나아가 노동자계급을 상대로 한 문재인 정권의 반 노동 정책이 한반도 정책과 조국 정국에서 명분과 정당성을 획득하고 있다는 점이다.

노동자계급을 상대로 한 문재인 정권의 반 노동자 정책에도 불구하고, 한반도 정책과 조국 정국에서 나타나고 있듯이 기대심리를 넘어 문재인 정권에 대한 적극적 지지를 드러내는 노동자 민중의 상태를 어떻게 해석할 것인가? 아니 해석을 넘어 지금의 정세에서 노동운동이 가져가야 할 원칙은 무엇인가?

본 글은 현재의 정세에서 노동자계급이 취해야 할 원칙의 문제가 무엇인가? 라는 질문에 답을 찾고자 한다. 문제인 정권의 노동정책의 계급적 본질이 여실이 드러났음에도 불구하고 '한반도 정세' 및 '조국 정세'에서 나타난 노동자 대중의 이중적 태도를 어떻게 해석하고 정세에 능동적으로 어떻게 개입할 것인가? 라는 질문에 대해 본 글은 답을 찾기 위해 다음과 같이 글을 구성했다.

서론 이후 본론은 크게 4개의 장으로 나누었다.

첫 번째 1장에서 노동조합 운동과 노동운동의 개념적 차이를 구분하고 노동조합 운동의 한계와 성과를 정의했다. 그리고 모든 착취의 근절을 요구하는 노동운동의 목표와 자본주의 매 시기마다 노동자계급의 행동규범으로 규정되어지는 노동운동의 (전술적) 원칙의 조건에 대해 정리했다.

2장에서는 노동운동의 (전술적) 원칙이 노동운동의 목표로부터 규정된다. 그런데 그것은 자본주의 각 시기별 총 자본의 노동통제전략과 노사관계의 특징에 의해 영향 받으며 형성된다. 이를 고려하여 노동자계급의 행동규범이라 할 수 있는 (전술적) 원칙을 정리하였다. 또한 자본주의 순환기로 구분되어지는 공황기 총자본의 통제전략과 노사관계의 특징 그리고 노동운동의 (전술적) 원칙에 대해 별도로 정의했다.

3장에서는 문재인 정권 시대가 자본주의 단계별 시기 구분에 따른 독점자본주의 시대이고 자본의 순환 구분에 의한 공황기 시대임을 규명하고, 공황기와 독점자본주의 시대의 노동통제전략과 노사관계의 특징을 가지고 있음을 증명했다. 그리고 이에 따른 노동운동의 (전술적) 원칙은 노동운동의 목표에 의해 규정되면서 공황기·독점자본주의 시대의 노동자 계급의 행동규범으로서 제시하였다.

마지막 결론은 지금까지 제기한 내용에 대한 정리와 함께 공황기·독점자본주의 시대인 문재인 정권 시대의 노동자 계급의 투쟁에 대한 독려로 글을 마무리 하였다.

1. 노동운동

1) 노동운동이란?

노동조합은 노동자계급의 대중조직이다. '협동조합'이나 '공제조합' 등 노동자 대중이 만든 노동자 조직이 존재하지만 일반적으로 자본주의 국가에서 노동자계급이 건설하는 노동자 조직의 일반 형태는 노동조합이다.

노동조합은 생산과 착취의 현장인 공장에서 직접 조직되는 노동자 대중의 조직이기에 노동자 대중의 임금과 노동시간 등 노동조건 관련한 경제적 요구가 가장 최우선 과제가 된다. 이후 자본주의가 발전하면서 노동조합의 요구는 임금과 노동시간 등 노동조건을 둘러싼 경제적 요구뿐만 아니라 국가 수준에서의 법과 제도 그리고 노동탄압 기구들을 대상으로 하는 정치적 요구와 이데올로기 영역에서의 이데올로기 투쟁 요구 등이 노동조합 운동의 주요한 요구로 등장한다.

그러나 노동조합 운동의 경제투쟁·정치투쟁 그리고 이데올로기 투쟁은 자본주의 체제 안에서 노동자 대중의 정치·경제·문화·사회적 지위 향상을 위한 투쟁이라는 점에서 개량이라는 한계를 가진다. 그러나 이 한계 또한 노동자들의 지위를 향상한다는 점에서 또 다른 의미의 긍정성을 가진다.

노동조합 운동의 한계를 극복하기 위한 유일한 지점은 자본주의 사회에서의 노동자의 계급적 조건, 즉 임금 노예라는 착취의 구조를 해소하는 길이다. 노동조합 운동의 대자적 요구, 즉 임금노예 제도의 철폐, 계급의 철폐를 중심으로 모든 착취를 철폐하는 노동해방 요구를 중심으로 투쟁하는 노동조합 운동이 개량이라는 노동조합 운동의 긍정적 의의를 계승하면서도 한계를 극복할 수 있는 유일한 길이다.

이러한 의미에서 노동조합 운동은 자본주의 체제 안에서 노동자 대중의 정치·경제·이데올로기적 지위 향상을 위해 운동하는 노동조합 운동과 노동자 계급의 계급적 요구라 할 수 있는 계급 철폐·노동해방적 요구를 걸고 운동하는 노동운동으로 구분이 가능하다.

W. Z. 포스터는 노동조합 운동을 1) 순수·단순한 노동조합 운동, 2)맑스주의적 노동조합 운동, 3) 무정부 생디칼리즘 노동조합 운동으로 구분하였다3). W. Z. 포스터는 암묵적으로 대체적으로 자본주의를 받아들이면서 계급의식과 국제주의 정신이 낮은 노동조합 운동을 순수·단순한 노동조합 운동으로 칭했다.

이에 반해 맑스주의적 노동조합 운동은 공식·비공식적으로 사회민주주의적 제 정당의 정치적 지도를 받으며, 조직 형태는 산업별 형태를 띠고, 중앙 집권적 통제 방식을 가지고 그 사고방식이 명백히 정치적 운동이라 칭했다.

그리고 무정부 생디칼리즘 노동조합 운동은 무정부나 반(半) 무정부적인 사고방식으로 혁명적인 전망을 가지고 노동조합이 직접 운영하는 미래 사회를 위해 무장봉기로까지 성장하는 총 파업 투쟁 등을 조직하는 노동조합 운동을 칭했다.

본 글에서 노동운동이라 함은 노동조합 운동이 자본주의 체제 안에서 행하는 정치·경제·이데올로기적 투쟁 뿐 아니라 자본주의 체제 그 자체를 향해 전개하는 해방투쟁을 포함하는 즉 W. Z. 포스터의 분류상 맑스주의적 노동조합 운동을 노동운동으로 지칭하고 있다4).

---

3) W.Z. 포스터, ≪세계 사회주의 운동사≫, 동녘. 편집부 역, 1987 참조.
4) 물론 영역적 측면에서 노동운동은 노동조합 운동과 노동자 정치운동 등을 포괄하는 개념으로 사용할 수 있다. 그리고 주체적 측면에서 노동자뿐만 아니라 지식인, 노동조합 외부의 단체 활동가들까지 포함하는 개념으로 사용할 수도 있다. 그러나 본고에서는 영역적 측면이나 주체적 측면이 아

2) 노동운동의 목표

맑스에 의하면 자본주의 경제제도는 계급 분리에 기초한 착취 경제제도이다. 자본주의는 끊임없이 노동자계급인 무산 계급을 창출한다. 생산수단의 소유자인 소수의 자본가 계급은 자본주의 경제를 통제하면서 궁극적으로 자신의 사적 소유를 통해 정치적 체제까지 통제한다. 이러한 자본가 계급의 경제·정치적 통제는 노동자들을 자본주의 경제·정치로부터 배제한다. 이러한 자본주의는 소수의 자본가 계급과 다수의 노동자계급간의 불가피한 계급 대립을 전제로 할 수밖에 없다. 따라서 자본주의는 혁명을 통해서만이 자본주의 내재적 모순을 해결할 수밖에 없으며 이 혁명적 전환은 노동자계급의 투쟁을 통해서만 실현 가능하다.

자본주의는 생산의 기지라 할 수 있는 공장의 대형화를 창출하며, 이로부터 노동자 대중을 집결시키고 혁명의 수행자로서의 노동자계급을 준비시킨다. 결국 자본주의는 자본주의를 몰락시킬 노동자계급을 집결·육성시킴으로써 자본주의의 몰락을 위해 무덤을 파는 자를 스스로 생산하게 된다.

해방 투쟁의 주체로서의 노동자계급 투쟁에서 노동운동은 가장 적극적인 역할을 한다. 노동운동의 1차적 조직인 노동조합은 가장 원초적으로 노동자 대중의 자기 방어 수단이었다. 또한 노동조합은 자본주의 사회에서 가장 오랜 기간 동안 노동자의 대중 조직으로서 자기 역할을 해 왔으며 노동자 대중의 개량과 혁명 투쟁을 수행하는 가장 기초적 조직으로서의 자기 역할을 해왔다.

레닌은 노동자들의 방어적이고 수동적인 노동조합 의식을 자발적이고 능동적으로 발전시키고 경제주의로 흐르지 않도록 견인해야

닌 내용 측면에서 자본주의 체제 안에서의 정치·경제·이데올로기적 투쟁뿐 아니라 자본주의 체제를 넘어 노동해방 투쟁을 전개하는 내용의 노동운동을 개념으로 사용하고 있다.

한다고 주장하였다. 특히 혁명정당이 이러한 노동조합을 견인, 발전하도록 하여 전체 자본주의 사회에 대한 혁명적인 비판 의식을 지속적으로 확장시키는 역할을 해야 한다고 강조했다.

종합해 보면 노동운동의 목표는 자본주의 체제 안에서 노동자 대중의 정치·경제·이데올로기적 지위 향상을 조직해 들어가면서 자본주의 체제를 넘어 노동해방된 사회로의 전환을 위한 준비와 조직 그리고 교육과 투쟁 등의 혁명 투쟁을 조직해 들어가는 것이라 할 수 있다.

물론 노동운동은 자본주의라는 생산양식을 전제로 노동자가 존재하고 노동자들의 1차적 대중조직인 노동조합이 존재해야만 가능한 운동이다. 또한 노동운동의 목표는 노동조합 운동의 목표라 할 수 있는 노동자 대중의 정치·경제·이데올로기적 목표가 존재해야만 존재가 가능한 조건부 진리이다. 즉 그 어떠한 사회적 조건 또는 생산양식과는 무관하게 절대적이고 선험적인 행동규범인 절대적 진리가 아니라 조건부 그리고 조건의 변화에 조응하는 상대적 진리라는 점이다.

3) 노동운동의 (전술적) 원칙의 조건

- 노동운동의 목표

노동운동은 비록 자본주의 안에서지만 자본주의 계급투쟁의 영역, 즉 정치·경제·이데올로기적 영역에서 노동자 대중의 정치·경제·사회·문화적 지위 향상을 위해 투쟁한다. 그리고 이러한 개량 투쟁 과정에서 노동자 대중을 혁명적으로 교육·조직하고 자본주의를 넘어 노동해방된 새로운 세상으로의 전환을 조직해 들어간다. 바로 이러한 노동운동의 목표는 자본주의가 유지, 존속되는 한 상대적으로 유지, 존속되는 노동운동의 유일무이한 목표이다. 이러한 노동운동의 목표는 자본주의 사회가 존속하는 이상 그 안에서 변함없이 존재하는 상대적 진리로서 그 존재의 의미를 가진다.

자본주의는 결코 하루아침에 형성된 생산양식이 아니다. 자본주의 이전의 생산양식이라 할 수 있는 봉건제 사회의 한 복판에서 중상주의적 자본주의(merchant capitalism)라는 이름으로 자본주의는 인류사에 등장했다.

초기의 자본주의는 자본가 계급에 의해 통제되는 수공업 장인들에 의해 생산이 이루어졌다. 생산이 자본에 의해 지휘되는 수공업 장인들에 의해서 이루어졌던 형태를 '공장제 수공업', 또는 매뉴팩춰(manufacture)라고 칭했다. 공장제 수공업(매뉴팩춰)방식의 초기 자본주의는 산업혁명을 거치면서 '기계제 대공업'으로 이행되면서 자본주의는 급속하게 성장을 가져오게 된다. 기계제 대공업 방식의 자본주의에서 각각의 자본이 개별적으로 모든 국가와 산업 내에서 그리고 시장 안에서 경쟁을 하게 되었다.

노동자 계급을 상대로 한 잉여가치의 착취라는 자본의 집적과 자본 간의 경쟁에서 경쟁력을 상실한 자본을 흡수하는 자본의 집중이 모든 국가에서 그리고 모든 산업과 시장에서 경쟁적으로 전개된 것이다. 이러한 자유경쟁 체제가 바로 경쟁적 자본주의라 칭할 수 있다.

자본주의는 공장제 수공업(매뉴팩춰) 방식의 초기(중상주의)자본주의에서 산업혁명을 거치면서 기계제 대공업 방식으로 경쟁적 자본주의로 발전한 것이다. 경쟁적 자본주의는 자본의 집중과 집적을 통해 경쟁에서 살아남은 자본을 중심으로 독점 자본을 형성하게 되고 독점 자본을 중심으로 한 시장 지배가 일반화되면서도 자본 간의 경쟁이 더욱 더 격화되는 발전을 거치게 된다. 바로 이러한 자본주의 발전 단계를 우리는 독점 자본주의 단계라 칭한다. 레닌은 ≪제국주의론≫을 통해 제국주의를 자본주의의 최후의 단계라 칭하면서 이를 독점자본주의 단계의 필연적 속성으로 칭했던 것 또한 바로 자본의 집적과 집중의 과정을 중심으로 자본주의 발전 단계를 규명했기 때문이다.

종합해 보면 자본주의는 '초기 자본주의→ 공장제 수공업 방식(매뉴팩춰)의 자본주의→기계제 대공업 방식의 자본주의'로 발전을 해 왔으며, 또 다른 의미에서 '초기 자본주의→경쟁 자본주의→독점 자본주의'로 발전해 왔다.

자본주의에서의 노동운동의 목표는 자본주의가 비록 각 단계별 발전의 과정을 거치지만 자본주의 생산양식에서 일관되게 적용되는 상대적 행동규범, 자본과 노동이라는 계급의 대립으로부터, 모든 계급적 대립을 근절하고 계급 없는 해방 사회로의 전진하는 것이다.

- 노동운동의 (전술적) 원칙의 조건 1 : 자본주의 단계별 노동자 계급의 행동 규범이다.

노동운동의 전술적 원칙은 노동해방이라는 계급적 노동운동의 목표 속에서 자본주의 발전 단계로부터 규정받는 단계별 노동운동의 지침이라 할 수 있다. 노동운동의 목표나 (전술적) 원칙은 사회적 물적 조건과 별도의 '선험적인 행동 규범'이 될 수는 없다.

자본주의 사회가 아닌 원시 공산주의 사회나 또는 노예제·봉건제 사회에서 노동운동의 목표를 운운할 수 없듯이 노동운동의 (전술적) 원칙 또한 자본주의 생산양식 안에서만 논의가 가능한 조건부 행동 규범이다.

그러나 자본주의 전 과정으로부터 규정되는 계급적 대립의 철폐와 모든 착취의 근절이라는 노동운동의 목표와는 달리 노동운동의 (전술적) 원칙은 자본주의 각각의 발전 단계별 행동 규범이라 할 수 있다. 즉 노동운동의 (전술적) 원칙은 초기 자본주의와 비 독점 자본주의 그리고 자본주의의 마지막 단계라 할 수 있는 독점자본주의(제국주의)라는 자본주의 단계별로 규정되는 노동운동의 행동 규범이라 할 수 있다.

- 노동운동의 (전술적) 원칙의 조건 2. 경기 순환에 조응하는 행동규범이다.

자본주의 사회는 기계제 대공업 성립 이후 1825년 영국에서 발발한 최초의 근대적 공황을 시작으로 평균 10년을 주기로 과잉 생산 공황에 빠져 왔다. 과잉생산이라 함은 천재지변이나 전쟁으로 인해 인류가 필요한 만큼의 생산을 하지 못해 나타나는 과소생산을 특징으로 했던 기존의 공황과는 달리 자본주의 사회에서의 공황은 가치 증식을 자신의 목적으로 삼는 자본에 의해 소비를 훨씬 상회하는 과잉 생산으로 인해 발생하는 공황을 의미한다.

자본주의 사회의 공황은 과잉생산으로 인한 공황이라는 점 이외에도, 모든 산업과 전체 세계 시장에서 발생을 한다는 점, 고정 자본의 회전기간에 따라 일정한 주기(평균 10년)를 보이고 있는 점 등이 특징이다. 이러한 과잉생산으로 인한 공황은 전반적이고도 주기적인 형태를 보이는데 10년을 주기로 '불황 – (회복) – 호황 – (번영) – 공황'이라는 산업 주기를 반복적으로 보이고 있다.

노동운동의 (전술적) 원칙은 바로 이러한 자본주의 산업주기—10년을 주기로 나타나는 공황—의 변동에 조응하는 노동자 계급의 행동 규범이라 할 수 있다. 즉 노동운동의 (전술적) 원칙은 자본주의 사회에서 불변하는 원칙이 아니라 불황기 노동운동의 (전술적) 원칙과 호황기 노동운동의 (전술적) 원칙 그리고 공황기 노동운동의 (전술적) 원칙은 각 시기별 달라질 수밖에 없는 시기별 행동 규범인 것이다.

- 노동운동의 목표와 (전술적) 원칙과의 관계

노동운동의 목표와 (전술적) 원칙은 인류가 형성해 온 사회에 일관되게 적용되는 사적 유물론이라는 철학적 사유를 전제로 한다. 즉 인류가 형성해온 생산양식은 끊임없이 변화하고 발전하며 이러한 변화·발전에 조응하는 인류(노동자 계급)의 행동을 규정한다. 그러하기에 노동운동의 목표나 (전술적) 원칙이라 하는 행동규범은 사회 발전과는 무관한 선험적 관념의 총체가 아닌 상대성 속에 존재하는 진리이다.

　노동운동의 목표와 (전술적) 원칙은 각각의 조건에서 상대적으로 절대적 진리로 규정된다. 즉 노동자와 자본가 계급이 존재하는 자본주의 사회에서 노동운동의 목표는 노동해방이라는 변할 수 없는 절대적 진리의 성격을 가지며, 자본주의 사회에서의 발전 단계별로 각 단계 안에서 노동운동의 (전술적) 원칙은 단계 내에서의 절대적 진리라는 위치를 부여 받는다(아래 표1 참조).

표1) 노동운동의 목표와 (전술적) 원칙					
계급	무계급 사회	계급사회			
생산양식	원시 공산제	노예제	봉건제	자본주의	
단계				초기 자본	경쟁 자본	독점 자본
경기순환주기				불황	호황	공황
노동운동의 목표				노동운동의 목표		
단계별 (전술적)원칙				원칙A	원칙B	원칙C
순환주기별 (전술적)원칙				원칙D	원칙E	원칙F

2. 노동운동의 (전술적) 원칙

1) 노동운동의 목표에 내용적으로 지배되는 노동운동의 (전술적) 원칙

계급간의 투쟁은 계급 사회의 전유물이다. 계급이 존재하는 사회에서만 유일하게 나타날 수 있는 사회 현상이 바로 계급투쟁이다. 그러나 자본주의 이전 사회인 노예제 사회나 또는 봉건제 사회에서의 계급투쟁은 자본주의 사회에서의 계급투쟁과는 그 내용과 형식이 판이하게 다르다. 자본주의 사회 이전의 계급 사회에서의 계급투쟁, 특히 노예제나 봉건제 사회에서의 계급투쟁은 새로운 계급 사회인 자본주의 사회로 이행하기 위한 수단으로서의 계급투쟁이고 계급사회를 유지한다는 점에서 자연 발생성이 지배적이다. 그러나 자본주의 사회에서의 계급투쟁은 또 다른 계급사회로의 이전이 아닌 계급이 없는 사회로의 이전을 위한 목적의식적 계급투쟁이라는 점에서 이전의 계급투쟁과는 전혀 다르다.

그러하기에 자본주의 사회에서의 계급투쟁 즉, 노동운동의 목표는 계급사회로부터 나타나는 모든 착취에 대한 근절을 요구하는 투쟁이며, 계급투쟁의 주체인 노동자계급이 또 다른 지배 계급으로 전환하는 것이 아니라 계급이 없는 해방된 사회로의 전환을 위한 계급 철폐 즉 노동해방을 위한 목적의식적 투쟁이 된다.

자본주의 사회에서 노동자계급에 의한 전술적 노동운동의 원칙은 바로 이러한 노동자 계급의 해방투쟁·노동운동의 목표를 초지일관 유지하면서 자본주의 단계별로 그리고 자본주의 경기 순환 주기별로 목적의식적으로 배치가 되어야 한다.

자본주의 사회에서 가장 진보적이고 일관된 혁명적 계급은 노동자계급이다. 노동자계급만이 사적 소유와 인간에 의한 인간의 착취를 폐기할 수 있으며 노동해방된 세상을 건설할 수 있다. 이러한 노동자계급의 이해만이 전체 계급의 이해를 대신할 수 있으며 진보적 사회발전과 함께 한다.

노동자 계급은 노동해방을 위해 자신의 정당과 노동조합을 결성한다. 노동자 계급 자신의 정당은 계급투쟁에서 중요한 역할을 하며 노동자의 계급적 이익에 대해 과학적 이해로 노동자계급을 무장시키며 노동해방으로 가는 유일한 길을 제시한다.

자본주의에서 노동자 계급은 정치와 경제 그리고 이데올로기 영역에서 투쟁을 전개한다. 그러나 이러한 세 가지 영역에서의 노동자 처지의 개선을 위한 투쟁은 노동자계급을 임금노동이라는 노예 상태로부터 해방투쟁의 주체로 전환하기에는 불충분하다.

노동자계급 전체의 이해라 할 수 있는 노동해방을 위한 투쟁은 노동자계급의 권력을 수립하고, 이를 전제로 모든 착취를 근절하며, 노동해방된 세상으로 나아가기 위한 해방투쟁이야 말로 자본주의 안에서 노동자 계급이 행하는 세 가지 영역에서의 부분적 투쟁의 한계를 극복할 수 있는 유일한 길인 것이다.

바로 이러한 노동해방 투쟁의 목표가 바로 노동운동의 목표이며, 노동자 계급의 자신의 정당과 대중조직인 노동조합 운동의 목표를 지배한다. 노동운동의 (전술적) 원칙 또한 이러한 노동운동의 목표·노동해방 투쟁의 원칙에 지배를 받아야만 진정한 의미의 노동운동의 (전술적) 원칙이 될 수 있는 것이다.

2) 독점자본주의 시대의 노동통제 전략

- 자본주의 최후의 단계로서 '독점자본주의(제국주의)'

독점자본주의 단계는 자본주의 사회의 최후의 단계인 제국주의 단계이다. 레닌은 1917년 발표한 ≪제국주의 - 자본주의 최고의 단계≫와 기타 저작에서 제국주의를 독점자본주의의 또 다른 이름이자 자본주의의 최고, 최후의 단계, 사멸해 가는 자본주의, 사회주의 혁명의 전야라 규정하고 그 주요한 특징으로서 정치와 경제 그리고 이데올로기 영역에서 독점자본의 일반적 지배를 이야기 했다.

레닌에 의하면 제국주의(독점자본주의)는 ① 생산과 자본의 집중이 독점체가 경제적으로 결정적인 역할을 할 수 있도록 고도화 되고, ② 산업자본과 결합된 은행자본은 금융자본과 금융 과두제를 창출하며, ③ 상품 수출보다 자본 수출이 더 중요한 의미를 획득하고, ④ 국제 독점체가 형성되어 세계를 분할하며, ⑤ 주요 자본주의 열강 사이에서 세계가 폭력적으로 분할이 완료됨을 그 특징으로 한다.

- 독점자본주의 시대의 노사관계의 특징

독점자본주의 시대의 노자간의 관계는 ① 자본주의 국가의 정치·경제적 불균등 발전법칙으로 인해 자본주의 모든 국가가 동시에 사회주의에 도달할 수 없고 일부 나라의 사회주의 혁명이 승리하는 것을 기초로 세계 혁명과정이 발전할 수 있으며, ② 계급 모순이라는 자본주의의 기본 모순을 격화시키고, 착취율을 높이려는 자본의 충동으로 독점자본의 노동자, 민중에 대한 탄압이 더욱 더 첨예화 되고, ③ 착취자의 상층은 점차 소수화 되고 대기업에 의해 착취당하는 노동자 계급의 수가 점점 늘어나며, ④ 독점자본의 이윤탐욕으로 인해 노동자계급뿐만 아니라 지식인, 중소 부르주아의 일부까지 수탈과 억압을 당하고, ⑤ 식민지 종속국의 수탈은 너욱 더 심화된다.

- 독점자본주의 시대의 노동통제 전략

독점자본주의 시대의 노동통제 전략은 ① 독점이윤을 통한 노동귀족층 형성, ② 노동귀족층을 활용한 노동운동의 노사협조주의 전략, ③ 노동해방 투쟁을 개량적 경제 투쟁으로의 한정하는 것으로 나타난다.

자본주의가 독점자본주의(제국주의) 시대로 접어든 시기는 20세기 초부터이다. 독점자본주의 시대의 노동운동은 숙련된 노동자들 사이에 노동조합이 확고하게 뿌리를 내리는 시기이기도 하다. 독점자본주의 시대의 노동자 계급은 전국적 수준에서의 중앙조직과 국제 산업별 조직 그리고 사회주의 정당까지 확립 시켰다.

그러나 노동운동 내부에서 노동운동을 개량주의, 노사협조주의로 타락시키기 위한 기회주의 경향이 강화되기도 하는 시기가 바로 독점자본주의 시기이다. 식민지 국가 등으로부터 거둬들인 독점자본의 초과이윤 중 일부는 노동운동 상층 단위를 노동귀족화하는 재원으로 사용이 된다. 이렇게 독점이윤을 활용한 노동운동 내부의 노동귀족층 형성은 독점자본주의만이 가지고 있는 노동통제 전략의 주요한 특징이다.

독점이윤 중 일부에 의해 배양된 노동귀족층은 숙련·대공장·정규직 노동자들 중 일부를 조직하며 이들을 통해 노동조합 운동을 개량적 노사화합주의로 이끈다. 또한 독점이윤 중 일부에 의해 배양되는 노동귀족층은 여타의 노동자들보다는 비교적 높은 임금을 제공받으며 독점 자본에 의해 노사협조기관이나 정부의 각종 위원회와 국회의원 자리 등 각종 편의를 음으로 양으로 제공받으면서 육성된다.

한편 계급 모순이 격화되는 독점자본주의 시대에는 수많은 반숙련·미숙련 노동자[5]들이 생산에 차지하는 비율이 점차적으로 늘어난다. 이렇게 늘어나는 반숙련·미숙련 노동자들은 자신의 생존권을 위해 노동조합에 대거 가입하는 경향이 점차 증대된다. 독점자본주

---

[5] 한국 사회에서 이들은 흔히 비정규직 또는 특수 고용직 노동자라 할 수 있다.

의 시대의 노동통제 전략은 바로 이렇게 조합원들이 늘어나는 노동조합 운동을 독점이윤에 의해 육성된 노동귀족층을 통해 통제한다는 점이다.

비록 반숙련·미숙련 노동자들이 대거 노동조합에 가입함으로써 노동조합이 거대화되지만 노동조합의 상층을 장악한 노동귀족층에 의해 노동조합은 임금인상이나 노동시간 단축 등 경제투쟁에 한정되는 개량화의 길에 접어든다.

경제적 영역과 정치적 영역 그리고 이데올로기적 영역 중에서 경제적 영역의 투쟁은 노동조합이 수행하고 정치적 영역에서의 투쟁은 정당이 담당한다는 독점자본의 분리 통제 전략에 따라 노동조합 운동은 노동운동의 목표 즉 노동해방 투쟁이 아니라 단지 자본주의 체제 내의 임금인상이나 노동시간 단축 등 경제적 요구에 투쟁을 한정시키는 개량주의적 요구와 투쟁으로 변질되게 된다.

3) 공황기 노동통제 전략

- 자본주의의 주기적 위기 : 과잉생산 공황

자본주의 사회는 평균 10년을 주기로 과잉생산으로 인한 공황을 겪는다. 일국을 넘어 전세계 자본시장에서 나타나는 과잉생산으로 인한 자본주의 공황은 '불황과 호황 그리고 공황'이라는 산업 주기를 반복하면서 나타난다.

공황은 자본주의 체제의 위기이자 동시에 자본가계급의 위기이다. 그리고 동시에 노동자계급의 위기이기도 하다. 수많은 기업과 자본이 파산하거나 조업을 단축하고, 그로 인해 수많은 노동자들과 파산한 자본가계급 및 소부르주아들이 길거리로 내몰리게 된다.

공황에서 자본의 이윤율이 압박을 받으면서 자본은 하나 둘 파산하거나 경쟁력을 상실한 자본이 그 생명력을 다해가는 과정에서 자본가계급의 위기를 극복하고자 다양한 형태의 자본 파괴, 즉 전 방위적 구조조정을 전개하게 된다.

- 공황기 노동통제 전략

공황의 경제적·사회적 귀결은 노동자 계급에 대한 대대적 공격으로 나타난다.

공황 시대는 자본 지배에 대한 위기이다. 자본의 이윤율을 회복하고 그 축적과 재생산을 새롭게 전개할 수 있는 조건을 창출하기 위한 자본의 공황탈출은 자본 스스로 자기 자신을 파괴하는 것으로부터 시작된다. 거대 독점자본의 일부를 포함하여 다수의 중소자본이 부도를 내고 도산해 가는 과정이 역설적으로 공황기 자본의 위기 탈출 방안인 셈이다. 과잉 생산된 자본을 자본 스스로 파괴함으로써 공황을 탈출하고자 하는 자본은 그 자체로서 생산을 축소하고, 자본 간의 경쟁을 완화하며 실업을 증대시켜 임금삭감을 통한 이윤율을 회복하는 과정을 거치게 된다.

더불어 자본은 공황기 저하된 이윤율을 회복하기 위하여 노후화된 생산설비와 생산방법을 갱신하게 된다. 생산설비의 평균 수명이라 할 수 있는 10년을 주기로 나타나는 공황의 주기성은 바로 새로운 기계와 새로운 생산수단의 도입, 새로운 생산방법을 도입하면서 경쟁력을 강화하고 이윤율 저하 극복을 위한 구조조정이 주기적으로 나타나는 이유를 설명해 준다.

그리고 공황에 따른 수많은 자본의 도산과 폐쇄, 조업단축, 새로운 기계 및 설비와 생산방법의 도입은 상대적 과잉인구를 증대시킨다. 해고 노동자의 수가 늘어나고 취업한 노동자들 중에서도 비정규직이나 일용직 등의 노동자의 수가 증대하는 이유가 바로 여기에 있다.

더불어 공황기에는 이윤율 저하를 극복하기 위해 노동자들의 조직인 노동조합을 무력화 하고 임금 및 노동조건을 저하하는 각종 자본의 집적 과정과 이를 위한 국가 수준에서의 법과 제도 정비가 진행된다. 또한 거대 독점자본을 중심으로 자본 질서를 재편하기 위한 자본의 집중 과정 또한 범 국가 차원에서 추진되고 전개된다.

4) 공황기·독점자본주의 시대의 노동운동의 (전술적) 원칙

- 공황기·독점자본주의 시대의 총 자본의 노동통제 전략의 특징

공황기·독점자본주의 시대는 자본주의 최후의 단계이자 사회주의 전야인 독점자본주의(제국주의)시대에 공황이 닥친 시기를 의미한다. 공황기·독점자본주의 시대는 공황기 노동통제의 특징과 독점자본주의 노동통제의 특징을 모두 보여준다.

위에서도 이야기 했듯이 공황기 노동통제의 특징은 노동자 계급에 대한 대대적인 공격이다. 공황기에는 자본이 위기를 극복하고자 자기 자신을 파괴한다. 거대 독점 자본 중심으로의 폭력적 재편이 광범위하게 전개된다. 과잉 생산된 생산을 축소하고, 자본 간의 경쟁을 완화하며 실업을 증대시키고 임금의 삭감을 통해 이윤율을 회복시키는 과정을 겪는다. 더불어 생산 설비와 생산 방법에 대한 전면적 갱신이 이루어지며 갱신의 경쟁의 과정에서 조기 갱신이 활성화 된다. 이러한 공황은 수많은 자본의 도산과 폐업, 조업 단축, 새로운 설비 및 생산 방법의 도입 등으로 나타나며 이러한 공황기 자본위기 극복 방안은 상대적 과잉 인구를 증대시킨다. 해고 노동자의 수 증대, 비정규 취업 노동자의 증대, 노동조합 무력화, 자본의 집적과 집중을 위한 법과 제도 정비, 이 모든 것이 종합적으로 전개되는 시기가 바로 공황기 노동통제의 특징이다.

이와는 달리 자본주의 최후의 단계이자 사회주의 전야의 시대인 독점자본주의 시대의 노동통제의 특징은 독점이윤을 통한 노동귀족

층을 형성하고 노동귀족층으로 동원하여 노동운동을 노사 협조주의화 하며 경제투쟁과 정치투쟁을 분리시키면서 노동해방 투쟁을 개량투쟁으로 변질시킨다. (표2 참조).

시기	표2) 공황과 독점자본주의 시대의 노동통제 특징	
	공황기	독점자본주의시대
특징	- 실업 증대 - 임금삭감 - 자본의 도산·폐업으로 실업 증대 - 비정규 노동자 증대 - 노동조합 무력화 - 자본의 집적·집중을 위한 법제도 정비	- 독점이윤을 통한 노동귀족층 형성 - 노동귀족층을 통한 노동운동을 노사협조주의로 강화 - 노동해방 투쟁을 개량주의로

- 공황기·독점자본주의 시대의 노동운동의 (전술적) 원칙

공황기·독점자본주의 시대의 노동운동의 (전술적) 원칙은 노동운동의 목표 안에서 존재하는 노동자계급의 상대적 행동 규범이다. 원시 공산제 사회 이후 고대 노예제와 중세 봉건제 그리고 근대 자본주의라는 계급 사회의 모든 계급적 착취를 근절하고 새로운 노동해방으로의 전진을 위해 투쟁하는 노동자 계급의 행동 규범이다.

이러한 노동운동의 목표아래 자본주의 각 시기별 노동운동의 (전술적) 원칙이 존재하며 노동운동의 (전술적) 원칙은 노동운동의 목표로부터 강제된다.

독점자본주의 시기의 노동운동의 (전술적) 원칙은 자본주의 최후

의 단계이자 사회주의 전야 단계로서의 독점자본주의 시대에 ① 노동해방 의식으로 노동운동을 강화해야 하며, ② 노동해방의 유일무이한 수단인 노동자 계급 정당을 건설, ③ 독점자본주의 시대에 노동해방으로 가기 위한 혁명적 투쟁을 목적의식적으로 제기해야 하며, ④ 노동조합 운동을 계급적으로 강화하고 전면적인 노동조합 민주주의를 실현하는 것이다.

이에 반해 평균 10년을 주기로 순환되는 공황기 노동운동의 (전술적) 원칙은 자본의 위기를 극복하고자 자본 스스로 과잉 생산된 자본과 잉여를 파괴하는 총 자본에 맞서 ① 실질임금 삭감 없는 노동 시간 단축 투쟁으로 자본의 집적 분쇄 투쟁, ② 퇴출당하는 자본의 국유화 투쟁으로 자본의 집중 분쇄 투쟁, ③ 자본의 집적과 집중을 법 제도화 하는 각종 법제도 분쇄 투쟁으로 모아진다(표3 참조).

표3) 공황과 독점자본주의 시대의 노동운동의 (전술적) 원칙		
노동운동의 목표	정치·경제·이데올로기 영역에서 개량 투쟁을 노동자 대중을 혁명적으로 교육·조직하고 자본주의를 넘어 노동해방된 새로운 세상으로 이끄는 투쟁으로 전환	
시기	공황기	독점자본주의시대
전술적 원칙	① 실질임금 삭감 없는 노동 시간 단축 투쟁으로 자본의 집적 분쇄 투쟁 ② 퇴출당하는 자본의 국유화	① 노동해방 의식으로 노동운동 강화 ② 노동자 계급 정당을 건설 ③ 혁명적 투쟁을 목적의식적으

투쟁으로 자본의 집중 분쇄 투쟁 ③ 자본의 집적과 집중을 법 제도화 하는 각종 법제도 분쇄 투쟁	로 제기 ④ 노동조합 운동을 계급적으로 강화하고 전면적인 노동조합 민주주의를 실현

3. 문재인 정권 시대의 노동운동의 (전술적) 원칙

1) 문재인 정권 시대가 공황기 · 독점자본주의 시대인가?

- 문재인 정권 시대가 독점자본주의 시대인가?

 문재인 정권 시대가 공황기 · 독점자본주의 시대인가를 확인하기 위해서는 공황기와 독점자본주의 시대의 특징과 현재 문재인 정권을 비교해 보면 확인이 가능할 것이다. 우선 독점자본주의 시대의 특징과 문재인 정권의 시대, 즉 2019년 한국 자본주의 사회를 비교해 보자.
 독점자본주의란 자본주의의 최후의 단계이자 새로운 사회인 사회주의의 전야 시기이다[6]. 독점자본주의의 주요 특징은 우선 첫 번째

---

[6] 혹자는 독점자본주의를 자본주의의 최후(고)의 단계가 아니라 국가독점자본주의가 자본주의 사회의 최후(고)의 단계라 주장하는 경우도 있다. 물론 독점자본주의와 국가독점자본주의 관련한 논쟁이 본 글의 주제는 아니기에 간단하게만 관련한 내용은 지적을 하고 넘어가겠다. 독점자본주의는 레닌의 말 대로 제국주의의 다른 말이자 자본주의 사회의 최후(최고)의 단계이다. 이와는 달리 국가독점자본주의를 보면, 독점자본주의 중 국가가 개입하지 않는 자유방임 독점자본주의와 국가가 적극적으로 개입하는 국가 독점 자본주의로 나눌 수가 있다. 즉 자본주의 단계 구분별 개념으로 독점자본주의는 자본주의의 최후(고)의 단계의 자본주의이며, 국가 독점자본주

로 생산과 자본의 집중이 주요한데, 독점체가 경제적으로 결정적인 역할을 할 수 있도록 자본의 집적과 집중이 고도화되고 거대 독점자본이 형성되어 시장과 사회를 지배한다는 점이다. 그리고 두 번째는 산업자본이 은행자본과 결합하여 금융자본과 금융 과두제를 형성한다는 점이다. 세 번째는 상품 수출보다 자본 수출이 광범위하게 진행된다는 점이며 네 번째로 국제 독점체가 형성되어 세계 시장을 분할 지배 한다는 점이다. 그리고 마지막으로 독점자본주의의 특징은 주요 자본주의 국가가 세계 시장을 폭력적으로 분할하는 것이 완료된다는 것을 주요 특징으로 한다. 이러한 독점자본주의의 5가지 주요 특징을 중심으로 2019년 한국 자본주의 사회를 규정하다면 명확하게 한국 자본주의 사회는 독점자본주의 사회라 규정[7]할 수 있다.

- 문재인 정권 시대가 공황 시대인가?

IMF 등 세계 주요 부르주아 기관들이 2019년 하반기 세계경제 성장 전망을 3%대로 제시했으나 이 또한 낮춰질 것으로 예상된다. 특히 세계경제를 이끌고 있는 주요 자본주의 국가들의 2019년 하반기 경제 성장 전망치가 매우 낮은 상황[8]이라는 점에서 지금의 공

의는 혹자들이 주창하는 독점자본주의 이후의 자본주의 단계가 아니라 독점 자본주의에서 국가의 개입 정도에 따라 독점자본주의를 구분하는 개념으로 사용이 된다. 그러나 현실적으로 독점자본주의 시대는 국가의 개입을 필연화하기에 '독점자본주의 = 국가독점자본주의'로 표현되기도 한다. 자세한 내용은 채만수 (2015), ≪노동자 교양 경제학≫ 10강 독점자본주의를 참조하라.
7) 지금의 한국 자본주의 사회가 독점자본주의 사회인가에 대한 연구는 본 글의 주제와는 다른 연구 주제이기에, 관련한 연구는 다른 곳에서 진행할 것을 약속하고 본 글에서는 이 정도의 규정으로 넘어가도록 하겠다.
8) 2019년 7월 IMF가 미국 2%, 중국 6%, 일본 0.5%로 2019년 하반기 주요 국가의 경제성장률 전망치를 발표했다.

황(경제위기)이 지속될 것으로 전망된다. 이러한 세계 자본주의 공황은 지난 2007년 4월 서브프라임모기지 사태 이후 10여 년 동안 지속되고 있는 세계 규모의 경제 공황의 한복판에 2019년 현재가 놓여 있음을 보여주고 있다.

한국 경제의 경우 2008년부터 근 10여 년 동안 경제 성장률이 1~2%대에 머물면서 장기적 침체 현상을 보이다가 급기야 지난 1/4분기 경제 성장은 -0.4%대를 보이면서 마이너스(-) 성장을 보이고 있는 상황이다. 문제는 이러한 공황적 징후가 2019년 하반기 소비자 물가 상승률의 마이너스(-) 성장 전망과 임금의 축소 등의 통계치를 근거로 보면 전혀 호전될 기미가 보이지 않는다는 점이다.

10년이 넘어가는 장기간에 걸쳐 경제 성장률이 1~2%나 마이너스(-) 성장을 보이고, 이후 전망도 그리 호전될 것으로 보이지 않는 한국 경제에 대한 '공황 여부'는 많은 논란이 있을 수 있다. 그러나 중요한 것은 이러한 장기침체 현상 속에서 공황기 나타나는 노동통제의 여러 가지 특징이 한국 사회에서도 나타나고 있다는 점이다.

- 문재인 정권의 공황기·독점자본주의의 노동통제 특징

위 표2)에서 확인했듯이 공황기·독점자본주의 시대의 노동통제 특징은 광범위한 실업의 증대와 임금삭감 그리고 자본의 도산·폐업, 비정규직 증대, 노동조합 무력화, 자본의 집적·집중을 위한 법과 제도 정비(이상 공황기 노동통제)와 독점이윤을 통한 노동귀족층 형성과 노동귀족층을 동원한 노동운동의 노사 협조주의화 및 노동해방 투쟁을 개량화(이상 독점자본주의 노동통제)하는 것이다.

특히 독점자본주의의 노동통제 전략은 독점이윤에 의해 배양된 노동귀족층을 동원한 노동운동 내부의 기회주의 세력을 육성한다는 점에서 노동자 계급에게 커다란 해악으로 나타난다. 이렇게 육성된 노동귀족층은 노동조합 운동의 상층부를 장악하면서 경제 투쟁의 주체로 노동조합을 그리고 정치투쟁의 주체로 정당을 내세워 노동운동을 개량주의의 늪으로 내몰았다. 또한 독점자본주의 노동통제는 노동귀족을 동원한 노동조합 운동을 자본과 정권의 사회적 합의주의(corporatism)9)의 노동 진영 주체로 내세워 노동조합 운동을 독점자본이 시장 및 사회에서의 전 방위적 지배를 강화하는 수단으로 활용된다.

2) 문재인 정권 시대의 노동운동의 (전술적) 원칙

- 문재인 정권 시대의 노동운동의 (전술적) 원칙은 공황·독점자본주의 시대의 노동운동의 (전술적) 원칙이다.

문재인 정권이 집권 2년차를 맞이하고 있는 2019년 한국 자본주의는 자본주의 발전 단계에 있어 독점자본주의 시대이며 자본 순환의 시기 구분 상 공황기를 맞이하고 있다. 문재인 정권의 노동통제 전략은 공황·독점자본주의 시대의 노동통제전략의 특징을 그대로 따르고 있다.

대공장 정규직 및 민주노총 상층 단위 등 노동귀족층을 동원하여 노동운동을 노사협조주의와 개량주의로 점철되게 하는 행위는 독점자본주의 시대의 노동통제 전략과 동일하다. 또한 실업증대와 임금삭감 및 자본의 도산 및 폐업과 비정규 노동자의 증대, 노동조합 무력화 기도 및 자본의 집적과 집중을 위한 법과 제도 정비 등 공황기 노동통제 전략은 그대로 문재인 정권의 노동통제 전략과 동일하다(표4 참조).

---

9) 문재인 정권의 사회적 합의주의는 '경제·사회·노동위원회(이하 경사노위)'로 대신한다.

표4) 공황·독점자본주의와 문재인 정권의 노동통제 전략 비교

공황·독점자본주의		문재인 정권
공황기	- 실업증대 - 임금삭감 - 자본의 도산·폐업 - 노동조합 무력화 - 법 제도 정비	- 공공부문 비정규 제로 정책의 허구성 - 최저임금 1만원 폐기 - 소득주도 성장론 폐기 - 대우조선 등 조선 산업 구조조정 - 교육 및 일반 공무원 노동3권 부정 - 주52시간 근로기준법(18.3), 최저임금법(18.5), 지역특구에 관한 규제 특례법(18.8), 산업융합촉진법(18.8)
독점자본주의	- 노동귀족층 형성 - 노사협조주의 강화 - 개량주의 강화	- 경사노위 공세 - 조미·남북 정상회담 및 조국 정국을 동원한 국가·애국주의 공세 - 연동형 비례 대표제 중심의 선거법 개정

- 문재인 정권 시대의 노동운동의 (전술적) 원칙

문재인 정권 시대의 노동운동의 (전술적) 원칙은 자본주의 사회에서의 노동운동의 목표 즉 노동자계급 스스로가 모든 착취를 근절하고 계급이 없고 인간에 의한 인간의 착취가 없는 노동해방된 세상을 건설하는 목표에 복무한다. 또한 문재인 정권 시대의 노동운동의 (전술적) 원칙은 독점자본주의·공황기 노동운동의 (전술적) 원칙에 의거해서 노동자계급 행동 규범이 된다.

이러한 원칙하에 문재인 정권에 맞선 노동운동의 과제는 다음과 같다.

우선 첫 번째 이윤율 회복을 위한 자본의 집적에 맞서 노동자계급은 실질임금 삭감 없는 노동시간 단축 투쟁으로 노동시장 유연화로 표현되는 자본의 집적에 전면적으로 대응함으로써 비정규 철폐, 노동자의 생존권 사수 투쟁을 전면적으로 전개해 들어가야 한다. 두 번째는 공황기 과잉 생산된 생산설비 및 자본 스스로의 파괴 공작에 맞서 파괴되는 대규모 자본의 국영화를 요구해 들어가면서 노동자들의 고용안정 투쟁을 전개해야 한다. 세 번째는 공황기 자본의 집적과 집중을 법과 제도로 옹호하는 국가권력에 맞서 각종 법과 제도의 철폐 투쟁을 전개해야 한다. 네 번째는 독점이윤에 의해 배양된 노동귀족층의 기회주의를 폭로하고 노동조합 운동을 계급적으로 강화하고 노동자 민주주의의 전면적 실현을 위해 투쟁해야 한다. 다섯 번째 경제투쟁은 노동조합이, 정치투쟁은 정당이라는 정치와 경제의 분리 공작에 맞서 노동자계급의 정치·경제·이데올로기 투쟁을 전면에서 지도·집행하는 노동자계급의 정당 건설을 전면에 걸고 투쟁을 전개해야 한다. 여섯 번째 노동자계급의 모든 투쟁에 있어 자본주의 철폐! 노동해방 쟁취! 만이 정답임을 분명히 하면서 모든 투쟁의 영역에서 노동해방의 깃발을 전면에 내 걸어야 한다.

결론

본 글은 문재인 정권의 노동정책에 맞선 노동자 계급의 행동규범 즉 노동운동의 (전술적) 원칙에 대한 글이다.

노동운동은 노동조합 운동과는 달리 노동자계급에 의해 모든 착취를 근절하고 계급이 없는 해방된 세상을 쟁취한다는 목표를 가지고 있다. 이에 반해 노동조합 운동은 자본주의 체제 안에서 정치와 경제 그리고 이데올로기 영역에서 노동자계급의 정치·경제·이데올로기적 지위 향상을 위해 투쟁하는 개량적 투쟁을 의미한다. 그럼에도 불구하고 노동조합 운동은 노동자계급의 대중조직인 노동조합을 중심으로 하기 때문에, 노동조합 운동의 한계와 성과를 지양하는 노동운동은 노동해방이라는 자기 목표를 가져가야 한다.

노동운동의 목표는 계급 사회 중에서 자본주의 사회에서만 존재하는, 즉 자본주의 사회라는 물적 토대로부터 규정되는 해방 투쟁이다. 계급 사회의 마지막이자 새로운 사회의 전야인 자본주의 사회에서의 해방 투쟁인 노동운동은 모든 착취를 근절하고 계급이 없고 모든 인류가 해방되는 세상을 건설하기 위한 투쟁이다.

이에 반해 노동운동의 (전술적) 원칙은 자본주의 전 과정에서 일관되게 관철되는 노동운동의 목표와는 달리 자본주의 발전의 각 단계별 그리고 자본의 순환 시기별로 다르게 나타난다.

자본주의 최후의 단계이자 새로운 사회의 전야라 할 수 있는 독점자본주의(제국주의)에서의 노사관계는 ① 자본주의 국가의 정치·경제적 불균등 발전법칙으로 인해 자본주의 모든 국가가 동시에 사회주의에 도달할 수 없고 일부 나라의 사회주의 혁명과 이에 기초하여 세계 혁명과정이 발전할 수 있으며, ② 계급 모순이라는 자본주의의 기본 모순을 격화시키고, 착취율을 높이려는 자본의 충동으로 독점자본의 노동자, 민중의 탄압이 더욱 더 첨예화 되고, ③ 착취자의 상층은 점차 소수화되고 대기업에 의해 착취당하는 노동자 계급의 수가 점점 늘어나며, ④ 독점자본의 이윤탐욕으로 인해 노동자계급뿐만 아니라 지식인, 중소 부르주아의 일부까지 수탈과 억압을 당하고, ⑤ 식민지 종속국에 대한 수탈은 더욱 더 심화된다. 독점자본주의 시대의 노동통제 전략은 ① 독점이윤을 통한 노동귀족층 형성, ② 노동귀족층을 활용한 노동운동의 노사협조주의 전략, ③ 노동해방 투쟁을 개량적 경제 투쟁으로 한정하는 것으로 나타난다.

이에 반해 평균 10년을 주기로 나타나는 공황기 총자본의 노동통제전략은 ① 실업 증대, ② 임금삭감, ③ 자본의 도산·폐업, ④ 비정규 노동자 증대, ⑤ 노동조합 무력화, ⑥ 자본의 집적·집중을 위한 법과 제도의 정비 등으로 나타난다.

공황기·독점자본주의 시대의 노동통제전략과 노사관계는 공황기와 독점자본주의 시대의 노동통제전략과 노사관계의 특징을 보인다. 이에 따라 공황기·독점자본주의 시대의 노동운동의 (전술적) 원칙은 ① 실질임금 삭감 없는 노동 시간 단축 투쟁으로 자본의 집적 분쇄 투쟁, ② 퇴출당하는 자본의 국유화 투쟁으로 자본의 집중 분쇄 투쟁, ③ 자본의 집적과 집중을 법 제도화 하는 각종 법제도 분쇄 투쟁, ④ 노동해방 의식으로 노동운동을 강화해야 하며, ⑤ 노동해방의 유일무이한 수단인 노동자계급의 정당을 건설, ⑥ 독점자본주의 시대에 노동해방으로 가기 위한 혁명적 투쟁을 목적의식적으로 제기해야 하며, ⑦ 노동조합 운동을 계급적으로 강화하고 전면적인 노동조합 민주주의를 실현하는 것으로 모아진다. 이러한 공황기·독점자본주의 시대의 노동운동의 (전술적) 원칙은 공황기이자 독점자본주의 시대인 문재인 정권 시대에도 그대로 적용되는 노동자 계급의 (전술적) 행동 규범이다.

특히나 독점자본주의 시대의 노동통제 전략에서도 나타났듯이 문재인 정권의 노동통제 전략은 노동귀족층을 활용한 노동운동의 노사협조주의 강화와 개량화로 나타나고 있다. 경사노위 공세를 비롯한 남북과 조미 정상회담 및 조국 정국(검찰개혁) 정국에서 나타나고 있는 문재인 정권에 대한 몰 계급적 태도와 애국이 점철된 국가주의 공세에 맞서 노동자 계급이 어떠한 태도와 원칙을 가져가야 할 것인지에 대한 답은 바로 공황기·독점자본주의 시대의 노동운동의 (전술적) 원칙에서 그 해답을 찾을 수 가 있다.

문재인 정권을 상대로 한 노동자 계급의 투쟁은 위에서 이야기 했듯이 노동운동의 목표와 공황기·독점자본주의의 노동운동의 (전술적) 원칙에 따라야 하다. 그럼에도 불구하고 문재인 정권의 남북 및 조미정상회담 등으로 표현되는 한반도 정책과 조국 정세에서 보여주고 있는 노동자 민중의 태도는 명확하게 문재인 정권의 계급적 성격을 규정하는 물적 토대를 부정하는 비과학적 태도일 뿐이다.

지금 당장 우리가 해야 할 일은 노동자 대중을 상대로 노동운동의 목표와 공황기·독점자본주의 시대의 노동자 계급의 (전술적) 원칙을 분명하게 제기하는 길이다. 공황기·독점자본주의 시대에 노동귀족층의 기회주의적 작태를 폭로하고 자본의 집적과 집중에 대해 정면에서 전선을 구축하고 투쟁하는 노동자 대중을 전국적·계급적으로 조직해 들어가야 한다. 이 길을 위해 전국의 변혁적 노동운동 진영은 상호간의 차이를 인정하고 공동실천을 위한 다양한 논의가 모색되어야 할 것이다.

참고문헌

W.Z. 포스터, ≪세계 사회주의 운동사≫, 편집부(1987) 동녘.

屈江正親, 이태준 엮음(1986), ≪노동운동론 연구≫, 백산서당.

강순희 (1998), ≪한국의 노동운동 - 1987년 이후 10년간의 변화≫, 한국 노동연구원.

김상광 외 (2019), <정부의 일자리 정책 변동에 관한 연구: 노무현, 이명박, 박근혜, 문재인 정부의 공공부문 비정규직 정책을 중심으로>, 국가정책연구.(33.1).

김유선 (2019), <문재인 정부 노동정책 2년 평가와 과제>, ≪문재인 정부 고용·노동 및 노사관계 정책 평가와 노동조합의 과제≫ 토론회 자료집.

김태균 (2015), <한국 노동자 계급의 경제공황기 대응 방안 - 2015년 민주노총의 총파업 투쟁의 승리를 위하여>.

김태균 (2017), <민주노조운동 30년의 성과와 한계, 그리고 오늘의 과제>, ≪2017, 한국산업노동학회 가을학술대회≫

김태균 (2018), <문재인 정권 시대의 노동조합 운동의 과제>

리차드 하이만, 이홍승(옮김), (1997), ≪마르크스주의와 노동조합운동≫, 연구사.

모리스 돕 외, 김성구 편역 (1983), ≪공황론 입문≫, 돌베개.

박대원 (1990), ≪경제위기론의 역사적 논쟁≫, 문원출판.

배규식 외 (2008), ≪87년 이후 노동조합과 노동운동 - 한국 노사관계 시스템의 변화와 미래전망≫, 한국노동연구원.

채만수 (2013), <≪자본론≫의 논리와 (국가)독점자본주의론>, ≪노동사회과학≫(3호), 노사과연.

채만수 (2015), ≪노동자 교양 경제학≫ (6판), 노사과연.

한(조선)반도에서 전쟁과 평화의 문제에 대하여

문영찬 | 연구위원장

1. 한(조선)반도의 현 정세에서 대결과 대화

한(조선)반도의 정세는 그동안 대결과 대화의 교차를 보여 왔다. 이북이 핵실험을 하고 핵무력의 완성에 다가설 때 대결이 가장 극심했다. 이후 대북제재의 강화가 이루어졌으며 그런 가운데 2차례의 북-미 정상회담이 열려 대화가 시도되었다. 대결과 대화라는 상반된 양상의 지속적인 교체가 현재의 한(조선)반도 정세의 특징을 이루고 있다.

2019년 10월 현재 북-미 간에는 대화가 모색되고 있다. 그러나 이북과 미국은 근본적인 관점의 차이 즉, 이북에서는 자신의 사회주의 건설을 위해 필요한 한(조선)반도 평화체제를 전략적 목표로 갖는데 반해 미국은 이북의 핵의 제거를 통한 한(조선)반도에서 미국의 제국주의적 헤게모니의 유지, 강화를 목표로 한다는 점에서 대화는 그 자체가 하나의 투쟁의 형식이 되고 있다.

미국은 이북에 대해 각종의 경제적 제재를 유지하고 있고 또 올해는 한-미 군사훈련을 재개했다. 이에 대해 이북은 반발하면서 미국이 셈법을 바꿀 것을 요구하고 있다. 셈법, 즉, 상이한 전략적 목표를 수행하는 전술의 차이로 인해 대화의 성립 자체가 녹록치 않은 것이다. 그런데 대결과 대화가 교체되는 양상은 역관계가 끊임없이 변화하고 있다는 것을 의미한다. 이북의 핵무력 완성, 그리고 그에 따른 국제적 지위의 상승, 그리고 중국과 러시아와의 동맹에 가까운 연합 등이 미국이 상대해야 하는 이북의 현실적 모습이다. 그리고 미국은 동아시아에서 중국과 대결하면서 이북을 상대해야 하는 조건에 처해 있다. 이러한 상황은 이북과 미국의 대결에서 역관계가 상대적으로 대등해지는 순간에 대화가 시도되고 있다는 것을 의미한다.

미국은 대북제재를 통해 이북이 약화되기를 의도하고 있지만 대북제재를 통해서 이북을 굴복시키는 것은 불가능하다는 것이 지난 수년간 입증되었다. 이북은 사회주의 생산관계를 유지하고 있고 자력갱생하면서 최근에는 중국과 러시아로부터 일정한 경제적 협력을 획득하고 있다. 그런 점에서 이북이 제재에 따른 어려움으로 붕괴할 가능성은 낮아지고 있다.

미국의 입장에서는 이러한 상황에서 군사적 공격을 감행하거나 아니면 대화를 할 수밖에 없는데 군사적 공격은 이북의 핵보유로 인해 위험부담이 매우 클 수밖에 없다. 현재 미국은 군사력으로 이북을 직접적 침략하기 보다는 압박하는 방식으로 대응하고 있다. 그렇다면 남은 것은 대화밖에 없는데 양측의 전략적 목표가 근본적 차이를 갖는다는 점에서 대화를 통한 합의의 도출은 결코 녹녹한 것이 아니다. 즉, 이북과 미국의 대화는 투쟁의 또 하나의 형식이며 철저히 힘과 힘의 대결을 통한 입장의 관철의 문제이다. 그런 점에서 향후에도 대결 국면과 대화의 국면은 교차할 가능성이 크며 그 과정에서 이북과 미국이 상호간에 대한 합의의 폭을 서서히 확대해 갈 가능성이 주어지는 것이다.

그러나 이러한 북-미간의 대화 혹은 대결은 단순히 양자 간의 문제가 아니다. 미국이 이북을 압박할 수 있는 것은 미국이 한국과의 동맹에 기초하기 때문이다. 한-미 동맹이 이북에 대항하는 미국의 유력한 수단이 되고 있는 것이다. 문재인 정권은 정권 출범 초기부터 한-미 동맹에 기초한 한(조선)반도 평화를 천명해 왔다. 그러나 한-미 동맹은 한국 민중에 대한 제국주의적 억압의 수단이라는 점에서 한-미 동맹에 기초한 평화는 미국의 제국주의적 헤게모니를 이북으로까지 확장하겠다는 공언에 다름 아니다. 또한 한-미 동맹은 중국-러시아 블록에 대항하는 기제라는 점에서 즉, 일종의 제국주의 동맹이고 또한 전쟁 수행을 내포하는 군사적 동맹, 전쟁동맹이라는 점에서 한-미 동맹에 기초한 평화는 그 자체로 모순이며 남-북 민중의 이마에 총구를 들이대는 '평화'에 지나지 않는다.

그런 점에서 한(조선)반도의 진정한 평화는 한-미 동맹의 분쇄에 기초해서만 가능하다. 미제국주의의 한국에 대한 신식민지적 지배를 종식시키고 한국 사회를 자주적 사회로 만들어 낼 때 한(조선)반도의 참된 봄, 평화는 가능할 것이다.

2. 한(조선)반도를 둘러싼 전략적 구도

북-미간의 대결과 대화의 과정과 그 귀결 그리고 한(조선)반도에서 평화의 전망은 양자 간의 고립적인 것이 아니라 한(조선)반도를 둘러싼 국제적 관계, 그 전략구도의 변경을 내포하고 있다. 그렇다면 현재의 한(조선)반도를 둘러싸고 있는 전략구도는 무엇인가?

한(조선)반도 자체만을 놓고 보면 북-미 간의 대결이 가장 주요한 것이지만 시야를 조금만 넓혀 보면 한(조선)반도를 둘러싼 국제관계, 동아시아의 정치적 지형을 결정하는 주요한 관계는 중국과 미국의 대결이라는 점은 쉽사리 알 수 있다. 세계 경제가 위기로 치닫고 있는 상황에서 세계적 차원에서 미국과 중국의 헤게모니 대결이 이루어지고 있다. 미국과 중국의 대결은 무역관계에서 시작하여 외교적 대립, 남중국해 등에서의 군사적 대립, 홍콩과 대만 문제에 이르기까지 전방위적으로 전개되고 있다. 그런 점에서 미국과 중국의 대결 양상은 한(조선)반도의 평화의 문제에 일정하게 영향을 끼칠 수밖에 없는 상황이다. 역으로 북-미간의 대결과 대화도 중국과 미국의 관계에 영향을 끼치고 있다.

그런데 동아시아의 전략구도는 중국과 미국의 대결을 축으로 하지만 중국과 러시아의 블록화를 특징으로 하고 있다. 상하이 협력기구에는 중국, 러시아를 비롯해 파키스탄과 중앙아시아 국가들이 참여하고 있다. 러시아는 전통적으로 유럽과의 관계를 중시했으나 최근 중국 등 동아시아의 경제성장으로 인해 동방정책을 강화하고 있다. 미국은 동아시아에서 전통적으로 한-미-일 동맹을 축으로 중국과 러시아에 대항해 왔다. 그리고 최근에는 호주를 동맹으로 끌어들이고 있으며 나아가 중국과 대립하는 인도를 대(對) 아시아 전략의 한 축으로 끌어들이고 있다. 그리하여 아시아-태평양 전략으로써 중국에 대항하고 나아가 중국을 고립시키려 하고 있다.

이러한 구도는 미 제국주의와 일본 제국주의의 주도 하에 이루어지고 있다. 미국과 일본이 제국주의이기를 멈추지 않는 한 동아시아의 이러한 정치적 지형, 전략적 대결 구도는 변화되기가 어려운 상황이다. 중국과 러시아는 사실상 사회주의 국가가 아니라 사회주의였던 국가, 사실상 자본주의의 길을 걷고 있는 국가로서 미국과 협력을 필요로 하는 국가이다. 미국이 이들 국가와 대결하는 것은 상호 협력의 필요성에도 불구하고 제국주의적 본성에 따라, 제국주의적 헤게모니를 잃지 않기 위해 협력이 아니라 대결의 길을 걷고 있는 것이다.

이러한 상황에서 한(조선)반도 평화의 획득은 열강들의 대결 구도 속에서 또한 전략적 구도의 변동, 제국주의 질서의 변동 속에서 이루어질 수밖에 없다. 한(조선)반도 평화는 동아시아를 둘러싼 제국주의 헤게모니의 약화의 결과에 다름 아니라는 점에서 한(조선)반도 평화를 위한 투쟁은 제국주의 헤게모니에 맞설 것을 요구하며 그러한 투쟁 과정에서 나타나는 제국주의 질서의 변동을 조건으로

하는 것이다. 한국의 노동자계급과 민중은 중국-러시아 블록과 한-미-일-호주-(인도)의 동맹의 대결구도에서 한(조선)반도의 평화를 위하여 한국의 한-미-일-호주 동맹으로부터 이탈과 미제의 신식민지 지배의 극복과 자주성의 회복을 위해 투쟁해야 한다.

이러한 것이 지금 일정하게 틀지워진 전략적 구도라면 그에 더하여 중요한 한 가지 조건은 세계경제 위기의 격화 문제이다. 세계 대공황이 재격화된다면 동아시아의 전략구도는 요동칠 수밖에 없다. 세계의 각국들, 동아시아의 각국들은 경제위기에서 탈출하는 것을 지상의 목표로 삼을 수밖에 없고 이때 제국주의 세력은 전쟁위기를 격화시킬 가능성이 매우 큰 것이다.

한국은 미제의 신식민지 지배로 인해 이러한 전쟁위기에 독자적으로 맞서 대응할 가능성이 없다. 따라서 이러한 경우에 제국주의의 전쟁 도발을 규탄하는 한국 민중의 반전평화 투쟁을 조직하고 그러한 투쟁을 동아시아 각국 민중의 연대로 확산시키는 전략이 필요하다. 1917년의 러시아 혁명은 제국주의 전쟁에 반대하는 러시아 노동자계급과 민중의 투쟁이 성공한 결과로 이루어진 것이었다. 누가 더 많은 식민지, 세력권, 이권을 가질 것인가를 둘러싸고 벌어지는 살육에 반대하는 투쟁이 그러한 살육을 야기하는 지배계급을 향하여 창끝을 겨누면서 짜르체제의 전복 그리고 그에 연속하여 노동자계급의 정치권력의 쟁취, 사회주의 혁명의 승리로 이어졌던 것이다. 그리고 21세기 지금 만약 미-일 등의 제국주의 세력과 한국의 지배계급이 한(조선)반도에서 전쟁위기를 격화시키고 전쟁을 도발하는 길로 간다면 한국의 노동자계급과 민중은 전쟁을 도발하고 야기하는 세력, 그 근원을 타격하는 길로 나아가야 하며 광범위한 반전평화투쟁을 통해 전쟁위기를 지배계급의 위기로 전화시키는 길로 나아가야 한다.

3. 전쟁위기의 근원은 무엇인가

레닌은 일찍이 "우리는 계급이 없어지고 사회주의가 실현되지 않고서는 전쟁도 사라질 수 없다는 것을 알고 있다."1)고 말한 바 있다. 레닌의 이러한 언급은 현대의 전쟁이 계급의 문제와 밀접히 연관되어 있다는 것을 말하는 것이다. 현대 제국주의 체제에서 전쟁은 자본의 수출, 그에 따른 이권의 확보, 종속국의 획득, 제국주의 헤게모니의 지배를 위해 수행되고 있다. 즉, 현대 자본주의가 제국주의 단계로 접어든 이후 제국주의 세력은 더 이상 자유가 아닌 지배를 원하며 세계 모든 곳에 대한 지배를 위해 전쟁에 의존하고 있는 것이다. 제1차 세계대전과 제2차 세계대전이라는 제국주의 전쟁은 누가 더 많은 이권, 지배영역을 차지할 것인가를 둘러싼 전쟁이었다. 그런 점에서 레닌이 제국주의의 소멸, 계급의 소멸을 전쟁 소멸의 조건으로 언급한 것은 타당하다.

물론 원시 공동체 사회에서도 전쟁은 있었다. 그 당시의 전쟁은 이권을 위한 싸움이 아니라 씨족과 종족의 생존을 위한 조건의 확보의 성격이었다. 그런데 사적 소유가 발생한 이후부터 그리하여 사회가 노예와 노예주로 계급 분열된 이후부터 전쟁은 인류의 역사에서 일상사가 되었다. 전쟁은 자본주의가 발생한 이후 과거와 비교가 되지 않을 정도로 빈번해졌고 대규모화되었다. 자본은 세계의 모든 곳을 자신의 원료공급지와 시장으로 만들기 위해 전쟁의 수단을 사용하였고 20세기 제국주의 단계에서 전쟁은 세계 전쟁으로 확대된 것이다.

이러한 제국주의의 전쟁을 향한 열망을 제어한 것은 1917년에 러시아 혁명이 성공하여 전세계에서 처음으로 사회주의 국가가 출

---

1) 레닌, ≪사회주의와 전쟁≫, 레닌 전집 60권, 양효식 옮김, 아고라 출판사, 2017, p.29

현하면서부터이다. 이후부터 제국주의 세력의 전쟁 기도는 견제를 받게 되었다. 특히 사회주의 국가들이 대외정책 중의 하나로 평화공존을 제창하면서 제국주의 전쟁은 억제되었다. 또한 자본주의 국가 내부에서 민중들의 반전투쟁이 고조되기도 했다.

쏘련 등 20세기 사회주의 진영이 붕괴된 지금 사실 약소국들은 제국주의의 침략전쟁에 대해 고스란히 노출되어 있다. 이라크, 시리아 등의 참상은 전쟁에 노출된 민족과 민중의 현실을 적나라하게 보여준다. 이러한 나라들이 전쟁의 참상을 겪고 있는 것은 현대의 전쟁의 성격과 그 원인 그리고 그에 대한 올바른 대응방향에 대해 잘못 판단했기 때문이다.

전쟁에 대한 고전적 저작인 ≪전쟁론≫에서 클라우제비츠는 "전쟁이란 다른 수단을 가지고 하는 정치의 계속에 지나지 않는다."[2]라고 갈파한 바 있다. 이에 대해 레닌 또한 '전쟁은 정치의 연속이다'라고 파악하며 클라우제비츠의 주장을 전쟁에 대한 과학적 입장이라고 승인한 바 있다. 따라서 이러한 입장에서 볼 때 현대의 전쟁은 현대의 정치, 즉, 제국주의 정치와 그에 맞서는 저항의 정치의 연속이라고 할 수 있다. 이라크나 시리아 등의 비극은 제국주의 정치에 맞서는 과학적인 저항의 정치를 수행하지 못했기 때문에 발생한 것이다.

전쟁과 정치의 관계에 있어서 정치는 전쟁의 전략적 목표를 결정한다. 이것이 일반적인 접근이다. 그러나 노동자계급과 민중의 입장에서는 전쟁위기를 야기하고 전쟁을 도발하는 제국주의의 정치, 지배계급의 정치에 맞서는 무기로서 '정치의 연속으로서 전쟁'이라는 명제를 파악해야 한다. 제국주의 세력이 전쟁을 야기하는 근거는 다양하다. (신)식민지 혹은 세력권의 확보, 원료의 확보, 헤게모니의 유지, 확장 등등 제국주의는 다양한 원인에 의해 전쟁을 도발한다.

---

[2] 클라우제비츠, ≪전쟁론≫, 일조각, 1990, p.xvii

그리고 제국주의 국가 내부의 불만, 계급대립을 호도하고 그러한 불만을 외부로 돌리기 위해 전쟁을 도발한다는 것은 익히 알려져 있다. 따라서 노동자계급과 민중의 입장에서는 전쟁위기를 야기하는 제국주의 세력, 지배계급의 의도, 모순을 폭로하고 저항의 정치를 조직하여 광범위한 민중을 집결시키는 투쟁을 전개해야 한다. 즉, 전쟁을 야기하는 정치를 타격하여 전쟁 위기를 지배계급의 위기로 전화시켜 낼 때 전쟁 위기는 제어될 수 있는 것이다.

이와 같이 현대의 전쟁과 정치에 있어서 노동자계급과 민중은 제국주의 정치, 지배계급의 정치를 타격하는 것을 통해 반전 투쟁을 조직해 갈 수 있다. 그런데 한(조선)반도에 있어서 전쟁과 정치의 문제는 미 제국주의의 신식민지적 지배로 인해 보다 복잡해진다. 미 제국주의의 힘은 무한한 것이 아니다. 미 제국주의가 세계적으로 제국주의의 헤게모니를 행사할 수 있는 것은 신식민지 혹은 종속국의 지배계급과의 동맹을 통해서이다. 한(조선)반도의 경우 미 제국주의는 한국의 지배계급인 한국의 독점자본가 계급과의 동맹을 통해서 한(조선)반도에 영향력을 행사한다. 그리고 제국주의적 헤게모니를 유지하고 나아가 그 동맹, 한-미 동맹을 통해 전쟁 위기를 야기할 수 있는 것이다. 이것이 한(조선)반도에서 제국주의 정치와 전쟁의 기본 골간이다. 따라서 한국의 노동자계급과 민중의 입장에서 전쟁 위기에 반대하는 길, 전쟁의 참상을 방지하기 위한 길은 단 하나, 한-미 동맹을 타격하고 분쇄하는 길로 나아가는 것이다. 이렇게 볼 때 문재인 정권이 주장하는 한-미 동맹에 기초한 평화라는 구호가 얼마나 헛된 것이고 기만적인 것인가를 알 수 있다.

전쟁은 정치의 연속이라는 점에서 노동자계급과 민중은 정치의 영역에서, 정치적 활동을 통해, 지배계급과 그 제국주의 동맹을 분쇄하는 것을 통해 전쟁에 맞설 수 있다. 미제의 신식민지 지배는 한국에서 이미 70여년이 넘는 세월을 지나왔으며 매우 고도화되어 있다. 그러나 미 제국주의는 미국과 중국과의 대결에서 알 수 있듯이 그 힘은 유한하며 또 일정하게 쇠퇴하는 경향을 보이고 있다. 따라서 신식민지 지배의 성격과 메커니즘을 정확히 인식하고 미제의 신식민지 지배를 용인하고, 나아가 필요로 하는 한국의 지배계급과 그 국가권력에 맞서는 것을 통해 한국의 노동자계급과 민중은 전쟁위기에 대응할 수 있는 것이다.

미제의 한국에 대한 신식민지 지배의 메커니즘에 대한 투쟁 그리고 그러한 투쟁을 동아시아 전략구도라는 조건에서 수행해 나가는 것, 나아가 이러한 투쟁을 동아시아 각국의 노동자계급과 민중과의 연대로 확산시켜나가는 것이 한(조선)반도에서 전쟁위기에 맞서는 노동자계급과 민중의 정치일 것이다.

그리고 세계대공황의 재격화는 동아시아의 정세를 첨예화시킬 가능성이 있으며 그 귀결로서 한(조선)반도 전쟁위기는 현실화될 가능성이 있다. 현재 중국과 미국의 대립이 상호간의 긴밀한 의존성에도 불구하고 첨예화되고 있는 것은 세계적 차원의 경제위기를 배경으로 하는 것이다. 경제위기 상황은 세계 자본주의 질서의 변동을 초래하고 있으며 미국의 입장에서는 선제적으로 헤게모니 쟁탈전을 감행하고 있는 것이다. 이러한 양상은 동아시아 정세를 격화시키는 방향으로 나아갈 가능성이 큰 것이다. 그리고 그렇게 동아시아 정세가 격화되어 갈 때 그 끝자락에서 전쟁 위기가 폭발할 가능성 또한 존재하는 것이다. 따라서 노동자계급과 민중은 제국주의 세력의 정치와 전쟁 위기 야기에 맞서면서 전쟁 위기를 지배계급의 위기로 전화시키는 길로 나아가야 한다.

4. 한(조선)반도에서 평화의 길

한(조선)반도에서 평화체제를 수립하는 문제가 현재 쟁점이 되고 있다는 것은 역사적 진보를 의미하는 것이다. 왜냐하면 한(조선)반도는 분단과 한국전쟁 이래 첨예한 대결의 장이 되어 왔기 때문이다. 실제로 최근까지도 전쟁 위기국면과 대화국면이 오락가락하는 것이 현실이었다. 이런 상황에서 한(조선)반도 평화의 문제가 무대에 올려지고 있는 것은 제국주의와 반동세력의 약화, 평화세력의 강화를 의미한다. 그러나 여전히 그 길은 험난하고 전망은 명확하지 못한 상태이다.

한(조선)반도에서 평화는 무엇을 의미하는가? 일차적으로 그것은 전쟁이 없는 상태이다. 그러나 한(조선)반도는 미 제국주의의 억압에 남-북 민중이 시달리고 있고 다른 한편으로 한(조선)반도의 남쪽은 계급의 문제가 첨예화되고 있는 상태이다. 이런 상태에서 평화는 무엇을 의미하는가?

여기서 압도적 대중이 원하고 있는 평화, 한(조선)반도를 둘러싼 전략구도에서 논의되고 있는 평화는 계급대립의 철폐를 의미하는 것은 아니다. 그것은 평화의 문제에 포함되지 않으며 따라서 그것은 계급적 억압을 받는 노동자계급 자신의 몫으로 남는다. 그렇다면 한(조선)반도에서의 평화, 한(조선)반도 평화체제는 무엇을 의미하는가? 그것은 전술적 성격을 가진 평화와 전략적 성격을 가진 평화로 나누어 볼 수 있다. 먼저 전술적 성격의 평화는 일차적으로 전쟁위기를 종식시키는 것을 의미한다. 이것은 대화국면의 재개와 지속으로 인해 획득될 수 있는 성질의 것이다. 그렇다면 전략적 성격의 평화는 무엇인가? 그것은 한(조선)반도에서 전쟁위기의 근원을 없애고 남북 상호간의 적대를 종식시키는 것을 의미하는 것이다. 이를 위해서는 무엇보다도 미 제국주의의 한(조선)반도에서의 헤게모니를 극복하는 것이 중요하며 한(조선)반도에서 전쟁 위기를 야기하는 근원인 한-미 동맹을 극복하는 것이 중요하다. 그런데 현재 논의되고 있는 평화에 대한 많은 것들은 평화의 전술적 성격과 전략적 성격을 혼동하고 있으며 한(조선)반도 평화체제의 수립, 전략적 성격의 평화에 필요한 조건이 무엇인지에 대해 접근조차 못하고 있다.

전술적 성격의 평화는 이북의 핵무력의 존재에 의해, 그리고 반전평화투쟁으로 전화될 수 있는 남측 민중들의 평화의 요구에 의해 일정하게 담보되고 있다. 그렇다면 전략적 성격의 평화, 체제로서 평화에는 무엇이 필요한 것인지 고찰해 보자.

한(조선)반도에 평화가 체제로서 구축되기 위해서 형식적으로 요구되는 것은 한(조선)반도 전쟁상태의 종식 선언, 북-미 간의 평화협정, 수교 등이 될 것이다. 이러한 것들이 소위 프로세스라는 이름으로 논의되고 있는 것들이다. 절차의 진행과 더불어 이북의 핵을 제거하는 것이 남측 정부와 미 제국주의가 요구하는 바이다. 그러나 형식적 절차들이 실질적으로 의미를 갖기 위해서는 남-북 분단체제의 제거의 전망, 미군의 철수, 한국에서 미제의 신식민지 지배의 종식이 필요하다. 그 선결조건으로서 한-미 동맹 혹은 한-미-일 동맹으로부터 한국의 이탈이 필요하다. 그렇지만 이런 실질적인 문제에 대해서는, 한(조선)반도 평화가 운위되면서도 단 하나도 논의의 테이블에 올려지고 있지 못하다. 뿐만 아니라 문재인 정권은 한-미 동맹에 기초한 한(조선)반도 평화라는 제국주의적 정책, 기만적인 정책을 토대로 하고 있다. 그 결과 평화의 문제가 전술적 성격을 넘어 전략적 성격으로까지 발전하기에는 산 넘어 산인 형국이다. 분단과 한국전쟁 그리고 끊임없는 군사적 대치와 대결 등이 지금까지의 한(조선)반도의 역사이다. 이 대결의 가장 커다란 근원인 미제의 신식민지 지배의 종식 문제는 실질적 평화, 평화체제를 위해서는 반드시 해결하고 넘어가야 할 지점이다. 바로 이 점에서 문재인정권의 기만적인 한(조선)반도 정책을 넘어서는 한국의 노동자계급과 민중의 정치적 역할이 주어지는 것이다. 전술적으로는 반전평화투쟁으로 한(조선)반도 정세에 개입하고, 나아가 전략적으로는 미군철수 등을 비롯한 미제의 신식민지 지배 종식을 위한 투쟁이 평화의 전략적 해결을 위해서 요구되고 있는 것이다.

따라서 한(조선)반도에서 평화의 문제가 전술적 성격을 넘어서서, 전쟁위기의 근원을 제거하는 전략적 성격의 평화로 발전하기 위해서는, 하나의 체제로서 평화가 되기 위해서는 문재인 정권의 한-미 동맹에 기초한 평화라는 기만적 정책을 넘어서는 전략의 수립이 요구된다. 그것은 남-북간 대결의 종식과 분단체제의 극복의 전망, 한-미 동맹의 분쇄, 미군의 철수, 미제의 한국에 대한 신식민지 지배의 종식 등을 내용으로 할 수밖에 없다. 이는 한국의 자본가계급이 아닌 노동자계급과 민중의 몫이 될 것이다.

5. 평화의 문제에 대한 계급적 태도

전쟁위기와 대화, 대결과 대화의 반복을 경과하고 있는 지금, 노동자계급과 민중은 평화의 문제에 대한 전략적 관점, 계급적 관점을 수립해야 한다. 언뜻 평화의 문제는 인간이라면 누구나 동의할 수 있는 당연한 문제로 보인다. 그러나 역사상 수많은 전쟁은 결코 저절로 일어난 적이 없으며 대부분 지배계급의 누군가에 의해 기획되고 조직되고 동원된 것들이다. 마찬가지로 평화는 결코 저절로 얻어지는 것이 아니라 전쟁에 반대하는 투쟁을 통해 획득되고 공고화되는 것이다. 그러면 평화의 문제에 대해 그 실질, 내용의 문제에 대해 접근해 보자.

평화는 전쟁이 없는 상태라고 흔히 생각하기 쉽다. 그러나 이것은 형식논리에 지나지 않으며 내용이 없는 공허한 것이다. 왜냐하면 자본주의 사회에서는, 계급 사회에서는 각 계급 세력이 생각하는 평화는 그 실질에 있어서, 내용에 있어서 천양지차이기 때문이다. 먼저 제국주의 세력은 자신의 제국주의 헤게모니가 유지되고 확장되는 것을 평화라고 본다. 현재의 한(조선)반도 정세에 있어서는 이북의 핵의 제거가 곧 평화라고 보는 것이 미 제국주의의 평화에 대한 태도이다. 그러나 이는 이북의 미 제국주의에 대한 굴복에 다름 아니며 한(조선)반도 남-북 민중의 평화에 대한 염원과는 거리가 멀다. 일본 제국주의의 경우 한(조선)반도에서 평화 논의 자체가 공격의 대상이다. 북-미 간의 대화를 이간질하고 남-북 간의 대결을 부추기고 남측에 대해서는 최근의 무역분쟁에서 보듯이 제국주의적 억압을 가하려 한다. 일본 제국주의에 있어서는 남-북간의 대결 구도, 분단체제가 공고화되는 것이 평화라 할 수 있다.

그러면 한국의 지배계급, 독점 자본들에게 있어서 한(조선)반도 평화는 무엇인가? 이들의 바람은 문재인 정권에 의해 정확히 표현되고 있는데 '평화가 곧 경제이다'라는 주장이 그것이다. 즉, 미 제국주의와 연합하여 이북의 핵을 제거한 후 이북의 사회주의 생산관계를 침식하면서 자본의 시장을 북측 지역으로까지 확장하는 것이 한국의 지배계급, 독점자본들이 생각하는 한(조선)반도 평화이다.

그리고 소부르주아 평화주의는 '투쟁'이 빠진 평화에 대한 소망을 의미한다. 이들은 전쟁의 근원을 제거하기 위해 투쟁한다는 관점이 없으며 평화가 계급에 따라 그 내용을 달리한다는 생각이 없다. 경건하게 평화를 소망하고 외치면 평화가 달성될 수 있는 것으로 여기는 것이다. 그러나 전쟁위기에 맞서는 반전평화투쟁은 전쟁을 의도하고 기획하고 조직하는 세력들을 폭로하는 것에서부터 출발할 수밖에 없다. 전쟁 위기의 근원을 타격하는 투쟁! 이 바로 반전 평화투쟁의 실질적 내용인 것이다. 그런 점에서 소부르주아 평화주의는 평화를 외치되 제국주의와 지배계급에 맞서는 것을 회피하는 것을 자신의 내용으로 한다.

그렇다면 노동자계급과 민중의 한(조선)반도 평화는 무엇인가? 그것은 반전평화투쟁에 있어서 제국주의와 그 하수인들의 전쟁기도를 폭로하는 것이다. 또한 전쟁에 반대하는 실질적 투쟁을 조직하는 것이며 전쟁위기를 지배계급의 위기로 전화시키는 투쟁을 수행하는 것이다. 이것이 전술적 평화의 문제라면 노동자계급과 민중이 한(조선)반도에서 평화를 전략적으로 달성하기 위해 전쟁의 근원인 미제국주의의 한국에 대한 신식민지 지배를 종식시키고 한-미 동맹을 분쇄하는 투쟁으로 나아가는 것이 곧 전략적 평화, 한반도 평화체제의 실질적 내용이다. 전략적 평화, 한(조선)반도 평화체제는 이와 같이 전쟁의 근원을 제거하고 외세에 의해 강요된 분단체제 극복의 전망을 수립하고 남-북 간의 적대의 종식을 이루어내는 것이다.

이와 같이 평화가 무엇인가, 한(조선)반도 평화가 무엇인가에 대해 각 계급 세력은 천양지차의 입장 차이가 있다. 요컨대 그것은 제국주의와 자본의 헤게모니의 확대 그리고 자본의 시장의 확대인가, 아니면 전쟁위기의 종식, 제국주의 억압의 종식인가의 문제인 것이다.

노동자계급에게 있어서 전쟁 위기는 계급적 억압이 증대되는 것을 의미한다. 총알받이로 전쟁에 끌려가야 한다는 두려움, 전쟁분위기로 인한 자본의 압제의 증대, 노동자계급과 민중에 대한 착취와 수탈의 공공연한 증대 등등 전쟁 위기는 노동운동이 숨 쉴 공간을 박탈한다. 바로 그러하기 때문에 노동자계급은 누구보다도 먼저 평화를 원하며 기꺼이 반전평화투쟁을 수행하게 되는 것이다.

이와 같이 평화는 소박한, 경건한 바람의 문제가 아니라 정치의 문제이다. 전쟁이 정치의 연속이듯이 평화는 정치의 산물인 것이며 어떠한 정치를 수행하는가에 따라 어떠한 평화가 주어지는가가 결정되는 것이다. 이마에 총구를 겨누는 제국주의적 평화인가, 아니면 억압과 착취가 없는 진정한 민중의 봄으로서 평화인가가 노동자계급과 민중이 어떠한 정치투쟁을 수행하는가에 의해 결정되는 것이다.

정리를 하면 한(조선)반도 평화의 문제는 첫째, 미-일 제국주의의 헤게모니를 극복하는 것을 조건으로 한다. 둘째, 평화에 대한 계급적 태도 수립을 통해 반전평화투쟁의 실질적, 계급적 내용을 확보해야 한다. 셋째, 동아시아의 전략구도, 국제질서의 변동을 조건으로 한다.

이를 위해 노동자계급과 민중은 자본가계급으로부터 독립적인, 문재인 정권의 기만적인 대북 정책과 구분되는, 독자적인 한(조선)반도 정책, 전략노선을 정립해 가야 할 것이다. **노사과연**

득세하는 포퓰리즘,
그리고 파씨즘과 모칭 사회주의*

채만수 | 소장

1. 포퓰리즘은 무엇인가

 부르주아 정치에 사실상 언제나 만연한 현상이기는 하지만, 근래에, 특히 2007/8년 이래의 세계적인 경제·금융위기 이후, 그 동안 포퓰리즘 하면, 연상하고 했던 중남미 국가들에서만이 아니라, 미국이나 유럽 여러 나라에서도 '포퓰리즘'이 득세하면서, 그에 대한 관심도 고조되고, '포퓰리즘이란 무엇인가' 하는 논의도 활발히 이루어지고 있다.
 그런데 흥미롭게도, 활발한 논의에도 불구하고, '포퓰리즘이란 무엇인가' 하는 문제에 대한 정평 있는 대답은 아직 제시되어 있는 것 같지 않다. 대부분 논객들이, '포퓰리즘이 무엇인지를 정확히 정의하는 것은 사실상 불가능하거나, 최소한 극히 어렵다'는 식의 대답들을 내놓고 있으니 하는 말이다. 예컨대, 미국의 유서 깊은 사회주의 월간지, ≪먼쓸리 리뷰(*Monthly Review*)≫의 편집자인 J. B. 포스터(John Bellamy Foster)조차 다음과 같이 쓰고 있다.

---

* 이 글은 지난 8월 17일 연구소의 소성리 여름수련회에서, "득세하는 포퓰리즘, 그것은 무엇인가"라는 제목으로 발표되었던, 토론을 위한 발제문을 수정·보완한 것이다.

널리 알려진 바와 같이 포퓰리즘이라는 용어는 정의하기가 극히 어려운데, 이는 그것이 어떤 명확한 실질적인 내용도 가지고 있지 않기 때문이다(… since lacking any definite substantive content.).[1]

그러나 이는 포퓰리즘을 정의하는 데에서의 그 접근법과 논리의 오류를 보여주고 있다. 포퓰리즘은 "어떤 명확한 실질적인 내용도 가지고 있지 않"은 것이 결코 아니다. 포퓰리즘이라고 불리는 여러 정치적 조류들은, 그 내용의 옳고 그름을 떠나서, 모두 "명확한 실질적인 내용들"을 가지고 있다. 다만, "어떤 명확한 **공통의** 실질적인 내용도 가지고 있지 않을(lacking any definite substantive **common** content)" 뿐이다.

따라서 포퓰리즘은 "어떤 공통의 실질적인 내용도 가지고 있지 않기" 때문에, 포퓰리즘 그것을 그 '내용'에 따라서, 즉 그 '공통의 내용'에 따라서 정의하려고 하는 것은 터무니 없은 시도로서, 그 정의는 극히 어려운 것이 아니라, 사실은 불가능하다.

포퓰리즘을 구태여 그 내용과 관련하여 규정해야 한다면, 그 각 조류는 서로 그 내용을 달리하면서도, 그 내용들은 모두 몰이론적·몰과학적이라는 특징을 공유한다고 규정해야 할 것이다. 그러나 이러한 규정은 그 특징의 일면을 드러내는 것이기는 해도, 포퓰리즘 그것에 대한 정의는 아닐 것이다.

사실. 포퓰리즘의 본질은, 그 내용에 있는 것이 아니다. 그 본질은 그 행태 혹은 그 방식에 있다.

실제로, 예를 들어, 프랑스의 국민전선(FN)이나 독일의 '독일을 위한 대안(AfD)' 등등의 '우익 포퓰리즘'과, 그리스의 시리자(Syriza)나 스페인의 포데모스(Podemos) 등과 같은 좌익 포퓰리즘을 어떤 공통의 내용을 들어 포퓰리즘이라는 하나의 범주로 분류할

---

[1] John Bellamy Foster, "이것은 포퓰리즘이 아니다(This Is Not Populism)", *Monthly Review*, Vol. 69, No. 2 (June 2017), p. 1.

수 있겠는가?

그럼에도 불구하고, 그들을 '포퓰리즘' 혹은 '포퓰리스트'라는 하나의 범주 속에 분류하는 것에 대해서는, 그들을 다시 '우익 포퓰리즘'과 '좌익 포퓰리즘'으로 나누면서도, 사실상 그 누구도 이의를 제기하거나, 서슴지 않는다. 이는, 그 내용과 정치적 지향이, 서로 다를 뿐 아니라, 때로는 극과 극으로 대립하고 있지만, 그들 사이에는 그들을 하나의 범주 속에 묶어 분류하게끔 하는 무언가 명확한 공통의 적극적 요소가 존재하기 때문이다.

그러면, 그 정치적 내용과 지향을 때로는 극단적으로까지 달리하는 정치적 조류들을 하나의 범주 속에 묶어 분류하게끔 하는 공통의 적극적 요소는 무엇일까?

내용에 공통성이 없는 것들을 어떤 하나의 범주 속에 분류할 수 있게끔 하는 것은 그 어떤 공통의 형태, 이 경우 그들 각 조류 사이에 존재하는 어떤 공통의 정치행태 혹은 정치방식 이외에, 어떤 공통의 적극적 요소가 있을 수 있겠는가?

그리하여, 그들 각 조류 사이에 존재하는 어떤 공통의 정치행태 혹은 정치방식이라는 데에 착목하여 포퓰리즘을 정의하자면, <u>포퓰리즘이란, 다름 아니라, 자신들이 해결하겠다고 내세우는 사회적·경제적·정치적 문제들과 그 원인들을 과학적으로 분석하고 이해할 능력도 전혀 없는 자들이 엉터리·사기적 해결책들로 대중의 순진한 정치적 감성을 (비상하게, 즉 예사롭지 않게) 자극하면서 (대개는, 기득권으로 자리 잡은 기성의 권력, 전통적인 부르주아·소부르주아 정치에 대항하여) 권력을 추구하는 대중 선동적 정치행태 혹은 정치방식이다.</u> 포퓰리즘 혹은 포퓰리스트들은, 좌든, 우든, 모두 그러한 정치행태·정치방식을 공유하고 있다.

포퓰리즘이란, 이렇게 '대중의 순진한 정치적 감성을 자극하면서 권력을 추구하는 대중 선동적 정치행태 혹은 정치방식'이기 때문에, 예컨대, ≪조선일보≫ 등과 같은, 기득권을 가진 언론이나 정치가들이, 주로 좌익 포퓰리즘에 적대해서이지만, 포퓰리즘을 경멸적으로 '대중영합주의'라고 번역하고 규정하는 것은 그다지 그르지 않다. 좌익 포퓰리즘이든, 우익 포퓰리즘이든, 포퓰리스트들은 대중에 영합할 뿐 아니라, 대중을 오도한다는 것도 물론 잊어서는 안 되지만 말이다!

2. 포퓰리즘으로서의 부르주아 정치

포퓰리즘이란 이렇게 사회적·경제적·정치적 문제들과 그 원인들을 과학적으로 분석하고 이해할 능력도 없는 자들, 그러한 집단이 엉터리·사기적 해결책들로 대중의 순진한 정치적 감성을 자극하면서 권력을 추구하는 대중 선동적 정치행태 혹은 정치방식이라는 점에서, 사실은 부르주아·소부르주아 정치 일반, 즉 소위 부르주아 민주주의 그 자체가 포퓰리즘이다.[2]

그리고 부르주아·소부르주아 정치 일반, 즉 소위 부르주아 민주주의 그 자체가 포퓰리즘이라는 규정은 절대적으로 정당하다. 왜냐하면, 자본주의적 생산의 모순에 대한 무지! (혹은, 그 모순을 한때나마 과학적으로 분석하고 이해했던 사람들의 경우, 그 무지로의 전향!) ― 이것이야말로 바로 부르주아·소부르주아 정치가들의 필수 자격조건이기 때문이다. 그리하여 사실은 자본의 이익, 자본가계급의 이익인 정책들을, 어떤 자들은 의식적으로, 그리고 어떤 자들은 부지불식간에, 국민, 즉 국가구성원 모두의 이익인 것처럼 포장, 신

---

[2] "... 포퓰리즘은 ... 정치가들이 있는 한, 계속 존재해 왔다. ... 그러나 ..." (Jon Henley, "포퓰리즘은 어떻게 유럽에서 선거세력으로 등장했는가 (How populism emetged as an electoral force in Europe)", <https://www.theguardian.com/world/ng-interactive/2018/nov/20/how-populism-emerged-as-electoral-force-in-europe>).

전하고 강행하는 것이 그들의 정치이고 정치행태이기 때문이다. 그리고 대중의 순진한 정치적 감성을 선동적으로 자극하여 권력을 장악하고 추구하는 것이 그들의 정치적 행태이기 때문이다.

그럼에도 불구하고 사람들은, 최근 들어, 예컨대, 미국 대통령 트럼프(Donald J. Trump)나 영국 총리 보리스 존슨(Alexander Boris de Pfeffel Johnson) 등을 포퓰리스트로 규정하긴 하지만, 기존의 전통적인 부르주아·소부르주아 정치를 포퓰리즘으로 규정하지는 않는바, 그 이유는, 다름 아니라, 부르주아 사회에서는 그러한, 즉 본질적으로 포퓰리즘적인 정치행태가 지배적·일상적이어서, 그것을 '당연하고 정상적인 것'으로 받아들여지고 있기 때문이다.

포퓰리즘을 논하는 연구자들·논객들이 그것을 "정의하기 어렵다"고 고백하는 것도 사실은 몰이론적·몰과학적 대중선동 정치로서의 부르주아·소부르주아 정치를, 그러한 정치행태를 그들이 '당연하고 정상적인 것'으로 간주하고 있기 때문이다. 기득권으로 자리 잡은 기성의 권력, 전통적인 부르주아·소부르주아 정치에 대항하는 비상한, 즉 예사롭지 않은 행태가, 즉 그 정도에 있어서 지배적·일상적이지 않고, 따라서 '당연하고 정상적'이지 않은 행태가 그들로 하여금 본능적으로 포퓰리즘을 기존의 전통적인 부르주아·소부르주아 정치와 다른 것으로 보게끔 하고 있지만, 다른 한편에서는 본질적으로 포퓰리즘적인 정치형태를 당연한 것으로 간주하는 그들의 기본적 관점이 그들로 하여금 포퓰리즘의 본질을 보지 못하게끔 하고 있는 것이다.

예컨대, 오스트리아 경제연구소(WIFO) 소장이자 빈경제경영대학(Wirtschaftsuniversität)의 경제학 교수인 칼 아이깅어(Karl Aiginger) 박사가, "포퓰리즘은 정의하기 쉽지 않지만, 그것이 자유민주주의·다원주의·인권 및 사상의 교류(exchange of ideas)에 맞설 때, 그 영향은 분명하다"3)고 말할 때에, 거기에는 그러한 관점, 즉 부르주아 정치를 '당연하고 정상적인 것'으로 간주하는 관점이 전형적으로 표현되어 있을 뿐 아니라, 부르주아 정치와 사회는 이상적인 것으로까지 간주되고 있다. 그리고 그렇게 부르주아 정치를 '당연하고 정상적인 것'으로 간주하는 한, 그가 포퓰리즘을 정의할 수 없는 것은 당연하다.

우리가 이 글의 표제에서, "득세하는 포퓰리즘" 운운할 때, 그 '포퓰리즘'도 사실은, 포퓰리즘 일반을 가리키는 것이 아니라, 통속적인 표현에 따라서 예(例)의 그 비상(非常)한, 즉 예사롭지 않은 포퓰리즘을 가리키고 있다. 뿐만 아니라 앞으로도, 특별한 언급이 없는 한, 포퓰리즘이란 용어는 그러한 통속적 의미로 사용할 것이다. 우리가 이렇게 그러한 통속적 개념을 차용하는 이유는, 기존의 부르주아·소부르주아 정치가 포퓰리즘이 아니어서가 아니고, 우선 그것, 즉 비상한, 예사롭지 않은 포퓰리즘이 포퓰리즘의 대중적 용어법이기 때문이고, 또한 바로 그러한 개념의 포퓰리즘이 우리가 비판적으로 검토하려고 하는 주요 대상이기 때문이다.

3. 포퓰리즘 발흥의 원인

소위 부르주아 민주주의 그 자체가 무지와 대중선동의 정치여서 본래부터 포퓰리즘적이라는 점을 지적했는데, 부르주아 정치 그것이 이렇게 무지와 대중선동의 정치, 즉 포퓰리즘이어야 하는 것, 포퓰리즘일 수밖에 없는 것은 자본주의적 생산과 그 발전에 따른 인민대중의 광범한 빈곤과 억압의 원인과 실체를 은폐해야 하는 것이 부르주아 정치의 본령, 그 임무이고, 이를 위해서는 부르주아 정치인들 자신이 그 원인과 실체에 대하여 무지하여야 하기 때문이다.

---

3) Karl Aiginger, "포퓰리즘: 근원, 귀추, 그리고 대응전략(Populism: Roots, consequences, and counter strategy)", <http://voxeu.org/article/populism:-roots-consequences-and-counter-strategy>.

즉, 그 원인과 실체는 부르주아적 정치인들에게도 은폐되어 있어야 하기 때문이다. 앞에서, 자본주의적 생산의 모순에 대한 무지! (혹은, 그 모순을 한때나마 과학적으로 분석하고 이해했던 사람들의 경우, 그 무지로의 전향!) — 이것이야말로 바로 부르주아·소부르주아 정치가들의 필수 자격조건이라고 지적했던 것도 바로 그 때문이다.

결국 자본주의 사회에서의 대중의 빈곤과 그 원인에 대한 무지야말로 포퓰리즘의 원인이자 발판인데, 오늘날 득세하고 있는 포퓰리즘과 관련해서 보자면, 무엇보다도 자본주의 사회에서의 피억압 대중의 빈곤의 심화, 거듭되는 공황에 의한 자본주의적 생산체제의 위기야말로 바로 좌·우 포퓰리즘의 온상이다.

자본주의 사회에서의 빈곤의 심화, 특히 공황에 의한 실업과 빈곤의 심화는 빈곤 상태의 그리고 그러한 상태로의 영락의 위험에 처한 광범한 대중의 저항, 투쟁을 불러올 수밖에 없고, 그러한 저항, 투쟁이 몰이론적·비과학적 '소부르주아 사회주의' 정치세력에 의해 주도될 때, 그때 거기에서 다양한 형태의 좌익 포퓰리즘이 발생하고, 발흥하는 것이다. — 중남미 국가들에서의 포퓰리즘이나 2009년의 재정·경제위기 이후 남부 유럽 국가들에서 발흥한 좌익 포퓰리즘이 전형적이다.4)

다른 한편에서, 자본주의적 생산의 위기가 심화되고, 노동자·민중이 저항에 나서게 되면, 그것은 당연히 독점자본의 체제 수호적 반동을 불러오고, 그것이 애국주의·국가주의·민족주의를 고취하는

---

4) "스페인, 이딸리아, 그리스 같은 국가들에서는 포퓰리즘은 오로지 급진적인 우익 현상만은 아니다. 이는 아마 재정위기가 이들 국가들을 강타했다는 사실에 기인할 것이다. 그들 국가들은 따라서 좌익 포퓰리스트적 메시지의 완전한 무대를 이루고 있다."(Matthijs Rooduijn[암스텔담 대학, 정치사회학자], "왜 갑자기 포퓰리즘이 대유행하는가?[Why is populism suddenly all the rage?]", <https://www.theguardian.com/world/political-science/2018/nov/20/why-is-populism-suddenly-so-sexy-the-reasons-are-many>).

대중선동 정치적 형태로 나타날 때, 그것이 바로 우익 포퓰리즘, 즉 파씨즘이다. — 최근 들어 유럽과 미국에서 우익 포퓰리즘이 발흥, 아니 극성을 떨어가고 있는 것도 바로 심화되고 있는 자본주의적 생산체제의 위기에 대한 독점자본의 반동적 대응이다.

4. 우익 포퓰리즘, 즉 파씨즘

당연하고 정상적인 것으로 받아들여지는 전통적인 부르주아·소부르주아 정치에 도전하는 정치행태라는 측면에서, 즉 **비상(非常)한,** 즉 **예사롭지 않은 포퓰리즘**이라는 측면에서 포퓰리즘은 사상적으로 **소부르주아의 정치행태다.** 그리고 이 포퓰리즘에는, 주지하는 바와 같이, **우익 포퓰리즘**과 **좌익 포퓰리즘**이라는 두 조류가 있다.

J. B. 포스터가 소개하고 있는 것처럼, 포퓰리즘은 일반적으로 '자유 민주주의'에 대한 도전 혹은 위험으로 이해되고 있지만,[5] 그것은 진실이 아니다. **비상한,** 즉 **예사롭지 않은 포퓰리즘** 일반이 도전하고 있는 것은, 소위 '자유 민주주의'가 아니라, 기성의 부르주아 정치세력이고, 기존의 그 정치관행일 뿐이다.

이른바 '자유 민주주의'에 대한 도전으로서의 포퓰리즘은 오직 오늘날 유럽 각국이나 미국에서 득세하고 있는 **우익 포퓰리즘뿐**이다. 이 이른바 우익 포퓰리즘은, **성격상 그냥 우익이 아니라 사실은 극우익,** 즉 **파씨즘**이기 때문이다. 이에 대해서는 앞에서 인용한 J. B. 포스터도 다음과 같이 말하고 있다.

> 우익 포퓰리즘이란, "**좌쑈적 부류**"(파씨즘/네오파씨즘/포스트-파씨즘)의 조류들(movements)을 지칭하기 위해서 지난 몇 십 년 사이에 유럽의 논의에 도입된 **완곡어법**으로서, 그 특징은 ... 극악하게 외국

---

[5] J. B. Foster, 같은 글, p. 3.

인 혐오적이고 초(超)민족주의적인 경향들이다. 프랑스의 국민전선, 이딸리아의 북부동맹, 네덜란드의 자유당, 영국독립당, 스웨덴민주당이나 다른 선진 자본주의 국가들의 유사한 정당들 및 운동들에서 그것을 볼 수 있다.6)

여기에서 포스터가 파씨즘이라고 할 때 그것은 "자본주의 사회 내부에서의 자유민주주의의 반대어"여서, "그 지지자들은 자유민주주의 대신에 다른 형태로 자본주의 체제를 관리하여, 기본적인 시민적 권리들과 집행권력에 대한 제한들을 제거하고, 노동자계급의 조직을 약화시키기 위해서 억압적 기구를 강화하며, 타민족을 민족주의적 형태로 사회에서 배제하고자 한다."7)

이렇게 본질에 있어서 퐈쇼적 조류인데도 불구하고, 오늘날 그것이 파씨즘이나 네오파씨즘 등으로 불리는 대신에 '우익 포퓰리즘'이라는 완곡어법으로 불리는 이유를 포스터는 다음과 같이 설명하고 있다.

> 기본적으로 동일한 현상은, 트럼프의 최고 행정수반으로의 등극이라는 형태로, 지금 미국에서도 승리를 거둔 상태다. 하지만 이와 관련하여 주류 논평은 일반적으로 파씨즘 혹은 네오 파씨즘의 문제를 회피하면서, 대신에 포퓰리즘이라는 보다 흐릿하고 보다 안전한 개념을 즐겨 사용하고 있다. 이는 단지, 그 용어가 불러일으키는 나치 독일이나 홀로코스트의 끔찍한 이미지 때문이거나, 갈수록 더 정치적 학대의 만능의 용어로서 사용되어 왔기 때문만은 아니다. 그보다는 오히려, 자유주의적 주류가 그것을 네오파씨즘으로 부르기를 회피하는 것은, 이러한 정치적 현상에 대한 어떤 진지한 관심에 수반될, 자본주의에 대한 비판에서 기인한다. 1935년에 브뤠히트(Bertolt Brecht)가 물었듯이, "파씨즘을 야기하는 자본주의에 반대를 표명하려 하지 않

---

6) 같은 글, p. 1.
7) 같은 글, p. 4.

으면서 누구든 어떻게 파씨즘에 대한 진실을 말할 수 있겠는가?"8) (강조는 인용자.)

즉, 그것을 사실대로 파씨즘으로 부를 경우, 그 파씨즘에 대한 진지한 관심이 불러일으킬 자본주의에 대한 비판 때문이라는 것이다. 그러면서 그는 '우익 포퓰리즘'으로 불리는 (네오)퐈쑈적 세력과, 그들이 도전하는 기성의 정치세력 간의 친화적 관계 혹은 암묵의 동맹을 다음과 같이 폭로하고 있다.

> 우익 포퓰리즘이라는 개념은 자유주의적 담론에서는 다소 부정적인 형용어로서 사용되고 있는바, 이러한 경향을 비난하기도 하면서, 파씨즘/네오파씨즘이라는 문제 전체를 제쳐둠으로써 그것에 은폐수단을 제공하고 있기도 하다. 이는 "급진적 우익"...에 대한 지배계급의 이중적(ambiguous) 관계를 반영하고 있다. 실제로, 네오퐈쑈적 우익 세력들은, …, 유럽 대부분에서 조직적으로 "탈악마화"되어 왔고, 중도우파적 (혹은 우익 중심적) 정부에서는 흔히 기꺼운(acceptable) 동반자로 간주되고 있다.9) (강조는 인용자)

자유주의 언론이 파씨즘 혹은 네오파씨즘을 우익 포퓰리즘이라고 부르는 것은 결국 파씨즘 혹은 네오파씨즘으로서의 그 정체를 은폐하는 수단을 제공하는 것인데, 이는 이 "급진적 우익", 즉 파씨즘/네오파씨즘에 대한 지배계급의 이중적 관계 때문이라는 것이라는 것이다. 그리하여 이 "네오퐈쑈적 우익 세력들은, …, 유럽 대부분에서 조직적으로 "탈악마화"되어 왔고, 중도우파적 (혹은 우익 중심적) 정부에서는 흔히 기꺼운 동반자로 간주되고 있다"는 것인데, 그 이중적 관계란 도대체 무엇일까? 혹은 그러한 이중적 관계는 어디에

---

8) 같은 글, pp. 1-2.
9) 같은 글, p. 2.

서 유래하는 것일까?

사실상 동어반복적인 대답이지만, 그 이중적 관계란, 한편에서는 대립적이면서, 다른 한편에서는 친연적(親緣的)인 관계 그 이외의 무엇일 수 없다. '급진적'이냐, 소위 '중도적'이냐에서 대립적이고, 양자 모두 우익적인 데에서 친연적이다. 그리고 바로 이 우익적이라는 친연성에서 그들은 서로 "기꺼운 동반자로 간주"될 수 있는 것이다.

실제로 새롭게 등장하고 있는 파씨즘이 파씨즘으로 불리는 대신에 일반적으로 '우익' 포퓰리즘으로 불리는 것은, '중도적'이라고 평가·선전되는 전통적인 부르주아 정당들이, '중도 좌파'로 평가되고 있는 사민주의 계열의 정당들을 포함하여, 모두 사실은, 중도적이 아니라, 우익적이기 때문이고, 나아가서 '중도 우파'로 평가되는 정당들이나 정파들의 경우에는 극우적이기까지 하기 때문이다. 이는, 예컨대, 미국의 트럼프적 정치현상이나 영국의 보리스 존슨적 정치현상이 생생하게 입증하고 있기도 하다.

그리고 근자에 이러한 우익 포퓰리즘, 즉 파씨즘/네오파씨즘이 득세하고 있는 것은 자본주의 경제가 심각한 위기 상태에 빠져들고 있기 때문이다.10) 파씨즘으로서의 우익 포퓰리즘의 발흥을 저지하지 못하면 어떤 재앙이 초래될 것인가는 이미 역사를 통해서 통렬하게 경험한 대로다.

---

10) "도널드 트럼프가 대통령이 된 것은, 미 제국주의의 패권의 장기간에 걸친 위기의, 그리고 네오 파씨즘을 향한 미 제국주의의 궤도의 가장 심각한 단계를 나타낸다."(마이클 조셉 롸베르토[Michael Joseph Roberto], "미국 파씨즘의 기원[The Origins of American Fascism]", Monthly Review, Vol. 69, No. 2 [June 2017], p. 26.). 그러나 이 "장기간에 걸친 위기(protracted crisis)"는 당연히 단지 미 제국주의의 현상만은 아니다. 이 장기적인 위기는 이미 오래 전부터 자본주의적 생산의 보편적 현상으로 되어 있고, 그리하여 "파씨즘은 독점금융자본주의 시대의 세계적인 현상(fascism as a global phenomenon in the epoch of monopoly-finance capitalism)"(같은 글, p. 27.)이 되어 있다.

5. 좌익 포퓰리즘, 혹은 모칭 사회주의

여기 대한미국에서는 흔히 '조·중·동' 등 극우언론의 지면에서 "포퓰리즘" 혹은 "포퓰리즘적"이라거나, "대중영합주의" 혹은 "대중영합적"이라는 표현을 접하게 되는데, 그때마다 거기에 진한 적대와 경멸이 담겨 있다는 것은 누구에게나 저절로 감지된다. 그들이 그렇게 적대와 경멸을 담아 "포퓰리즘" 혹은 "포퓰리즘적", 혹은 "대중영합주의" 혹은 "대중 영합적"이라고 할 때, 그들이 가리키는 것은 좌익 포퓰리즘이고, 특히 중남미 라틴 아메리카 국가들에서의 그것이다.

저들 극우 언론과 이데올로그들이 (중남미 국가들에서의) 좌익 포퓰리즘을 그토록 적대하고 경멸하는 이유는, 무엇보다도 그 좌익 포퓰리즘이 왕왕 '사회주의'라는 깃발을 내걸기 때문이고, 다음으로는 사회적 생산수단의 사적 소유의 온존 등 기존 체제의 바탕 위에 서이지만, 자신들의 정치적 지지층인 빈곤에 시달리는 인민 대중을 달래기 위해서 주요 생산수단의 일부를 국유화한다든가, 세율을 다소 인상한다든가 하는 조치를 취하게 되기 때문이다.

아무튼 저들 좌익 포퓰리스트들이 내세우는 바의, 이렇게 사회적 생산수단의 사적 소유를 전제로 하는 '사회주의', <u>그것은 분명 모칭(冒稱) 사회주의이고, 기껏해야 소부르주아 사회주의에 불과하다.</u>

그런데 저들 좌익 포퓰리스트들이 내세우는 '사회주의'가 과연 정말 노동자계급이 건설할 미래사회의 상으로서의 사회주의, 그리고 그러한 미래사회로 진전하는 운동으로서의 사회주의인지, 아니면 단지 노동자·인민의 빈곤·고통과 그에 따른 그들의 저항을 포착, 오도하는 소부르주아 좌파의, 선의의 혹은 악의의 정치놀음, 즉 모칭 사회주의에 불과한 것인지에 대해서는, 저들 극우 이데올로그들에게는 그것을 파악할 능력도 관심도 없다. 그들로서는 좌익 포퓰리즘의 득세, 특히 그 집권과 예정된·필연적 파산을 사회주의 일반을 먹칠하고, 매도해버림으로써 대중 일반에게 사회주의에 대한 거부감과 경계심을, 혹은 절망감·좌절감을 주입하는 기회로 삼으면, 그것으로 그만이다.

아무튼 라틴 아메리카 국가들에서는 좌익 포퓰리즘은 전통적으로는 "분홍 조류(Pink Tide)"[11]라고 불릴 만큼 그들 국가들의 '좌익' 정치의 일종의 전통적 트레이드마크였다.[12] 그런데 특히 2009년에 폭발한 재정위기를 계기로 그리스, 이딸리아, 스페인, 포르투갈 등으로 범람, 남부 유럽 국가들에서도 좌익 포퓰리즘은 이제, 그리스의 시리자처럼 집권도 가능할 만큼, 도도한 한 정치적 조류로 되어 있다.[13]

부르주아 민주주의 혹은 부르주아·소부르주아 정치제도는, 앞에서도 지적한 것처럼, 무지의 정치, 대중선동의 정치이기 때문에 그

---

[11] 야코포 쿠스토디(Jacopo Custodi), "라틴 아메리카와 남부 유럽의 좌익 포퓰리즘 ... (Left-wing populism in Latin America and Southern Europe: a new form of social patriotism or a left path to regional integration)", <https://www.academia.edu/31058031/Left-wing_populism_in_Latin_America_and_Southern_Europe_a_new_form_of_social_patriotism_or_a_left_path_to_regional_integration>; 라사로스 카라봐실리스(Lazaros Karavasilis), "좌익 포퓰리즘은 아직도 타당한가?(Is Left-Wing Populism Still Relevant?), <http://new-pretender.com/2018/07/22/is-left-wing-populism-still-relevant/> 등등.

[12] "좌익 포퓰리즘은 라틴 아메리카 정치의 한 가운데에 있어 왔고, 특히 제2차 세계대전 후에 그러했다. 게툴리오 봐르가스(Getulio Vargas)와 같은 지도자들에서부터 에보 모랄레스(Evo Morales)와 차베스(Hugo Chavez)라는 보다 최근의 예들까지, 남아메리카에서의 좌익 포퓰리즘의 전통은 유장하고 복잡한 역사를 가지고 있다." (라사로스 카라봐실리스, 같은 글.)

[13] 물론 2009년의 경제위기 이전에도 유럽에 좌익 포퓰리즘이 없진 않았다. 그리하여, "... 유럽 역시 2008년 이전에도 보다 유사한 정당들의 보다 소규모의 그 자신의 경험을 가지고 있다. 네덜란드의 사회당(Socialist Party)이나 독일의 좌익당(Die Linke)은 지난 수십 년간 유럽에서 좌익 포퓰리즘의 가장 두드러진 경우들의 일부였다." "1970년대와 1980년대의 그리스의 PASOK은 ... 포퓰리즘적 민주 정치의 또 다른 예다." (라사로스 카라봐실리스, 같은 글.)

자체가 포퓰리즘인데, 다른 한편에서 실질적으로는, 주민의 절대 다수를 이루는 억압받고 착취당하는 가난한 노동자·인민은 "정치로부터, 즉 민주주의에의 적극적 참여로부터 배제되고 내쫓기는"14) 소수 유산자들만의 민주주의다. 그리하여 레닌에 의하면, "맑스는 빠리 꼬뮌의 경험을 분석하면서 자본주의적 민주주의의 본질을", "피억압자들에게는 몇 년 만에 한 번씩 억압계급의 어떤 대표자들이 의회에서 자신들을 대표하고 짓밟을(zertreten) 것인가를 결정하는 것이 허락된다"15)고 말했던 것이다.

그러나 빈곤과 실업이 확산·심화되면, "정치로부터, 즉 민주주의에의 적극적 참여로부터 배제되고 내쫓기는" 노동자·인민이 자신들의 민주주의를 요구하며 들고 일어서게 되는바, 노동자·인민의 이러한 자연발생적 저항이 <u>선동 정치적 소부르주아 좌파</u>에 의해서 포착되어 주도될 때, 그것은 좌익 포퓰리즘의 발흥, 득세로 나타나게 된다.

그리하여 바로 이 노동자·인민의 자연발생적 저항, 민주주의의 요구라는 측면에 주목하여 (좌익) 포퓰리즘에 대한 한 찬양자는, "틀에 박힌 민주주의 때문에, 포퓰리즘은 인민의 요구들을 고려하고 집단적 참여를 촉진하는, 유일하게 생산적인 형태로 되었다"16)라고까지 말하기도 한다.

---

14) V. I. 레닌, ≪국가와 혁명≫, *Lenin Collected Works*, Vol. 25, Progress Publishers, p. 466.
15) 같은 곳.; *Lenin Werke*, Bd. 25, Dietz Verlag, S. 475.; Howard Waitzkin, "Revolution Now: Teachings from the Global South for Revolutionaries in the Global North", *Monthly Review*, Vol 69, No. 6, Nov. 2017, p. 19.
16) 싼티아고 사발라(Santiago Zabala, 바르셀로나의 폼페우 퐈브롸 대학 철학교수), "좌·우익 포퓰리즘의 차이 ... (The difference between right and left-wing populism)", <https: www.alazeera.com/indepth/opinion/2017/01/difference-left-wing-populism-170112162814894.html>

우선 유럽의 좌익 포퓰리즘을 우익 포퓰리즘과 비교해보자면, 그것은, 무엇보다도 이민자·난민 문제에 대해서 개방적·포용적이고, 배외주의에 반대한다는 점에서, 우익 포퓰리즘, 즉 네오파씨즘, 네오나치즘과 확연히 구별된다.

나아가, 유럽의 그것이든, 중남미의 그것이든, 그리고 '사회주의'를 내걸든, 아니든, 좌익 포퓰리즘은, 적어도 표방하는 바로는, 독점자본과 그 독재에 반대하면서, <u>부의 평등한 분배와 민주주의를 주장</u>하고 있다.

그리하여 앞에서 언급한, 예의 좌익 포퓰리즘의 찬양자는 "우익 포퓰리즘은 공포를 불러일으키지만, 좌익 포퓰리즘은 희망을 불러일으킨다"고, 혹은 "우익 포퓰리즘은 증오와 무관심에 뿌리박고 있으나, 좌익 포퓰리즘은 정의와 평등에 뿌리박고 있다"17)라고까지 말하기도 한다.

한편, 앞에서 포퓰리즘은 일반적으로 '자유 민주주의'에 대한 도전 혹은 위험으로 이해되고 있지만, 그것은 진실이 아니라고 말했거니와, 실제로 좌익 포퓰리즘은, 많은 사람들의 선입견과는 전혀 반대로, 그리고 좌익 포퓰리스트들 자신의 화려한 수사나 극우적 언론의 매도에도 불구하고, 결코 그 자체로서 부르주아적 자유민주주의에 대한 도전이나 위험이 결코 아니다. 그것은 철저히 부르주아 자유민주주의적 틀 내의 운동이다. 좌익 포퓰리즘이 만일 부르주아적 자유민주주의에 대한 도전이나 위험이 된다면, 그것은 그 자체로서가 아니라, 그것이 불러오는 반동, 즉 '우익 포퓰리즘'에 의해서일 뿐이다.

아무튼 좌익 포퓰리즘은, 그것이 '사회주의'를 내걸든, 아니든, 독점자본과 그 독재에 반대하면서, 부의 평등한 분배와 민주주의를 주장하는데, 그러나 그러한 주장들은 현실에 부딪치자마자, "지옥으로

---

17) 싼티아고 사발라, 같은 글.

가는 길은 선의로 포장되어 있다"는 독일과 영국의 속담이 진리임을 생생하게 실증하면서, 그 몰이론·비과학성 때문에 곧바로 파산해버리고 만다. 그리고 대개의 경우 극우적 반동을 낳는다. '독점자본과 그 독재에 반대'니, '부의 평등한 분배와 민주주의'니 하는 주장들은 결국 기껏해야 공염불이고, 사실은 대중에 대한 기만인 것이다.

과학은, 예컨대, 다음과 같이 언명하고 있다:

"노동자계급은 기성의 국가기구를 단순히 장악하여, 이를 그 자신의 목적을 위해서 가동할 수는 없다"18)는 것;

"프롤레타리아트는, 부르주아지로부터 차례차례 모든 자본을 빼앗고, 모든 생산용구를 국가의 수중에, 즉 지배계급으로 조직된 프롤레타리아트의 수중에 집중하기 위해서, 그리고 생산력의 크기를 가능한 한 급속히 증대시키기 위해서 자신의 정치적 지배를 이용"19)해야 한다는 것.

그런데 좌익 포퓰리스트들은 이러한 과학의 가르침과는 정확히 반대로 움직이면서, 그리고 그렇게 정확히 반대로 움직임으로써, 민주주의와 평등을 실현하고, 사회주의 사회를 건설하겠노라고 떠들어댄다. 기성의 국가기구를 고스란히 이어받아서 그것을 이용하여, 그

---

18) K. 맑스, "프랑스의 내전", 《칼 맑스 프리드리히 엥겔스 저작선집》 제4권, p. 61.; *MEW*, Bd, 17, S. 336.; — "저의 《브뤼메르 18일》의 마지막을 확인하면 알 수 있는 것처럼, 저는 거기에서 프랑스 혁명의 다음 시도는, 이미 더 이상 지금까지처럼 관료적·군사적 기구를 한 손에서 다른 손으로 옮기는 것이 아니라, 그것을 <u>때려 부수는</u> 것이라고 말하고 있으며, 이것이 대륙에서의 모든 진정한 인민혁명의 전제조건입니다. 이것은 우리의 빠리의 영웅적 당동지들의 시도이기도 합니다." (K. 맑스, "하노붜의 루드뷔히 쿠겔만에게"(런던, 1871년 4월 12일.), *MEW*, Bd. 33, S. 205.)
19) K. 맑스·F. 엥엘스, 《공산당 선언》, 《칼 맑스 프리드리히 엥겔스 저작선집》 제1권, p. 420.; *MEW*, Bd. 4, S. 481.

리고 생산수단에 대한 사적 소유를 고스란히 보장한 채! — 그러니 파탄할 수밖에!

몇 가지 실례를 드는 것으로 충분할 것이다.

대표적으로 중남미 여러 나라에서 그래온 것처럼, 빈곤과 실업을 강요하는 기존의 정치·사회·경제 상태에 대한 대중의 불만이 비등하여 이른바 좌파 정권들, 즉 좌익 포퓰리즘적 정권들이 집권하게 되면, 그 정권들은 당연히 대중의 요구에 부응하는, 극우 언론의 표현으로는, 대중에 영합하는 몇 가지 경제적 조치들을 취하지 않을 수 없다. 기존의 국가기구와, 사회적 생산수단에 대한 사적 소유 즉 기존의 생산관계를 온존시킨 채!

이러한 조건 하에서 대중의 요구에 부응하여 '좌파 정권'이 취할 수 있는 조치는 극히 제한적일 수밖에 없다. 그리고 그 핵심적 조치는 당연히 재정적 수단에 의한 그것, 즉 재정지출의 확대에 의한 조치일 수밖에 없다.[20] 그런데 생산수단은 자본가들에 의해서 사적으로, 즉 독점적·배타적으로 소유되어 있고, 따라서 생산물은, 대중의 요구에 부응해야 할 국가의 것이 아니라, 그들 자본가의 것이다. 그리하여 세수(稅收) 즉 재정수입은 그들에 의해서 제약된다. 재정적 수단을 확보하기 위해서 대중의 광범한 지지를 등에 업고 세율을 인상할 수 있지만, 자본가계급, 제국주의를 등에 업은 자본가계급의 대대적인 저항과, 대대적인 정치가들 및 고위 관료들의 매수가 그 세수의 확대를 좁은 한계 내에 가두어버린다. 이렇게 되면 정부는 국가독점자본주의적 화폐·통화제도에 호소할 수밖에 없다. 즉,

---

[20] 그리스 시리자 정권의 실정 등을 비판적으로 검토하면서도, "좌익 포퓰리즘의 교훈은 우리에게 무엇을 가르쳐줄 수 있는가?" 하는 질문과 함께 사실상 '그래도 역시 좌익 포퓰리즘!'을 외치는 좌익 포퓰리스트는 그 교훈의 하나로 "단순한 네오케인즈주의를 넘어서 전진해야 한다(... has to ... moving beyond mere neo-Keynesianism ...)"(라사로스 카라봐실리스의 같은 글.)고 말하고 있다. 이렇게 그는, 좌익 포퓰리즘 정권에게는 사실상 재정적 수단이 유일한 수단임을, 혹은 유일한 수단이었음을 고백하고 있다.

국채를 증발하여 '대중의 요구에 부응'할 수밖에 없고, 그렇게 되면, 일시적 부분적으로 대중의 요구가 충족되고, 일시적 부분적으로 빈곤이 완화될 수 있을 것이다. 하지만, 문제는 이 과정이 일정하게 진행되면, 필연적으로 인플레이션을 초래할 수밖에 없고, 이 인플레이션이 다시 빈곤을 악화시키고, 이에 대한 대중의 불만을 완화시키기 위해 적자재정, 즉 국채발행=중앙은행의 발권력에 의한 재정지출을 더욱더 확대하지 않을 수 없게 된다. 그리하여 이 과정은 인플레이션이 인플레이션을, 따라서 빈곤을 악화시키는 악순환에 빠질 수밖에 없다. 그렇게 되면 대중은 당연히 '좌파 정권'에 환멸을 느끼게 되고, 우익 포퓰리즘을 수용하게 된다.

그것이 지난 수십 년 동안의 라틴 아메리카 여러 국가들의 대체적인 정치사였다. 게다가, 제국주의 시대의 신식민지 일반의 현상이긴 하지만, 특히 공공연하게 '미국의 뒷마당'으로 간주되고 있는 중남미에서는 다음과 같은 사정이 덧붙여졌다. 즉,

> 민주적으로 선출된 국가들이 세계 자본주의 체제에 도전하려 하면, 그들은 군사 개입과 쿠데타, 그리고 그들의 정치·경제체제를 불안정화하려는 격렬한 시도의 표적이 된다.21)

1950년대 이후의 라틴 아메리카만을 고려하자면, 미합중국은 선출된 정부들을 전복시키기 위해서 과테말라, 도미니카 공화국, 칠레, 아이티, 그레나다 및 파나마에 직접적인 군사적 침략을 하였거나, <u>군사 쿠데타를 지원</u>하였다.22) 뿐만 아니라 미합중국은 엘살바도르, 니카라

---

21) Howard Waitzkin, 같은 글, p. 18.
22) 물론 중남미에서의 일만이 결코 아니다. 박정희 일당이나 전두환 일당에 의한 군사 쿠데타의 배후에 미국이 있었다는 것, 그리고, 예컨대, 그 과중에서 학살당한 사람들의 수가 수십만 명인지 수백만 명인지도 아직도 밝혀지지 않고 있는 1965년 인도네시아 군사 쿠데타와 그 결과로서의 수하르토 정권 등장의 배후에 미국이 있었다는 것은 이제 공공연한 상식으로

과 및 볼리비아에서 혁명적 운동을 억압하기 위해서 군사행동으로 개입하였다. 나아가서 ... 미합중국은 온두라스, 파라과이 그리고 브라질에서 야당 집단들과 언론을 재정적으로 지원·조직하기 위해서 세금 달러를 지출하여, 민주적으로 선출된 대통령들의 의회탄핵을 이끌어 냈다. 힐러리 클린턴이 오바마 행정부의 국무장관으로서, 베네수엘라, 에콰도르, 아르헨티나, 칠레 및 브라질에서 동일한 형태로 불안정화를 추구한 이러한 활동들을 관장했다.23)

이 증언 중 특히 주목해야 할 것 중의 하나는, "군사 쿠데타를 지원하였다"거나 "야당 집단들과 언론을 재정적으로 지원·조직하기 위해서 세금 달러를 지출"하였다는 부분이다. 즉, 거기에서는 제국주의와 이해관계를 같이하는 내부의 부역계급, 즉 토착 자본가계급이 결정적인 역할을 하고 있는바, "군사 쿠데타를 지원하였다"거나 "야당 집단들과 언론을 재정적으로 지원·조직하기 위해서 세금 달러를 지출"하였다는 것은, 다름 아니라, 바로 현 시기 제국주의 지배의 특징적 형태인 충실한 대리 권력의 지원·조직이기 때문이다.

그리고 내부의 부역계급에 의한 이러한 군사 쿠데타 등이 가능한 것은 당연히, 프롤레타리아트 독재 대신에, 기성의 관료적·군사적 기구들을 온존시키기 때문이고, 대중적으로는 사회적 생산수단의 사적 소유에 기초한 포퓰리즘 정권은, 결국엔 노동자·민중의 생활조건들을 의미 있게 개선할 수도, 그들을 혁명적으로 조직할 수도 없기 때문인 것이다. 결국 제국주의가 지원하는 군사 쿠데타에 의하든, 또 다른 포퓰리즘, 즉 자본의 우익 포퓰리즘에 의해서든, 좌익 포퓰리즘 정권, 모칭 사회주의의 파산은 필연적인 것이다.

그런데 좌익 포퓰리즘 정권은 노동자·인민의 생활조건을 획기적으로 개선하지 못하는 것만이 아니다. 기존의 체제를 변혁하는 것이

되어 있다.
23) Howard Waitzkin, 같은 글, p. 34 (후주 2).

아니라 그것을 유지·'개선'하는 것이 목표인 좌익 포퓰리즘 정권은 왕왕 제국주의 국제 금융독점자본의 하수인으로 전락하기도 한다. 주지하는 것처럼, 예컨대, 그 정권의 성립에 우리 국내에서도 수많은 '진보적' 지식인들과 '노동자 정치활동가들'이 환호성을 질렀던, 저 유명한 룰라(Luiz Inácio Lula da Silva)로부터 지우마 호세프(Dilma Vana Rousseff)로 이어진 브라질의 노동자당(PT) 정권(2002-2016)이나, 그리스의 급진좌파연합(SYRIZA) 정권(2015-2019)은 사실상 IMF 등 제국주의 금융독점자본이 명하는 신자유주의 정책의 충실한 집행자이지 않았던가?24) 한편 시리자

---

24) 그리스의 이른바 급진좌파연합(SYRIZA) 정권은 집권 9개월도 채 지나지 않아서 다음과 같은 상황에 있었다: ─ "올[2015] 1월에 실시된 지난 총선 이후 일어났었던 것은, 당시 새로운 시리자(SYRIZA) 정부가 지난 5년 동안 존재해 왔던, 그 나라의 견딜 수 없는 상황을 변화시킬 것이라는 거짓 희망과 기대에 기초한, 일반 대중의 첫 도취였다. 일반 대중들의 요구들 중 일부를 충족시키기 위한 조치를 취함으로써, 일부 극심한 문제들이 완화될 것이라 기대되었다. / 인민들의 주요 요구들 중 하나는, 채권자들과 유럽연합 기구들의 그 나라 경제에 대한 엄격한 지배를 끝장내는 것이었다. 그러나 그러기는커녕, 유럽연합과 국제통화기금의 경제적 통제와 요구들은 더욱 숨 막힐 듯 조여와, 연금과 임금 수준은 약속되었던 것처럼 회복되지 않았을 뿐만 아니라 삭감이 시작되었고, 실업률은 전례 없는 높이에 이르렀다. / 누적된 분노가, 인민들이 지난 7월 정부가 실시한 국민투표에서 NO를 소리 높이 외치며 채권자들이 제안한 새로운 협약을 거부하도록 이끌었다. / 국민투표 이후의 상황은 이루 말로 다할 수 없었다. 정부는 인민들의 바람을 이행하고, 새로운 협약(각서)을 거부하는 대신에, 유럽연합 주요 열강들의 요구들에 완전히 굴복했고, 이전의 두 각서보다 훨씬 악화된 새로운 각서에 서명했다. / 그리스 인민들은 그들의 희망과 기대들이 빠르게 사라지는 것을 목격했고, 좌절감, 환멸을 느끼며, 혼란스럽게 되었다. 시리자는 인민들에게 그들의 좌파 정부가 상황을 변화시킬 거라고 약속하고 있었다. 불현듯 인민들은 좌파 정부조차도 변화를 불러올 수 없다는 것을 깨달았다. / 이 절망감이라는 개념은, 높은 비율의 인민들을 선거 과정으로부터 멀어지게 하는 주요 요인이었고, [7월의 국민투표에서 정부가 제시한 '합의안'이 부결됨으로써 의회를 해산하고 실시한 9월 20일에 실시한 총

정권의 연정 파트너가 반동적인 그리스독립당(ANEL)이었다는 사실이나, 지난 8월에 결별했지만 이딸리아의 오성운동이 극우 북부동맹과 한때 연정을 구성했다는 사실들도 좌익 포퓰리즘의, 소부르주아지에 특유한 무원칙을 보여주고 있다.

그런데 소부르주아 좌파의 천박한 좌익 포퓰리즘에 불과한 모칭 사회주의의 이러한 파산들을 자본의 나팔수인 부르주아 언론과 이데올로그들은 의도적·악의적으로 그것이 마치 과학적 사회주의의 실패인 것처럼 대대적으로 선전하고 있다. 앞에서 지적했듯이, 사회주의 일반을 먹칠하고, 대중에게 사회주의에 대한 거부감과 경계심을, 혹은 절망감·좌절감을 주입하기 위해서!25)

맑스와 엥엘스는, "물질적 생산을 위한 수단들을 마음대로 할 수 있는 계급은 그와 동시에 정신적 생산을 위한 수단들을 마음대로 할 수 있으며, 그 때문에 또한 정신적 생산을 위한 수단을 갖지 못한 사람들의 사상은 지배계급의 사상에 종속되어 있다"26)고 말했지

선의: 인용자] 선거 결과를 만든 주요 요인이었다. 다른 당들은 더 나쁠지도 모른다는 절망감과 두려움이, 총 투표수의 35%와 145명의 국회의원으로, 시리자에게 정부를 되돌려준 총선의 결과를 결정했다. 시리자는 간신히 10명의 의원을 당선시킨 독립그리스인(Independent Greeks)과 함께, 다시 연립정부가 될 것이다. / 불확실하고 혼란스런 분위기 속에서, 네오파씨즘의 황금새벽(Golden Down)은 7%를 득표하여, 이제 원내 세력 중 제3당이 될 것이다."(스티브 마브란토니스[Steve Mavrantonis, 호주공산당], "두 악(惡) 중 차악(次惡), ─ 그리스 유권자들 분노, 환멸(The lesser of two evils ─ Greek voters angry, disillusioned", ≪정세와 노동≫ 제117호 (2015년 11월), pp. 76-77. [원문은, <http://www.cpa.org.au/guardian/2015/1704/17-the-lesser-of-two-evils.html>])

25) "이번 총선은 가까운 장래의 정치적 사태에, 의심할 여지없이 악영향을 미치게 될 우려스러운 사실을 입증하였다. 좌파 세력으로 가장하고 있는 시리자가, 대안은 없다고, 저들은 모두 똑같다고, 자본주의와 그것의 만행에서 벗어날 방법이 없다고, 인민들이 생각하게끔 함으로써, 진보적 변화를 위한 노동계급운동에 가장 큰 해악을 끼쳐 왔다는 사실[을]."(스티브 마브란토니스, 같은 글, p. 77.)

만, 실제로 오늘날 노동자·인민 대중은 저들의 그러한 의도적인 악선전에 사실상 거의 무방비 상태로 노출되어 있다. 근래 인터넷의 발달·보급으로 SNS니, Social media니 하는, 자본이 아니어도 사실상 누구나 자신의 의사를 사회적으로 표현, 소통할 수 있는 수단들이 널리 보급되어 이용되고 있기는 하지만, 자본의 거대한 대중매체, 그 대중조작수단의 괴력과도 같은 지배력 앞에서 이들 매체의 힘은 그 자체로서는 시쳇말로 족탈불급(足脫不及)임은 누구나 인정하지 않을 수 없을 것이다.

사실 좌익 포퓰리즘, 즉 사회주의를 모칭하는 소부르주아 좌파의 급진주의가 득세하는 것은, 다른 한편에서는 과학적 사회주의 진영의 정치적·이데올로기적 혼란과 무기력을 반영하는 것인바, 그 혼란과 무기력을 극복하는 것이야말로 오늘날 노동자계급의 절대적 과제가 아닐 수 없다.

주지하는 바와 같이 우선 사상·이론적 혼란은 19세기 말·20세기 초에 맑스주의 진영 속에 발생한 수정주의, 즉 현대 사회민주주의에서 발단하였지만, 이 현대 사민주의는 레닌을 위시한 혁명적 진영의 가차 없는 이론적 비판과 러시아 혁명에 의해서 타격을 받았고, 대공황과 제2차 대전 등을 거치면서 무력해진 바 있다. 즉, 그

---

26) "지배 계급의 사상이 어느 시대에나 지배적인 사상이다. 즉, 사회의 지배적인 물질적 권력인 바의 계급이 그 사회의 지배적인 정신적 권력이다. 물질적 생산을 위한 수단들을 마음대로 할 수 있는 계급은 그와 동시에 정신적 생산을 위한 수단들을 마음대로 할 수 있으며, 그 때문에 또한 정신적 생산을 위한 수단을 갖지 못한 사람들의 사상은 지배계급의 사상에 종속되어 있다. 지배적 사상이란 지배적인 물질적 관계의 관념적 표현, 사상의 형태로 표현된 지배적인 물질적 관계 이외의 그 어떤 것도 아니며, 따라서 그것은 실로 하나의 계급을 지배계급이게 하는 관계의 관념적 표현, 따라서 이 계급의 지배의 사상 이외의 그 어떤 것도 아니다."(≪독일 이데올로기[*Deutsche Ideologie*]≫, I. 포이어바흐(Feuerbach), *MEW*, Bd. 3, S. 46.)(강조는 맑스·엥엘스에 의함.)

사상·이론적 혼란은 그 자체가 단지 하나의 일화(逸話) 내지 개천 같은 흐름으로 전락했던 것이다. 그런데 그 혼란은, 제2차 대전 후 혁명적으로 진출하는 노동자계급을 포섭하기 위한 전략으로, 애초엔 미국의 지원 하에, 그리고 나중엔 '전후 대호황'의 힘으로 실시된 이른바 복지국가 체제에 노동자계급이 안주하면서 사민주의의 지배력 강화와 이른바 유로 코뮤니즘 등의 형태로 재발·발전했고, 흐루쇼프 정권 이래의 신수정주의의 발생과 발전, 그에 따른 중·쏘 이념 분쟁 등을 거치면서 심화되어, 마침내는 20세기 사회주의 세계체제의 해체·붕괴로까지 이어졌다.

그리고 쏘련을 위시한 20세기 사회주의 세계체제 해체는, 특히 노동자계급 내부의 사상·이론적 혼란을 부추겨, 소위 좌익공산주의니, 뜨로츠키주의니 하는, 혁명적 수사(修辭)로 위장한 악질적 반공주의 조류들까지 득세하게끔 함으로써 과학적 사회주의의 정치적·이데올로기적 후퇴와 무기력을 더욱 심화시켰다.

그런데 이러한 과학적 사회주의의 정치적·이데올로기적 후퇴와 무기력의 한 반영이자 표현인 좌익 포퓰리즘, 즉 모칭 사회주의와 그 파산, 그리고 그 파산이 마치 과학적 사회주의의 파산인 것처럼 자본의 나팔수들이 덧씌우는 선전이 과학적 사회주의의 그러한 무기력으로부터의 회복을 심히 방해하고 있다.

이러한 모칭 사회주의의 파산과 과학적 사회주의의 이론적 혼란은 뭐니 뭐니 해도 뻬네수엘라의 예에서 그 가장 극적인 예를 볼 수 있을 것이다.

현재는 상상을 초월하는 인플레이션의 악순환 속에 빠져 허우적대고 있고, 그리하여 극우 언론의 조롱거리로 되어 있지만, 뻬네수엘라는 한때 '21세기 사회주의'라는 깃발 하에 그 특수한 조건 때문에 좌익 포퓰리즘 정권으로서는 최상의 성과를 거둔 바 있다. 그러자 수많은 사람들이 차베스의 '볼리바르 혁명'은 '21세기의 사회주의'라며 열광하고 나섰다. 그러나 당시 차베스 정권의 여러 "사업들

(missions)"의 성과를 충분히 인정하면서도, 그것은, 예컨대, 다음과 같이 말하지 않을 수 없는 것이었다.

> 차베스 정권의 볼리바르 혁명은 "가난한 사람들을 위한 사회적 프로그램에 대한 관료층의 비협조를 극복하기 위해서, 정부기구 외부에 일련의 '사업들'(missions)을 창출해냈다"는데, 이는 단지 '관료층' 혹은 '관료주의'의 문제에 그치는 것이 아니라 '국가와 혁명'의 문제 자체가 아닌가? 만일 지금 차베스의 볼리바르 혁명이 그러한 것처럼, 그리고 차베스나 볼리바르 혁명에 대한 찬양자들이 그러한 것처럼, 기존의 부르주아 국가를 그대로 존치시킨 채 그 권력만을 장악하고, 그것을 지렛대로 정부의 외부에 일련의 '사업들'을 창출하고 장려함으로써 사회주의로 이행할 수 있는 것처럼 생각하고, 그렇게 생각하고 행동해도 별문제 아니라는 듯이 생각한다면, 그것은 맑스와 엥겔스, 그리고 레닌 등의 국가관을, 따라서 맑스(-레닌)주의를 부정하는 소부르주아적 망상이 아니겠는가?27)

그리고 차베스 정권의 성과가 크게 베네수엘라의 석유자원에 힘입고 있음을 지적하면서, "석유와 같은 어떤 특정한 부존자원이 혁명의 재원을 조달할 수 있게 하는 행운을 가진 나라의 수를 꼽자면 아마 열 손가락도 부족함이 없을 만큼 극소수이며, 설령 볼리바르 혁명의 '성격' 등이 문제가 되지 않는다고 하더라도, 그것을 '21세기(형)의 (사회주의) 혁명 운운하고 일반화시킬 수는 결코 없…다"고 말한 후에, 다음과 같은 말로 글을 맺었다.

> "21세기(형)의 혁명" — 그것은, '20세기의 혁명'의 성공도 좌절도 다 거기에 달렸던 것처럼, 다름 아니라 맑스-레닌주의의 원칙(—물론 교조주의적인 그것이 아니라 창조적인 그것—)에 철저해야만 가능한

---

27) 채만수, "베네수엘라의 볼리바르 혁명 — 그 배경과 경과, 성격, 그리고 전망", ≪정세와 노동≫ 제15호, 2006년 7·8월, p. 41.

것이 아닐까?28)

　오늘날 붸네수엘라에서 전개되고 있는 상황, 그 극심한 정치적·경제적 혼란은 당시의 전망이 과히 빗나간 것이 아니었음을 보여주고 있다고 감히 말하고 싶다. 제국주의의 집요한 봉쇄와 파괴·불안정화 정책에서, 그리고 특히 '2014년의 70% 하락을 포함한 2013년 이래의 석유 가격의 급락'29)에서 오늘날 붸네수엘라 사태의 원인을 찾고 싶은 유혹을 느낄지도 모른다. 그러나 제국주의의 봉쇄와 파괴·불안정화 정책은, 유감스럽지만, 제국주의 시대에 대부분의 국가에서의 혁명이 감내·극복하지 않으면 안 되는 일종의 상수적(常數的) 요인일 뿐이다. 그리고 급격한 유가하락은 사태를 격화시킨 요인이지, 사태 그 자체의 원인은 아니다. 그리하여, 실제로, 과학적 사회주의의 원리와 원칙에 따라 생산수단의 사적 소유를 지양한, 그리고 이행기의 정치형태로서 프롤레타리아트 독재를 고수하는 사회주의 사회는 그보다 더 가혹한 외적 조건도, 물론 고난 속에서이지만, 견디면서 발전한다는 것을 역사는 보여주었고, 또 보여주고 있지 않은가?

　특히 유가 하락에 따른 이 격심한 혼란은, 차베스 정권의 성과가 석유자원이라는 특수한 조건에 힘입고 있다는 사실, 즉 그 특수성을 망각한 채 그 성과를 '21세기 사회주의'라고 일반화한 것이 얼마나 과학의 빈곤을 드러낸 것인가를 여실히 보여주고 있다.

　좌익 포퓰리즘이 사회주의의 깃발을 내걸 때, 그것은 어디까지나 대중적으로 부정적 유산을 남기면서 이내 필연적으로 파산할 수밖에 없는, 소부르주아지 좌파의 모칭 사회주의이지, 노동자계급의 미래를 보장하는 과학적 사회주의가 결코 아니다. 더구나 이 모칭 사

---

28) 같은 글, p. 42.
29) "There's nothing socialist about Venezuela", <www.plp.org/challenge/2019/4/20/theres-nothing-socialist-about-venezuela.html>.

회주의는 객관적으로는, 그 예정된 필연적 파탄으로 사회주의에 대한 대중의 엉뚱한 환멸을 조성할 뿐 아니라, 애초부터 노동자·인민대중의 혁명적 열기를 환상으로 오도, 제거하는 역할을 하고 있다. 따라서 우리는, 자본의 언론·이데올로그들이 적대하고 조롱하는 것과는 정반대의 의미와 필요에서, 그것을 경계하고, 비판하지 않으면 안 된다. 과학적 사회주의만이 노동자계급의 미래를 여는 것이다.

노사과연

한국 노동운동의 전개와 '사회구성체(사회성격)' 논쟁에 대한 비판적 검토
– '계급모순'과 '민족모순'의 통일적 인식을 위하여

김형균 | 철도노동자, 회원

1. 들어가며

제2차 세계대전 후 미국을 중심으로 한 제국주의 세계질서가 재구축되었다. 1990년대 초반 사회주의 해체는 전 세계적인 대 반동을 가져왔다. 이른바 자본운동을 자유화하고 노동자·인민에 대한 착취와 수탈을 강화하는 신자유주의 축적 전략이 브레이크 없이 작동되었다. 그러나 자본주의 세계경제는 어디서 터질지 모르는 균열들이 곳곳에서 감지된다.

2007년 제국주의 중심부인 미국을 강타한 대공황, 그것에 대한 대규모의 '양적완화' 정책은 거대 은행의 줄도산을 막았을 뿐 당연하게도 근본적인 해결책에는 한 치도 다가서지 못했다. 도리어 위기관리의 최후 보루인 국가독점자본주의의 정부재정 위기가 급속도로 악화되었다. 세계적인 과잉생산에 따른 전반적 위기, 신용제도의 과도한 팽창, 신자유주의 정책의 파산, 보호무역주의로의 선회와 미·중을 비롯한 국가 간 무역전쟁, 영국의 브렉시트 소동, 나토(NATO)와 러시아의 긴장 국면 지속 등등.

유럽연합의 최대 경제 대국인 독일 경제가 심상치 않다. 대미·대중 수출에 크게 의존하고 있는 독일은 미·중 무역 분쟁에 직접적인 영향을 받으며 지난 2/4분기에는 마이너스 성장을 기록했다.[1] 남유럽의 재정위기의 영향과 최근 국채금리의 마이너스 소동, 혼미한 영국의 브렉시트 상황 등이 얽혀있다. 세계의 경제성장률을 지탱하던 중국은, 정부의 각종 부양책에도 불구하고 성장지표가 계속 떨어지는 추세다.[2]

20년의 경제 불황을 겪어온 일본은, 1억 2천만 내수시장의 포화상태 때문에 수출 비중을 높이면서 미국과 무역 분쟁을 빚고 있다. 아베 정권은, 전쟁이 가능한 국가로 부상하기 위해서 일본 내 평화헌법 수호세력과 전쟁을 치르고 있는 형국이다.

미 제국주의 패권의 급격한 약화와 제국주의 간의 경쟁·대결의 심화는, '전쟁을 통한 인류의 파멸이냐, 혁명을 통한 인류역사의 진보냐'의 선택을 강요하고 있는 시대임을 보여주고 있다. "20세기 사회주의가 제2차 제국주의 전쟁과정에서 형성되었듯이, 21세기 자본주의의 모순은 오직 혁명을 통해서만 극복될 것이다."[3]

1980년대 한국의 '사회구성체'와 '변혁론'을 둘러싼 논쟁은, 커다란 역사적 의의와 진전에도 불구하고 지양·발전을 거듭할 시간을 갖지 못했다. 그것은 쏘련을 비롯한 20세기 사회주의의 해체로 인해 이데올로기적·정치적 대 반동을 넘어서지 못한 채 중단되었기 때문이다. 그 결과 NL과 PD, 혹은 '우파'와 '좌파'의 분열이 고착화되었고 노동자·민중운동의 현실적 질곡으로 작용하고 있다. 1980년대 사회과학적 이론의 성과를 계승하고 그 한계를 극복하려는 노력이 시급하고 중요하다. 엄밀한 이론적 평가와 진전은 혁명적 열정을 탑재한 연구자들의 활발한 논의·논쟁을 통해 이루어지기를 기

---

1) 《이코노믹리뷰》, 2019.8.18. (http://m.econovill.com/news/articleWiew.html?idxno=369880)
2) <「BBC NEWS /코리아>, 2019.7.15.(http://www.bbc.com/korean/news-48987149)
3) 노동사회과학연구소 성명서(2018.11.5)

대한다.

다만 이 글은 한국 현대사, 특히 노동운동의 궤적을 살펴봄으로써, 1945년 일제로부터 해방된 이후 1950년 전쟁까지, 그리고 노동(변혁)운동의 암흑기를 거쳐 다시 만개한 1980년대 변혁적 노동운동을 주목할 것이다. 지금의 자본의 위기가 깊어가는 객관적 조건에서 현실의 노동자·민중운동의 상태를 직시할 것이다.

그리고 1980년대 중반 이후 치열하게 전개되었던 '사회구성체 논쟁' 또는 '사회성격 논쟁'의 경과와 대략적인 내용, 그리고 각 쟁점과 관련하여 약간의 견해를 드러낼 것이다. 그 과정에서 당시 NL-PD 간의 쟁점의 중심에 놓여 있던 '제국주의 규정성'과 '한국사회 발전정도', 그로부터 제기되는 '계급모순'과 '민족모순'의 연관을 검토할 것이다. 또한 '민족' 혹은 '민족문제'를 다루면서 그 정치적·계급적 성격과 그것의 기본관점에 대해서도 같은 맥락에서 접근할 것이다. 현실운동에서 크나큰 질곡이 되고 있는 '계급모순'과 '민족모순'이 역사적으로 또 현실적으로 어떻게 발현되는지에 대해 확인하면서 분절적 인식의 한계를 지적할 것이다.

2. 한국 노동운동의 궤적

1) 일제하의 노동운동

한국(조선)의 본격적인 노동(변혁)운동은 1920년대로 거슬러 올라간다. 1920년대에 자본주의적 기업이 증가하고 노동자 수가 증가한다. 여기에 1917년 러시아 10월 혁명의 정치적·사상적 영향으로 1921년 조선공산당이 창건되었다. 이어 1925년 조선노동총동맹이 결성되고 1929년에는 원산노련의 지도하에 원산지역 노동자 3,000

여 명이 참가하는 총파업을 80여 일 간 벌였다. 1931년에는 사회주의자인 노동자 강주룡의 고공농성 투쟁이 진행되기도 한다. 1930년대가 되면 일제의 극심한 탄압으로 인해 노동운동은 위축되고 지하화 한다.

2) 일제로부터 해방 후 "8년간의 계급전쟁"[4]

혁명적 노동운동의 최고조기는 1945년 8월 이후 이른바 '해방공간'에서였다. 혁명적 노동자당(조선공산당)과 혁명적 노조(전평), 그리고 인민통일전선체(인민위원회)가 조직되어 계급투쟁이 최고조에 달했던 시기이다.

조선공산당이 1945년 9월에 재건되어 지도적 역할을 한다. 이후 38선으로 분단되며 조선신민당과 통합하여 북조선 노동당(1946.8), 남조선노동당(1946.11)이 창건된다. 이후 조선노동당으로 통합(1949.6)된다. 1945년 8월 말경 145개의 건국준비위원회가 건설되었고 지방수준에서는 인민위원회로 신속히 전환된다. 인민위원회는 특수한 형태의 민중적 자치기관 혹은 권력기구이다. 전국에 건설된 인민위원회를 기초하여, 1945년 9월 6일에 인민대표 1000여 명이 서울에 모여 '조선 인민공화국'을 선포한다. 조선의 노동자들은 57만 명을 포괄하는 조선노동조합전국평의회(이하 전평)를 결성(1945.11.5)한다.

"민중적 자치기관 혹은 권력기구인" 인민위원회를 기반으로 한 '조선 인민공화국'이 "지배력을 행사하려고 기도하고 있었"고, 노동자·농민은 "전체 남한 재산의 80%에 달하는 구 일본인 재산"의 많은 부분을 관리하고 있었다. 이는 사회주의 혁명의 제1단계인 인민

---

[4] 권정기, 한국노동운동 역사에 대한 하나의 관점, ≪정세와 노동≫ 121호, 노사과연, 2016.3. pp.45-48. 참조

민주주의혁명이 이미 결정적으로 진행되었음을 의미한다.

1945년 9월 8일, 조선에 진주한 미군정은 80%에 달하는 구 일본인 재산과 토지를 모두 군정청에 귀속시키는 조치를 단행한다. 그리고 '조선 인민공화국'을 부정하고 인민위원회를 무력으로 분쇄하면서 조선민중들의 '민족자결권'을 철저히 유린한다. 이는 미 제국주의와 그들의 토착 동맹세력인 친일·친미 대지주와 신흥자본가들, 그들의 정치세력인 이승만세력의 반혁명이다.

조선의 인민들은, 스스로가 건설하고자 한 '인민공화국'을 지켜내기 위해 미 제국주의와 토착 반혁명 세력에 맞서 처절한 투쟁을 전개한다. "10월 인민항쟁(대구항쟁)", "제주 4.3항쟁", 여순 봉기, 그리고 이남의 거의 전국의 산악지역에서 게릴라 투쟁이 그것이다. 전평은 4차에 걸친 총파업을 전개했으나 미군정과 한민당 등의 무자비한 탄압과 테러로 해체된다. 그 자리를 전평 파괴에 앞장서온 어용 '대한노총'(한국노총의 전신)이 대신한다. 그리고 이어져 오던 계급전쟁은 1950년 6월 전면적인 전쟁으로 폭발한다. 1953년 정전협정으로 휴전선을 중심으로 분단은 고착화 국면에 들어간다.

이른바 "해방공간"은 노동자·농민을 중핵으로 하는 조선인민 대(對) 미 제국주의와 친미파로 변신한 친일대지주·신흥자본가 세력, 그들의 정치세력인 한민당(이승만) 세력을 한편으로 하는 계급전쟁이었다. 끝내 이남의 반제반봉건 인민민주주의 혁명은 불발되었고, 혁명의 전위들은 그 주변부까지 절멸 당한다. 즉 조선공산당(이후 남조선노동당), 전평, 인민위원회, 인민공화국은 1945년부터 "한국전쟁(1950.6.25.~1953.7.27)"에 이르는 "8년 동안의 계급전쟁"을 통해 분쇄되었다. 그리고 이남에는 노동자·인민의 무덤 위에, 이른바 "자유민주주의 체제"라고 부르는 지주와 신흥자본가들의 "백색테러(반혁명)"국가가 수립된다.

1950년대 전쟁 이후 한국사회의 노동자·민중운동은 정치적 암흑기의 긴 터널을 지나야만 했다. 미군정과 이승만세력에 의해

1946년 3월에 건설된 대한노총(이후 한국노총)은 해방정국에 전평 파괴에 집중했고, 내내 정권과 자본의 도구이자 노동자통제 수단으로 역할을 해 왔다.

3) 1950~60년대 신식민지 파씨즘과 노동자·민중운동

한국(조선) 전쟁 이후, 이승만 정권은 민중에 대한 테러정치로 일관하면서 민중들의 불만은 응축되어 간다. 1958년 세계 대공황의 여파로 미국의 원조가 중단되자 한국경제는 커다란 타격을 받아 파탄이 난다. 1960년, 3.15부정선거를 계기로 켜켜이 쌓인 불만이 4.19 혁명으로 분출한다. 이승만 정권이 붕괴된 공간을 통해 노동자·농민들이 떨쳐 일어난 것이다. "1961년 5월의 박정희를 중심으로 한 군사쿠데타는 일반적으로 평가되는 것처럼 부르주아민주주의 운동에 대한 부정이 아니라, 노동자·농민의 혁명적 운동에 대한 부정이었다."[5]

쿠데타 이후 박정희 군사정권은, 공포정치를 한편으로 하면서 이념 조작을 통해 반공국가, 레드콤플렉스를 민중들에게 내면화시켰다. 이는 또한 "1950년대까지 이어지던 항일민족독립투사로서 인민들에게 각인된 사회주의(좌익)에 대한 권위를 지워버렸다." 그리고 반공·반북 이데올로기 조작은 한국의 민중들에게 깊숙이 스며들어 무소불위의 지배 이데올로기로 작동하게 되었다.

신식민지 군사파쇼정권은 노동조합을 자신의 의도대로 활용하고 통제하기 위해, '대한노총'을 '한국노총'으로 재조직한다. 대한노총 산하 조직의 간부 9명을 선발하여 중앙정보부에서 훈련을 시킨 후, '한국노동단체 재건조직위원회'를 구성하고 11개 산별체계로 구성된

---

[5] 채만수, 한국노동운동의 과거·현재 그리고 미래, ≪피억압의 정치학≫ (상), 노사과연, 2008. p.468

한국노총을 재조직하여 출범(1961.8.30)시켰다. 그리하여 반공주의와 국가주의를 전제로 하는 노동조합주의를 이념으로 하는 유일한 노조체계는 재구성되었다.

이 시기에 "학생운동을 포함한 사회운동은 굴욕적인 한일회담 및 수교를 반대하는 협의의 민족주의 운동 및 부정선거 규탄 등의 부르주아민주주의 운동으로 왜소화되어갔다. 자주적 농민운동이 압살된 위에 '재건국민운동'이니 '새마을운동'이니 하는 관제운동이 요란하게 벌어졌고, 노동운동은 철저히 질식되어 소수의 지하 학습써클로서만 겨우 명맥을 유지해갔다. 그런데 박정희 집권 전반기, 특히 1960년 후반은 농민층 분해와 '이농', 즉 자본의 본원적 축적이 급격히 이루어진 시기였다. … 일본 및 미국 등에서 도입된 차관자금과 살인적인 고율의 인플레이션을 통해서 조달한 국내 자금을 이용해서 포항·울산 등지에 대공장들이 건설되고 오늘날의 '재벌들'이 자리를 잡아갔다. 대도시에는 영세공장들이 우후죽순처럼 그리고 노동자들은 영세공장이나 대공장에서도 비참한 지경이었다."[6]

4) 1970년대, 산업발전과 노동운동의 재 점화

70년대는, 여전히 반공과 국가주의를 기반으로 한 어용 '한국노총-자본-국가' 간의 커넥션이 강력한 반동적인 노동운동 시기다. 자본주의 사회구성이라는 측면에서 보면, 중화학공업 뿐 아니라 저임금·장시간 노동에 기초한 노동집약적인 석유·봉제 등 경공업 부문이 급팽창하고 자본주의가 폭발적으로 성장하여 신식민지국가 독점자본주의 단계가 완성된다.

한국자본주의가 발전한 만큼 노동자 수도 급속도로 증가하여 경공업부문 노동자들을 중심으로 '민주노조' 운동이 치열하게 벌어졌

---

[6] 채만수, 같은 책, pp.468-469.

고, 청년·학생운동의 반파쇼 민주화 투쟁도 강인하게 벌어졌던 시기다. 1969년에서 70년 초 경제위기를 맞아 부실기업 정리 등 구조조정이 진행되었다. 10월 유신(72년) 선포로 파쇼체제의 폭력성을 강화한다.

1970년 11월 전태일 열사 분신투쟁은 노동자 투쟁에 불을 지폈다. 1970년 165건이던 노동쟁의가 다음해 1,656건으로 10배나 늘어난 것만 보아도 알 수 있다. 또, 청년·학생운동과 종교계의 양심을 깨워, 야학이나 선교회를 통해 노동문제에 도움을 주게 만든다. 이로써 흔적조차 지워진 노동운동이 '민주노조운동'으로 새롭게 발화되었고, 청년·학생과 양심적인 지식인들의 반파쇼 민주화 투쟁도 지속적으로 전개되었다.

한국자본주의는 파쇼정권의 비호 아래 저임금과 장시간 노동으로 급속한 축적을 달성해 왔다. 그러나 1979년 2/4분기에 세계경제가 오일쇼크 등의 여파로 경제위기에 직면하게 된다. 부도가 난 YH무역의 여성노동자들이 신민당사 점거투쟁을 벌이자, 경찰병력을 투입하여 농성장을 침탈하는 과정에서 김경숙 노동자의 사망 사건이 발생한다. 이를 계기로 부산과 마산에서 민중항쟁이 발생한다. 이에 대한 대응을 둘러싸고 지배계급 내부의 갈등이 격화되면서 10월 26일 박정희가 피살되고 유신체제가 막을 내렸다.

5) 1980년대, 광주민중학살과 혁명적 노동운동의 부활

유신독재가 사라지자 민주화의 요구가 봇물처럼 터져 나온다. 노동자·민중 투쟁은 계엄령과 12월 12일 전두환의 1차 쿠데타에도 불구하고 지속되었다. 1980년 5월 17일 전두환 등이 2차 쿠데타(5.17)를 일으켜 총칼로 민중투쟁을 밀어붙이면서 광주 민중항쟁이 일어났다. 전두환 파쇼일당은 광주민중들의 요구를 묵살하고 대량 학살을 자행한다.

광주학살은 한국사회에 엄청난 충격을 주었다. 또한 미 제국주의에 대한 가공된 민중들의 허위적인 인식은 벗겨지기 시작했다. 그 결과 한국의 노동자·민중운동은 1970년대의 민주화(부르주아 민주주의) 요구투쟁만의 한계를 인식하게 되면서 변혁을 고민하고 실천하기 시작한다. 5.18 이후, 학생들과 양심적인 지식인들은, 살아남은 자의 몫을 다하기 위해, 새로운 사회를 만들기 위해, 그 힘의 원천인 노동현장으로 물밀듯이 들어간다. 그 규모가 작게는 1만, 많게는 3만 명까지 추산된다.7)

이어 1985년에 있었던 구로동맹 파업은 변혁적 노동운동이 조직적으로 등장했음을 의미한다. 1986년 '5.3 인천항쟁', 그리고 마침내 1987년 "호헌철폐, 독재타도"를 외치는 '6월 민중항쟁', 이어 '7·8·9월 노동자 대투쟁'으로 폭발한다.

6월 항쟁과 7·8·9월 노동자 대투쟁은 파쇼지배를 무력화시키고 대중 자신의 정치적 공간을 열었다. 특히 당시 노동자 대투쟁은, 저임금·장시간 노동·병영적 통제 등 무권리 상태에 놓여 있던 노동자의 '인간선언'이자, 노동자계급이 사회변혁의 중심부대임을 드러내는 과정이었다. 이념적 성향이 강한 소수 활동가들에게 머물렀던 '노동해방 사상'이, 대투쟁을 통해 배출된 수많은 선진노동자들의 이념적 지향으로 되었다.

투쟁의 성과로 조직률은 급상승하고 어용 한국노총과 다른 자주·민주적인 노동조합 운동이 전면화 되었다. 이러한 노조의 지역별협의(연합)회는 1990년 전국노동조합협의회(이하 전노협)을 결성했다. 전노협은 '노동해방, 평등세상 실현'의 기치를 강령에 명확히 명시했고, '자주성·민주성·연대성·투쟁성·변혁지향성'이라는 '민주노조'의 지향과 기준을 대중화시켰다. 이는 전평이후 단절되었던 전투적이고 변혁적인 노동운동이 다시 살아났음을 의미한다.

---

7) http://www.610.or.kr/board/content/page/67/post/1082

1980년대 중반부터는 한국의 '사회구성체' 혹은 '사회성격' 논쟁이 전면화 되었다. 맑스-레닌주의 사상·이론이 부활하고 한국의 현실에 적용하면서 사회와 변혁에 대한 과학적 인식이 심화되었다. 인민노련, 삼민동맹, 사노맹, 노동계급 등등 혁명적 정치조직이 우후죽순처럼 건설되었다. 이 변혁적 정치조직들은 치열한 논쟁과 실천 활동에도 불구하고 한국의 노동자·민중운동의 한국사회 '변혁의 참모부'로 성장하지 못한 채 정파로 존재했다.

6) 1990년대, 변혁 운동의 급격한 우경화와 민주노조 운동의 일정한 상승

1991년 쏘련을 비롯한 20세기 사회주의가 해체되자 혁명적 정치조직인 인민노련, 삼민동맹, 사노맹, 노동계급 등은 맑스-레닌주의를 버리고 급격히 우익 청산주의적 태도를 취한다. 한편 쏘련을 '국가자본주의', '쓰딸린주의' 등으로 부정하면서 70년의 사회주의 역사 속에 녹아있는 맑스주의를 실천적으로 부정하는 좌익 청산주의적 태도를 취하는 이들도 있다. 일부 노동운동의 명망가들과 지식인들은 노골적으로 자본에 투항했고, 또 많은 지식인들은 사회변혁 대신에 '개량적 시민주의' 등으로 전향했다. 이 시기에 포스트 맑스주의니 시민운동론이니 하는 소부르주아 이론이 대거 쏟아져 나왔고, 사민주의적 시민운동(경실련 등)이 창궐하기 시작했다. 김대중·김영삼 등으로 표현되는 자유주의 부르주아지는 지배계급으로 등극하면서 노동자·민중의 계급적 대립물로 전화했다. 노동력을 팔지 않고서는 살아갈 수 없는 변혁적 선진노동자들은, 1980년대 섭취한 정치적·계급적 의식의 조각들을 부여잡고, '현장파'로 혹은 '국민파'로 즉자적으로 투쟁전선을 지켜왔다.

한편, 1980년대 말의 노동자·민중의 거대한 투쟁을 경험한 독점자본과 파씨즘 체제는, 그 지배체제를 3당 합당, 경제단체협의회(경단협) 등을 통하여 재정비한다. 그들의 피억압 민중에 대한 대 반격은, 전투적으로 투쟁하던 전노협 해체에 화력이 집중되었다. 한편으로 김영삼의 '신노사관계 구상' 등 신자유주의 축적전략을 전면화하기 시작한다. 1990년대 이후가 되면 임금인상 등 최소한의 경제투쟁조차 단위 사업장 자본가를 넘어 총자본(자본가 단체와 국가권력)을 상대해야 하는 정세로 전환된다.

'민주노조' 운동은 "사수! 전노협"을 내걸고 방어투쟁에 집중하는 한편, 1995년에 '전노협'과 '대공장노조연대회의', '업종회의'가 총 망라된 민주노총을 건설한다. 민주노총은 96년 말~97년 초, 김영삼 정권의 '정리해고법'과 '안기부법' 날치기 통과에 맞서 총파업을 전개하면서 투쟁의 최고치를 찍는다.

7) 1997년 이후, 개량주의 노동운동 확산

1997년 말, 금융·경제위기를 맞아 민주노총은 시험대에 올랐다. 1998년 2월 6일, 민주노총은 노사정위원회에 참석하여 정리해고제, 근로자 파견법 도입을 합의하면서 위기를 맞는다. 전노협이 담지했던 변혁적 지향과 전투성은 개량주의 노동운동으로 후퇴하게 된다.

한편 노동자·민중 운동은 그간의 투쟁의 성과를 모아 '민주노동당'을 창당(2000.1.30)했다. 민주노동당은 기본적으로 의회주의·사민주의 노선, 즉 개량주의 정당이다. 민주노동당은 민주노총과 더불어 개량적 노동운동의 전형이 되었다. 이러한 노동자계급의 정치세력화 방침은, 노동자 계급의 정치를 부르주아 의회와 부르주아 민주주의 내로 가두면서 노동운동을 교란한다. 민주노동당과 그 후신인 통합진보당은 급기야 야권연대라는 몰 계급성에 기인하는 전술적 오류를 반복하다가 2014년, 헌법재판소의 정당 해산 판결로 일거에 무너진다.

결국 노동운동의 혁명적 이념은 퇴색되고 전투적 노조에 이어 개량주의적 정당조차 잃었다. 그 결과 대략적으로 2007년 경제위기 이후부터 단위노조 차원의 고립분산적인 파업투쟁이 전개되었다. 2009년 쌍용자동차 노조의 76일간의 옥쇄파업 투쟁을 비롯하여 수많은 단위사업장 차원의 고립 분산적인 투쟁이 진행되었다. 점차 단사 차원의 대중적인 파업투쟁 동력조차 약화되었고, 대중파업 투쟁 전술을 구사할 수 있는 노조가 줄어들고 농성·캠페인·고공농성·오체투지·단식 등 무기력한 투쟁전술을 택할 수밖에 없는 지경으로 몰렸다.

1990년 이후 혁명적 정치운동이 변혁성을 상실하고 개량주의로 돌아섰고, 민주노총이 정치적 과제를 떠안아 왔지만, 자본의 위기를 노동자계급이 고스란히 전가 받는 상황은 더욱 악화되고 있다. 노동운동의 후퇴는 자본의 탄압이라는 측면도 있지만, 주체적인 측면에서는 정치운동의 대대적인 후퇴에 주로 기인한 것이다. 그리고 노동운동의 개량주의·사민주의적 지향은 결코 개량조차 쟁취할 수 없다.

* * *

한국의 노동운동은, '노동력 판매조건을 둘러싼 투쟁'에 한정짓는 경제적 조합주의를 넘어, 온갖 사민주의적 개혁 프로그램을 걷어내고, '노동해방-민중해방-민족해방'을 향한 변혁적 노동운동으로 재조직되어야 한다. 이를 위해 과학적 사상·이론을 재정립하고 운동의 분열상을 극복하여 변혁적 정치운동을 복원해야 한다. 그리하여 한국사회 변혁의 경로와 노동자·민중의 목표가 대중적으로 제시되어야 한다.

우선 1980년대 중반이후 한국사회 변혁이론을 지양·발전시키는 작업부터 필요하다. 변혁적 전망을 다시 움켜쥐기 위해서는, 당시 변혁적 전망의 상실의 계기가 되었던 "20세기 사회주의의 성격 및 그에 대한 평가"는 필수 항목이 되었다. 당시 미완의 변혁노선으로 분열이 고착화된 NL-PD의 이론적·실천적 한계를 극복하는 노력이 절실하다.

3. 1980년대 '사회구성체' 혹은 '사회성격' 논쟁에 대해

1) 사회구성체의 기본개념

사회구성체 또는 경제적 사회구성체는 사적 유물론의 입장에서 사회발전의 세계사적 단계를 총괄하는 기본적인 개념이다. 각각의 경제적 사회구성체는 인류의 진보적 발전과정에서의 일정 단계를 지칭한다. 맑스는 '≪정치경제학 비판을 위하여≫ 서문'에서 "대체로 말해 경제적 사회구성체가 전진해가는 단계로서 아시아적 생산양식, 고대적 생산양식, 봉건적 생산양식, 근대 부르주아적 생산양식을 들 수 있다"고 요약하고 있다.

각 사회구성체는 생산력과 생산관계의 통일체로 표현되는 특정 생산양식에 기초를 두고 있다. 물질적 재화의 생산, 교환, 분배, 소비과정에 내포되어 있는 사람들 사이의 사회적 관계들인 생산관계들의 총체가 이 사회구성체의 경제적 토대를 형성한다. 이 토대 위에 법적이고 정치적인 상부구조가 세워지고 일정한 사회적 의식형태들이 그 토대에 조응하게 된다. 생산관계들의 총체인 경제적 토대와 그 위에 세워진 상부구조를 총괄한 개념이 사회구성체이며 이것은 사회를 구체적, 역사적 실체로서 분석하는 데 유용한 개념이다.[8]

생산력과 생산관계 사이의 관계와 마찬가지로 토대와 상부구조 사이의 관계도 내용과 형식의 관계이다. 그러므로 토대는 상부구조에 대해서 일차적이고 규정적인 역할을 한다. 토대와 상부구조 사이의 상호작용에 대해서 엥겔스에 따르면, 상부구조의 여러 측면—정치, 헌법, 법률형태, 철학이론, 종교적 견해 등—은 역사적 발전과정

---

[8] '노동자의 책' 사전, (http://www.laborbook.org/dic/view.php?dic_part=dic01&idx=5175)

에 영향을 미친다.

　마오쩌둥은 <모순론>에서 "일반적으로 생산력, 실천 그리고 경제적 토대는 중요하고 결정적인 역할을 수행한다. 이를 부정하는 사람은 유물론자가 아니다. 하지만 생산관계, 이론 그리고 상부구조의 측면도 일정한 조건에서는 주요하고 결정적인 역할을 수행한다는 것 또한 부정할 수 없다"고 했다. 이러한 상부구조의 측면을 강조한 것은, 혁명의 물질적 조건이 매우 취약한 반식민지·반봉건 사회인 중국에서도 농민들의 힘에 의해 사회변혁이 가능하다는 사실을 주장하는 이론적 근거를 만들기 위함이었다. 그리고 실제로도 그들은 혁명을 성공시켰다.

　"알뛰세르는 '중층결정론', 즉 '최종 심급에서의 경제'를 주창하여 상부구조의 자율성을 강조한다. 이때 중층결정론은 '내용과 형식의 관계'에서 사실상 최종 심급만 남긴 것이다. 그는 유럽의 변심한 맑스주의자들에 의해 맑스의 사회구성체론이 해체되는 데 다리 역할을 하게 된다. 상부구조의 자율성을 과도하게 강조하는 경향은 유럽의 변심한 맑스주의자들에 의해 토대의 변혁 자체를 해체한다. 이와 다른 차원에서 주체사상은 상부구조의 자율성을 과도하게 강조하여 사실상 사회구성체 규정의 무용론에 이른다."[9]

　1980년대 한국에서의 사회구성체 논쟁에 대한 검토에 앞서 '사적 유물론의 기본 개념을 어떻게 이해하고 수용 하는가' 하는 문제가 놓여있다. 한 사회의 경제적 사회구성을 규명하는 데 있어서 이론적 분석 도구를 달리 할 때, 그 논쟁이 생산적으로 전개되기보다 동문서답으로 흐를 소지가 다분하다. 실제로 이는 1980년대 한국에서 진행된 사회구성체 혹은 사회성격 논쟁에서 노정되었던 문제이자 지금까지도 하나의 쟁점으로 잠복해 있다.

---

[9] 함종호, 중국 사회성격논쟁, ≪현대사상≫ 20: 마오쩌둥, 현대사상연구소, 2018.12. p34

2) 1980년대 사회구성체 논쟁의 전개과정과 쟁점

(1) 한국의 사회구성체 규명의 복잡성

'생산관계들의 총체인 경제적 토대와 그 위에 세워진 상부구조를 총괄한 개념이 사회구성체', 즉 '사회구성체론'은 사회 변혁론의 토대가 된다. 그런데 유럽 등 선진 자본주의 국가와 달리, 식민지 혹은 반식민지의 경제적 사회구성에 대한 규명은 상대적으로 복잡성을 띨 수밖에 없다. 제국주의의 규정성과 신식민지에서 자본주의 발전과의 관계의 문제, 그에 따른 정치권력의 성격의 문제, 잔존하는 봉건적 요소에 대한 규명문제, 한(조선)반도의 경우 민족분단의 문제 등이 얽혀있기 때문이다.

한국의 '사회구성체'를 정확하게 규명하기 위해서는, 자본주의 발전의 세계사적 보편성과 신식민지에서의 특수성을 통일적으로 인식해야 한다, 신식민지 내의 자본주의 발전과 그에 따른 계급모순과 민족모순(제국주의 규정성, 종속문제)의 위상과 성격, 그리고 그 연관을 통일적으로 파악해 내야 한다. 여전히 온존해 왔던 봉건적 요소에 대한 정치경제학적 규명과 한국의 경제적 사회구성체에서의 차지하는 위치와 그 성격을 밝혀야 한다. 한(조선)반도 전체 차원에서 보면 민족분단이 놓여 있는데, 북에서는 사회주의, 남에는 자본주의적 생산양식이 수립되어 60년을 경과했다. 양자는 첨예한 냉전적 대립상태이다. 또한 북의 사회주의 체제와 미 제국주의 간의 대립은, 현재 동북아 정세를 규정할 정도로 날이 서 있는 상황이다.

이러한 복잡한 한국의 '사회구성체' 또는 '사회성격'에 대해서, 1980년대 논쟁은 어떻게 전개되고 주요한 쟁점은 무엇이었는지 거칠게나마 들여다보자!

(2) 1980년대 사회구성체 논쟁의 전개과정

1980년대 초반에 한국의 변혁을 모색하는 논쟁이 청년·학생운동을 중심으로 나타났다. 사회구성체론과 사회변혁론을 둘러싼 논쟁이 본격화 된 것은 1980년대 중반부터다. 이 논쟁은 처음부터 "한국 사회변혁의 필연성과 가능성, 나아가 그 전략과 전술의 근거를 찾는 작업"이었다.

그것의 역사적 배경에는, 1960년 이래 한국자본주의의 비약적 발전과 함께 운동의 암흑기를 거쳐 1980년대 변혁적인 노동자·민중 투쟁의 성장이 있었다. "1970년대에 반유신(=반파쇼) 민주화 운동과 민주노조 운동 등으로 전개되고 1980년의 소위 '서울의 봄'과 광주민중항쟁의 전개와 과정을 겪으면서, 그리고 그 경험을 비판적으로 평가·수용하고 새로운 전략·전술을 모색하면서 1980년대 비약적으로 성장·발전한 청년·학생·노동자·민중운동의 내부에서부터 시작되었고, 그러한 운동의 성장에 뒷받침되어야만 가능한 것이었다."10)

좀 더 구체적인 논쟁의 경과과정은, 1980년대 초반에 이른바 MT·MC 논쟁을 시작으로 1985년 이후 학계와 운동진영 내부에서 본격화되었다. 1985년 민주화운동청년연합 내부에서의 진행된 이른바 'CNP'―'CDR'(BDR), 'NDR', 'PDR'(SR)―논쟁, 1985년 박현채(국독자)-이대근(주변부자본주의론)의 논쟁, 이어 1886년에서 87년에 걸쳐 NL(민족해방파)와 CA(제헌의회파) 간의 논쟁, 1988~89년에 걸쳐 NL(민족해방파)와 PD(민중민주파)의 대립을 기본 축으로 논쟁이 진행되었다.11)

이러한 논쟁은 한국 사회의 구성과 성격·운동법칙을 과학적으로 이해하려는 시도로서 "사회과학의 르네쌍스"라 할 만하다. 이 과정에서 "계급모순과 민족모순에 대한 재발견"하게 되고, 이를 둘러싼

---
10) 채만수, 다시 한국사회의 구성과 성격에 대하여, ≪피억압의 정치학≫ (上), 노사과연, 2008.3. pp.315-316
11) 조희연, 현 단계 한국사회구성체논쟁이 구도와 쟁점에 관한 연구, ≪한국사회구성체논쟁≫Ⅱ, 죽산, p.13 참조

분열이 발생했다. 1989년 이후 쏘련 및 동유럽 사회주의의 붕괴를 계기로 수정주의가 등장하면서 사회구성체 논쟁은 주변화 되었다.

당시의 사회구성체 논쟁은 매우 복잡한 쟁점을 내포하고 있지만, "기본적으로는 어느 경우에도 크게 두 가지 문제, 즉 '제국주의 혹은 종속의 문제'와 '한국사회의 경제적 구성의 문제'를 둘러싸고, 혹은 그에 대한 규정에 기초하여 벌어졌다."12) 전체적으로 보아 주요 견해는, '반(半)봉건사회론(식반론) 혹은 반(半)자본주의론(식반자론)'과 '신식민지 국가독점자본주의론(신식국독자론)'이 제출되어 논쟁의 기본 축을 이루었다. '신식국독자론'을 주장하는 내부에서도 제국주의 규정성과 한국자본주의 발전과의 관계를 중심으로 많은 쟁점이 노정되었다.

(3) '식민지반봉건사회론' 또는 '식민지반자본주의론'에 대해

NL논자들은 '식민지반봉건사회(식반론)'라는 정식을 제출했다가 극심한 논쟁과정에서 비판을 받으면서 '식민지반자본사회(식반자론)'로 바꾸었다. 이 두 정식의 본질적 차이는 발견되지 않는다. 다만 "봉건적 지주(지주-소작관계)"보다 "매판자본"을 맨 앞에 위치시키면서 한국사회가 '반자본주의' 즉 자본주의 사회라는 점에 방점이가 있는 정도이다. '반봉건사회'라는 사회구성체는 '자본주의 생산관계에 둘러싸인 봉건적 생산양식'으로서 사회구성체 이론에 부합되지만, "반자본주의사회"라는 개념은, "보편적이고 과학적인 역사·사회 이론에서 이탈한 것"13)이란 것이란 점도 지적할 필요가 있다.

'식반자론'은 한국 자본주의의 대외(특히, 대미) 예속 또는 종속에 해당하는 '식민지성'과 한국 자본주의의 발전 수준 및 성격을 나타내는 '반자본주의성'으로 구성되어 있다. 한국 자본주의의 성장에 대해서는, "외국 독점자본의 지배하에 기형적으로 이루어진 것"이고,

---

12) 채만수, 같은 글, p.318
13) 채만수, 같은 글, p.325 참조

"한국의 자본주의는 농촌에 봉건적 소작제가 온존"되어 있고, "자본주의 그 자체도 매판성과 전근대성을 띤 자본주의 즉 '반자본주의'적 성격의 것으로 되었다."14)는 것이다.

그런데 '반봉건성' 혹은 '반자본주의성'에 대한 해석이 무한정 확장하는 특징을 가지고 있다. 예컨대, '반봉건성(혹은 반자본성)'은 "정치적 상부구조의 특수성, 봉건적 사상의식, 이식자본주의의 기형성(천민성·관료성), 더 나아가 분단 그 자체, 자주적 국민국가 및 자립적 국민경제의 결여 등으로 정식화했다." 즉 "정치, 경제, 군사, 사회, 사상, 문화 등의 모든 영역에 걸쳐서 한국 민중의 자주성을 억압하고 있는 역사적 질곡의 총체"15)라는 규정으로까지 확장한다.

'식반자론'은 '한국의 자본주의 발전'에 대해서는 독점자본의 존재를 인정하지 않는다. "전근대성과 의존성을 가진 식민지 경제체제 하에서의 매판적 독과점 현상을 공업선진국의 독점자본주의단계의 그것과 혼동해서는 안 된다."16)며, "국내 부르주아지의 이 분파는 전적으로 유통영역에 존재한다. 그 역할은 피억압 국에 대한 제국주의의 침투를 용이하게 하는 것이다. 매판부르주아지는 생산에 종사하지 않기 때문에 제국주의 자본과는 어떠한 모순도 없다. 그것의 온전한 존속은 제국주의자들의 존재에 달려있다"17)는 것이다.

또한 '식반자론'은, 한국자본주의가 대외 의존성의 심화로 인해 독점자본은 발전할 수 없다는 주장을 한다. 그 근거로 "원자재와 시설재의 대부분을 미국을 비롯한 외국에 의존하고 있을 뿐 아니라 그것을 가공해 만든 제품의 실현도 대외 시장을 상대로 수출에 의존하(기 때문에) … 한국에서 재생산 과정에 내부적으로 충당할 수

---

14) 민족경제, p.156
15) 조진경, 한국현대사와 80년대 한국사회, ≪한국 사회의 성격과 운동≫, 공동체, 1987. p.29
16) 민족경제, p.158
17) 같은 책, p.199

있는 것이 있다면 그것은 다만 저임금으로 획득할 수 있는 노동력 뿐이다. 그렇기 때문에 한국에서의 자본 활동은 기층민중의 고혈로 외국 독점자본의 식민지 초과이윤을 보장해주는 수단에 불과한 것이다"18) 여기서도 한국의 노동력 착취의 주체는 제국주의로만 상정함으로써 국내자본의 물적 기반은 사라졌다!

따라서 (신)식민지국의 자본은 독점자본으로 성장할 수 없고, 있다고 해도 껍데기에 불과하다는 주장이다. 이러한 주장은 한국사회에 대한 식민지적 규정이기도 한데, 한국자본주의가 "이식자본주의의 기형성(천민성·관료성)"으로 인해 생산력이 발전할 수 없는 구조라고 주장을 하고 있다.(이러한 생산력 정체론은 '신식국독자론'을 주창하는 일부에서도 나타난다.(노해동A그룹)19)

'민족자본'에 대해서는, "민족부르주아지는 실질적으로 자기 자본의 전부를 민족적 경제 내의 생산과정에 투자하는 자본가들로 구성되어 있으며, 비교적 약한 소자본 소유자뿐만 아니라 대독점 소유자도 포함된다."고 규정한다. 그런데, 이러한 주장은 결국 한국의 대자본이 매판자본이 아닌 것으로 된다. 종합무역상사 등을 통해 매판자본으로서 역할을 부분적으로 수행하고 있지만, 본질적으로는 산업자본이기 때문이다.

한국의 '국가권력에 대한 성격과 그 계급기반'에 대해서는, "식민주의적 대리통치체제이자 매판파쇼체제"라고 규정하며, "계급구조는 미국과 결탁한 매판자본, 친미적인 지주, 반동관료"라고 규정한다. 이러한 규정은, 오직 제국주의 본국의 국가권력이 명령하는 대로 움직이는 도구에 불과하다는 것을 의미한다. 또 어떤 문건에는 한국을 식민지로 규정하는 근거로서 '주한미군은 철저한 점령군'이며 '한국은 미국의 군사침략기지'라는 점을 들면서 '정치·군사적 지배'를 강

---

18) 같은 책, p.154
19) 채만수, 다시 한국사회의 구성과 성격에 대하여, ≪피억압의 정치학≫ (上), 노사과연, 2008.3. pp.326 이하 참조

조한다.

참고로 PD진영의 한국의 국가권력에 대한 인식은, 예속 또는 종속적인 '국내·외 독점자본의 지배도구'인 동시에 '제국주의의 신식민지주의적 대리통치체제'라는 것이다. 이러한 쟁점은 한국자본주의 발전정도에 대한 규정, 그에 따른 국가권력의 계급적 기반에 관한 문제이자 자율성 정도와 관련한 문제이기도 하다.

이로부터 NL논자들은 한국자본주의의 전근대성과 왜곡성, 제국주의의 정치·군사적 지배, 한국의 국가권력의 본질적 예속성을 강조하고, 그 혁명 전략으로 변혁운동 역량에 대한 전(全) 한(조선)반도적 시각, 반제 자주화와 민족해방운동을 포괄한 민족해방 민중민주주의(NLPDR)를 변혁전략을 제시한다. 결과적으로는 '식반자론'은 "반제 자주화=민족해방"에 방점이 있고, '자주적 민주정부' 수립을 당면한 과제로 설정하고 있다.

2011년에 발표된 한 문건에 의하면, "현 단계 진보적 정권의 성격은 자주적 민주정부로 나아가는 '낮은 단계 자주적 민주정부'이며, 이는 현실적으로 '반(反)한나라당(현재의 자유한국당) 진보개혁 정권'"[20]이라고 한다. 민주노동당, 통합진보당의 실패를 경험한 2019년 말 현재는, 어떤 구체적 반제 민족해방 혁명의 동력과 경로를 제시하고 있는지는 추적이 필요하다.

무엇보다도 '식반자론'이 '신식국독자론'과 다른 특성은, 국내 독점자본의 실체와 지배력을 인정하지 않는다는 점이다. 이는 한국사회의 모순구조를 고도로 발전한 '생산력과 생산관계의 모순'이라는 자본주의 발전으로부터 도출하지 않고, 오직 제국주의의 규정성으로 인해 한국자본주의의 미발전과 왜곡·기형성에서 찾고 있다는 점이다. 모순해결의 주체에 대해서도 자본주의적 생산체제에서의 노동과 자본 간의 계급 대립이 근본적이고 적대적인 것임에도, 제국주의 규

---

[20] 21세기 '자주통일론 서문', 2011.

정성 즉 민족모순이라는 개념 속에 용해시켜 버렸다. 그러므로 한국자본주의 제 모순 극복을 위한 주체 설정에 대해서도, "모든 가능한 반제민주주의 세력"으로 규정함으로써 한국사회의 노동자계급의 존재, 그리고 역할과 임무를 모호하게 만들었다.

이러한 문제는 사회를 과학적으로 규명하는 데 있어서, 역사적 유물론의 기본적인 명제로부터 이탈해 있기 때문이다. 실제로 "제국주의 시대의 식민지에서는 맑스가 주장한 일국적 차원의 토대와 상부구조의 조응은 더 이상 성립되지 않으며, 세계적 차원의 복잡한 상부구조와 하부구조가 형성된다."고 하여 사실상 사적 유물론의 기본명제를 주관적으로 왜곡시킨다. 이는 제국주의 규정성을 '반봉건성이나 매판성'과의 관련만을 보다보니, 한국자본주의 발전을 규명하지 못함으로써 '계급모순'과 '민족모순'에 대한 통일적 파악의 근거를 확보하지 못하고 있다.

(4) '신식민지국가독점자본주의론'에 대해

"제국주의 규정성을 반봉건성이나 매판성과 관련지어 파악하려는 시도와는 반대로, 자본주의적 발전과 관련지어 파악하려는 입장으로서 사회운동권 및 학계에서의 신식민지국가독점자본주의론(신식국독자)이다."[21] 신식국독자론은 한국사회의 구조를 신식민지 특수성을 가진 국가독점자본주의로 이해한다. 그 정치적 상부구조로서 신식민지 파씨즘의 성격을 부각시켰다. 신식국독자론을 주창하는 이론지형 내부에도 많은 쟁점이 있지만 당시 주장의 일단을 결적으로 드러내 보면 이렇다.

"①봉건체제기에 있던 조선은 식민지로 전락한 후 일제의 주도 아래 1910년 이래의 토지조사사업을 중심으로 본원적 축적을 수행하고, 늦어도 1930년 초반까지는 자본주의 사회구성체로 이행했다.

---

[21] 조희연, 현 단계 한국사회구성체논쟁이 구도와 쟁점에 관한 연구, 《한국사회구성체논쟁》Ⅱ, 죽산, p.32

물론 농촌에는 반봉건적 경제형태가 광범위하게 남아있었고 자본주의 경제의 대부분을 일본 제국주의 자본이 장악하고 있었다. 따라서 사회성격상 식민지반봉건사회이고 반제반봉건의 민주주의적 과제가 전면화 된다. ②해방 후 농지개혁을 통해 반봉건 잔재는 거의 해체되었고 계급적으로 유의미한 지주 범주는 소멸되었다. 구 식민지하에서 위축되었던 토착자본가는 적산불하, 원조물자 배당 등의 계기로 제1의 경제적 지배계급으로 등장하고, 60년대 이후에는 국제자본의 운동논리를 적극적으로 수용, 급속한 자본축적을 이루었으며, 현재에는 명실상부한 독점자본으로서 경제 전반을 장악하고, 국민대중 대다수를 수탈하고 있다. 물론 재생산구조의 대외의존성은 예나 지금이나 지속되고 있고, 60년대 이래로 직접 침투도 하여 중요사업 부문을 지배하고 있다. 현 사회의 성격은 신식민지 국가독점자본주의[22]이고, 제국주의와 그에 예속된 독점자본의 지배에 반대하는 반제반독점의 민주주의적 과제가 전면화 된다."[23]

'국가권력의 성격'은 '신식민지 파씨즘'으로 규정하는데 그것은, "제국주의와 독점자본주의의 결합물의 소산"으로 규정한다. "제국주의의 지배방식에 대해서는, 자본주의 발전논리를 제국주의 독점자본의 운동 논리 속에 편입시키고, 그러한 경제적 예속관계를 근거로 하여 자신이 직접 국가권력을 보유하지 못함에도 불구하고 기본적으로는 예속독점자본으로 하여금 자신의 경제적·정치적·군사적·문화적 이해를 관철시키게 한다."는 인식이다.

"학계의 신식국독자론의 전개과정은, 첫째 주변부자본주의론 대(對) 국독자론의 1단계 사회구성체 논쟁에서 박현채 선생의 국독자

---

[22] '국가독점자본주의'는, 독점자본이 국가와 유착하여 자신의 경제적 이익을 증대시키는 방법이 체계화된 것, 독점자본주의의 특수한 형태로서 "독점체의 힘과 국가의 힘이 단일 메커니즘으로 결합"하는 것으로 파악한다.
[23] 이경철, 'NL논자'의 사회성격론 비판─'식민지반자본주의사회론'에 대하여, ≪NL론 비판≫Ⅰ, 새길, p.131

론을 광범위하게 수용하는 단계, 둘째 NL의 대두에 조응하여 한국 사회에 대한 제국주의적 지배와 그로 인한 '민족해방'의 과제를 수용하면서 박선생의 민족경제론을 그러한 견지에서 재해석하는 단계(민족경제론과 국독자론의 모순문제가 제기된다), 셋째 국제변혁운동사(쏘비에뜨 및 남미의 논의)의 논쟁 성과(종속적 국독자론)를 수용하면서, '반제반독점 NLPDR'론에 근거한 '신식국독자'론을 재정립하는 단계이다. 구체적 보편으로서의 국가독점자본주의라는 생산양식의 발전단계와 그 종속적 재생산과정이 특수성을 모순적으로 통일시키는 정식으로서의 그 핵심 테제로서 '독점강화/종속심화'(윤소영)태제를 제시했다."24) 그러나 이러한 테제가 한국자본주의에서 어떻게 관철되는지에 대한 실증적 연구를 거쳐, 한국사회에 구체적 분석과 방침으로 재생산되기에는 앙상하다.

이러한 관점의 추적연구가 이어지지 못한 채 중단된 것은 한계이자 아쉬움이다. 또한 독점강화/종속심화냐, 약화냐 하는 논쟁이 존재했지만 이 역시 지속적 논쟁이 이어지지 못함에 따라 무엇이 유실되었다는 점에서 큰 의미가 없다. 더불어 제국주의 규정성(종속 또는 예속의 문제)이 한국자본주의를 발전시켜 온 것인지, 질곡으로 작용해 왔는지에 대한 내부 논쟁이 존재했으나, 이 문제는 한국사회의 변혁의 가능성을 자본주의의 발전, 즉 자본주의의 모순의 심화에서 찾지 않고 생산력의 정체 또는 왜곡에서 찾는다는 점에서 과학성을 상실하고 있다.

4. 한국 '경제적 사회구성체'에 대해

1) 레닌의 ≪제국주의론≫ 핵심 요약

---

24) 조희연, 같은 글, p.23

논의 전개에 앞서 우선 레닌의 제국주의론을 요약이 필요할 것 같다.

레닌은 ≪제국주의론≫에서, "생산의 집적, 독점체, 은행과 산업의 합병 혹은 유착, 이러한 과정이 바로 금융자본의 발생사이다. 이러한 과정을 통해 형성된 금융자본은 다른 모든 형태의 자본에 대해 우위를 확립하는데, 이는 곧 '금융과두제'의 지배를 의미하며, 금융적으로 강력한 몇몇 국가가 나머지 다른 모든 국가 위에 우뚝 선다는 것을 의미한다."라고 규정했다. 이를 토대로 금융자본은 일국적인 테두리를 넘어 국제적으로 활동하기 시작한다. 즉 선진국에 조성된 막대한 '과잉자본'은 국외로 수출됨으로써 "금융자본의 국제적 종속망 및 연결망을 형성"하는 것이다. 이 자본수출이야말로 "세계의 대다수 나라와 민족에 대한 제국주의적 억압과 착취의 토대이며, 한 줌밖에 안 되는 부유한 국가들의 자본주의적 기생성의 토대인 것이다!" 이들 독점체들은 상호간의 협정을 맺음으로써 국제카르텔을 형성하여 전 세계를 분할한다. 제국주의 세계분할은 경제적인 부분만이 아니라 제국주의 국가들 사이의 세계의 영토분할, "세력권을 확장하기 위한 투쟁"이 벌어진다. 그리하여 1900년 공황기를 전후로 한 19세기 말, 20세기 초 "처음으로 전 세계는 완전히 분할되었다. 따라서 앞으로는 오직 재분할만이 가능할 뿐이다"며, 1916년 당시 레닌은 제국주의전쟁의 불가피성을 도출한다.

제국주의의 경제적 본질을 파악하지 않고 단지 식민지 확장을 위한 식민지 정책과 제국주의 정책만을 염두에 둘 경우, 그것은 자본주의적 제국주의, 곧 자본주의 최고단계로서의 제국주의와는 전혀 무관한 것이다. "자본주의의 최근 단계의 주요 특질은 대기업가들의 독점단체가 지배한다는 데 있다"는 점을 이해하지 못하면 "자본주의가 발전할수록, … 식민지를 확보하기 위한 투쟁이 보다 결사적으로 되는"이유를 이해하지 못하는 것이다.

이상과 같은 개괄은 <자본주의 최고단계로서 제국주의>에서 제국주의 5가지 기본적 특질을 추상한다. "(1)생산과 자본의 집적이 고도의 단계에 달해, 경제생활에서 결정적 역할을 수행하는 독점체를 형성하기에 이르렀다. (2)은행자본이 산업자본과 융합하여 '금융자본'을 이루고, 이를 기초로 하여 금융과두제가 형성된다. (3)상품수출과 구별되는 자본수출이 특별한 중요성을 갖는다. (4)국제적 독점자본가 단체가 형성되어 세계를 분할한다. (5)자본주의 거대열강에 의한 전 세계의 영토적 분할이 완성 된다"

현대에 있어 특히 두드러지는 제국주의 정치·군사적 지배는 그것이 '제국주의인 한' 필연적으로 경제적 토대로부터 나오는 것일 수밖에 없다. 레닌은 제국주의에 대한 총체적인, 그리고 실천적인 정의를 내리기에 앞서 순경제적인 의미에서 제국주의에 대한 정의를 내리고 있다. 현대에 있어서도 마찬가지로 제국주의의 '정체'를 밝히기 위해서는, 제국주의에 대한 경제 분석이 필수적이며 선행되어야 할 과제이다. 그리하여 현대의 제국주의가 이전의 제국주의에 비해 달라진 점을 가려냄으로써 제국주의에 대한 새로운 실천적 규정을 끌어내야 한다.

"제국주의는 프롤레타리아 사회혁명의 전야"라고 밝혔듯이 보다 중요한 문제는 제국주의 시대의 올바른 혁명노선의 문제를 찾으려는 데 있다. 바로 이 때문에 레닌은 제국주의의 경제적 특질을 분석했으며, 제국주의와 기회주의는 반제국주의투쟁에 있어 불가분한 관계에 있음을, 즉 전자는 후자를 형성·배양하는 물적 토대임을 밝힌 것이다.25)

---

25) 남상일, 《제국주의론》의 올바른 이해와 교훈, 《제국주의론》의 옮긴이 서문, 백산서당, 1988, pp.5-24 ※ 따옴표 안의 내용은 모두 레닌의 《제국주의론》의 원문이다.

2) 식민지의 붕괴와 신식민지 성립

1900년대를 전후하여 세계열강의 자본은 집적·집중을 통해 자본주의 최고단계인 독점자본주의를 성립한다. 선진자본주의 국가 내에서 평균이윤을 획득할 수 없는 '과잉자본'은 식민지에 수출됨으로써 세계의 약소국에 대한 "제국주의적 억압과 착취의 토대"가 된다. 1900년대를 전후하여 제국주의는 식민지 쟁탈전을 통해 전 세계를 분할하고, 식민지 국가에 자본을 투하(수출)하고 무력과 토착 지배계급을 기반으로 직·간접통치를 통해 식민지 국가의 인민을 대상으로 착취와 수탈을 통해 초과이윤을 획득한다.

일본 제국주의가 36년간 조선을 지배하고 수탈하는 과정에서 조선총독부의 직접지배 아래서도 언제나 토착 지주계급이나 신흥자본가 등 제국주의에 부역하는 세력이 있었다. 착취와 수탈의 대상인 조선의 인민의 입장에서 조선총독부로 대표되는 일본제국주의 세력과 친일파로 불리는 친일 지주와 토착 신흥자본가 계급 등은 모두 하나의 착취계급이었다는 점만 언급하자.

1930년대 세계적인 과잉생산이 낳은 대공황은, 끝내 제국주의 열강 간의 제2차 세계대전으로 폭발했다. 그 결과로 미국이 제국주의의 세계질서의 유일 패권국이 되었다. 한편으로는 구 식민지 지배체제를 붕괴시키는 결정적인 계기가 되었는데, 이는 '식민지 민족해방투쟁'과 "민족해방투쟁과 민족자결을 지지·지원하는 사회주의가 거대한 세계체제를 형성한 때문26)"이다.

구식민지 지배체제는 제국주의 세계의 패권을 장악한 미 제국에 의해 작동하는 신식민지적 착취체제(기만·매수·정치·군사적 위협, 내정간섭, 부등가교환, 금리조작, 다국적기업 직접투입, 현물원

---

26) 채만수, 신식민주의와 신식민지 파씨즘, 《노동사회과학》 제9호: 21세기 대공황과 레닌주의, 노사과연, p.68

조나 차관 등)를 통하여 경제적 예속 관계를 유지시킨다. 특히, 독점자본과 군산복합체의 이윤을 보장하기 위해 미국의 각종 군사적 간섭과 대립을 야기시킨다.

3) 한(조선)반도 이남에 성립된 국가권력의 성격

1945년 일제로부터 해방된 조선 인민들이 스스로 노동자-인민의 국가를 세우려 했던, '민족자결' 투쟁의 전개과정을 간략히 살펴보자. 이른바 "해방정국"에서 조선의 인민들은 '민주주의 인민공화국'을 세우기 위해 반제·반봉건 혁명투쟁을 전개했다. 조선인민의 투쟁을 분쇄해 나간 반혁명세력은, 미군정과 반동적 신흥부르주아지와 일제하의 봉건지주들, 이를 토대로 한 한민당과 그 세력들이다. 미군정은 자신의 제국주의 신식민지 정책을 관철시킬 것을 목적으로 반동권력의 수립을 적극 지원했다. 그 결과 탄생한 것이 이승만 정권이다.

미 제국주의는 제3세계의 제국주의적 신식민지 정책을 추진해 왔고 현재도 지속되고 있다. 목적은 그 지배를 통한 상품 및 자본의 시장과 원료의 안전한 확보이고, 그 이권의 상실로 이어지는 자결권(사회주의화든 비동맹이든)을 인민으로부터 강탈하는 것이다. 제국주의 국가의 식민지 지배를 현지화·구체화하기 위해서는, 그 지배방식이 직접지배든 간접지배든 간에 현지의 친 제국주의적인 토착우익(그것이 군부든 민간이든)세력의 존재다. 제국주의의 토착지배계급(세력)은 제국주의 국가의 엄호·지원을 받으며 제국주의와 자신의 경제적·정치적 이해를 일치시키고 노동자 인민을 착취·수탈한다. 이는 "(신)식민지 인민에게는 피착취피억압, 일제부터의 '해방'공간에서 명확히 보여준 거처럼, 그 자결권의 상실이다"[27]

---

27) 채만수, 같은 글

4) 분단의 원인과 성격 그리고 모순구조

한(조선)반도를 둘러싼 분단의 원인과 그 성격을 이해하기 위해서는, 분단과 제국주의시대의 4대 모순(계급모순, 체제 간 모순, 민족 모순, 제국주의 간 모순)과의 동태적 관련성을 이해해야 한다.

제국주의시대 세계사는 제국주의 세계질서의 성립과 그에 대응하는 사회주의혁명의 성장, 민족해방운동의 고양에 따른 제국주의와 반제국주의 세력 간의 투쟁과정으로 요약할 수 있다.[28] 일제로부터 해방되기도 전인 1943년 11월 카이로선언 등의 국제적인 움직임, 1945년 4월 미국의 트루먼 정부가 제2차 세계대전 동맹국인 "쏘련과의 공조가 아니라 대결과 봉쇄를 통해 국익 추구하는 입장"[29]을 분명히 하는 과정에서도 드러난다.

1945년 "해방공간"에서부터 "8년간의 계급전쟁"이 진행되었고, 남쪽의 혁명세력은 패배하여 1950년 전쟁을 경과하며 절멸 당했다. 그 후에 남쪽은 자본주의 체제로, 북은 사회주의 체제로 각각 발전해왔다. 3.8선이 휴전선으로 바뀌었지만, 북의 사회주의 체제는 곧 노동자·인민의 국가이고 자본주의 세력(미 제국주의와 한국의 자본가 계급과 그 파쇼권력)과 대치하고 있다. 이남의 노동자·민중 역시 그들의 피억압·피착취와 수탈의 대상이라는 점에서 마찬가지다. 따라서 남북 간의 분단문제는 본질적으로는 계급분단(계급대립)이라는 점을 인식할 필요가 있다.

남쪽의 내·외 (독점)자본가 계급과 그 정치부대인 신식민지 파씨즘 세력은 틀림없이 우리민족의 범주에 있다. 그러나 그들은, 제

---

[28] 백욱인, 분단과 민족문제, ≪한국사회구성체논쟁≫ II, 죽산, p.313
[29] 트루먼 대통령에게 보고한 번스 미 국무장관의 메모에 의하면, 1945년 4월 트루먼 정부는 쏘련과의 공조가 아니라 대결과 봉쇄를 통해 국익 추구하는 입장, 미국은 쏘련의 전쟁참전 이전에 일본의 항복을 받는 길만이 일본은 물론 중국까지 독점하는 동시에 조선을 단독장악 하는 등 동북아 패권을 강화할 수 있다고 판단(황성환, ≪제국의 몰락 下≫, 민플 참조)

국주의 세력과 함께 한국의 노동자·민중에 대한 착취·수탈세력이자 제국주의 세력과는 '혈연'보다 강한 동맹세력이자 반 통일세력이다. 그들이 '민족통일'을 지향하는 경우는 내·외 독점자본의 시장확대를 비롯한 자본의 최대이윤확보에 종속되는 경우일 뿐이다. 그들을 '민족자본'이니 하면서 통일의 주체로 설정한다면, 그것은 몰계급성이 빚어낸 무지의 극치를 보여 줄 뿐이다. 따라서 "민족대단결", "우리민족끼리"라는 구호는, 노동자·민중의 지배·수탈자인 국내의 지배계급(독점자본과 그 국가권력)까지를 '민족해방' 또는 '민족자결'의 주체세력에 포함하여 사용하는 용어라는 점에서 비유물론적·몰계급적 관념적 표현이다. 남쪽(한국)은 자본주의가 고도로 발전함에 따라 '계급적 분단', 즉 첨예한 계급모순이 작동하고 있는 점은 더 말할 필요조차 없다.

전반적 위기의 시대에 4대 모순 중에 '제국주의와 (신)식민지(한국)인민 간의 모순' 역시, 제국주의 세계체제 차원에서의 계급모순이 외화된 것이다. 미 제국주의와 북 사회주의 간의 체제간의 모순도 제국주의와 노동자 국가인 사회주의와의 계급모순의 발현이다. '분단문제', 이러한 '민족문제' 해결의 주체는 남쪽의 노동자계급을 중심으로 한 민중, 그리고 북 사회주의(노동자·인민의 국가)다. 따라서 남쪽의 노동자계급이 '반제 자주화'와 '노동해방 쟁취'를 위한 변혁적 역량으로의 성장 없이는 민족모순은 해소될 수 없다.

5) 한국에서 자본주의 발전

(1) 한국에서 자본주의적 사회구성 성립시기

한국자본주의가 고도로 발전했다는 점, 독점자본이 한국 경제를 좌지우지한 지 오래되었다는 점은 논쟁의 여지가 없다. 그러나 한국의 경제적 사회구성을 둘러싸고 '신식민지 국가독점자본주의'와 '식민지반봉건(혹은 반자본)사회'라는 주장이 격돌했고, 현재도 식반자론은 여전히 선전·선동되고 있다.

NL진영의 식반자론은 전술한 대로, "농촌에서 지주-소작관계가 온존·확대"되고 있고, "자본주의의 발전의 기형성과 전근대성"을 근거로 한국사회를 반봉건사회 혹은 반자본사회라고 규정하고 있다. "반봉건성의 의미는 경제형태 만이 아니라 정치·군사·사회·사상·문화 등의 모든 영역에 걸쳐서 한국 민중의 자주성을 억압하고 있는 역사적 질곡의 총체를 가리키는 것"30) 이라고 그 의미를 무한 확장하면서, 한국사회 모순의 일면만 강조하고 있다.

최근에 입수한 '한국자본주의와 반제민주주의의 정치노선'을 다루는 문건에 의하면, '반자본주의성의 의미를 한국자본주의가 서구자본주의와 다르게 "정치적 민주주의와 대중복지가 제대로 구현되지 못한 비정상적, 변칙 기형적 자본주의로 발전하였다는 '질(質)'을 의미한다."라고 설명하고 있다. 또한 "식민지 토대-상부구조가 조응하지 않고 괴리된다."31)며 "제국주의적 지배의 1차적 규정성"만을 강조하고 있다. 이러한 혼란의 근본원인은, 사회역사발전의 유일한 주체인 인간의 '의지'와 직접적인 '동기'만을 중심으로 보고, 그 의지의 배후에서 작용하는 동력, 즉 물질적 생산관계에서 찾지 않고 있기 때문이다.

한국의 경제적 사회구성은 일국적 측면과 제국주의 규정성이라는 측면의 통일로 이행되었듯이, 그러므로 한국 노동자·민중과 국·내외 독점자본 간의 계급모순, 동시에 세계 자본주의 체제적 측면에서 보면, 한국 민중과 제국주의 세력 간의 모순(민족모순)이 통일되어 있음은 이미 전술한 대로다. 그렇다면 한국사회의 자본주의적 사회구성의 성립은 언제부터 되었는지 살펴보자.

한국에서 언제부터 자본주의적 생산관계가 지배적이 되었는가에

---

30) 김민철, 민족민주운동의 전략적 과제에 대한 쟁점들, 1988, p.27.(≪한국사회구성체논쟁Ⅱ≫에서 재인용)
31) 조진경, 민족과 경제, p.155

대해서는 3가지의 대표적인 입장으로 압축할 수 있다.

①"1910년에서 1918년까지 벌어졌던 토지조사사업"을 계기로 1910년대 자본주의 사회로 이행했"고, 더불어 "상부구조가 일제의 총독부, 즉 자본주의 권력이었다."는 점을 들어 1910년대 설을 주장한다.(박현채)

1910년대 이행설의 근거로 제시하는 주장은 설득력이 없다. 첫째로, "토지조사사업으로 형식적으로는 근대 민법적 토지소유가 확립되었지만, 그것은 사실 외피에 불과했고, 자본주의적 양식에 대응하는 토지소유 양식이 형식적으로 존재하는 관계들에 불과했던 것"이다. 둘째로, "상부구조가 자본주의적 권력이기 때문에 자본주의 사회로 규정해야 한다면, 18~19세기의 인도 역시 자본주의 사회라고 규정해야 할 것이다. 따라서 정치적 상부구조의 성격을 들어 그 사회의 성격을 규정하는 것은 반드시 타당한 것은 아니다."32)

②"토지조사사업(1910-1918)과 임야조사사업(1917-1924)이 본원적 축적과정"이고 "1910년~1924년 시기는 소위 봉건사회에서 자본주의 사회로의 이행기"이며, "1938년부터는 공산액이 농산액을 능가"한 통계를 근거로 "적어도 1930년대 식민지 조선사회는 자본주의 사회"라고 주장한다.(권영욱)

이 주장의 핵심적인 문제점은, "당시 조선의 직접생산자들 중 절대다수는 소작농민으로서 농업부문에 존재하고 있었고, 공업부문에 종사하는 임금노동자는 농민에 비하면 비교도 되지 않을 만큼 소수에 불과"했다는 점, 이러한 점을 감안할 때 공산액에 비해 농산액이 많을 수 없다는 점이다. "그 통계는, 당시 식민지 조선에서 농업생산물과 공업생산물 간에 극심한 식민지적 부등가 교환이 벌어지고 있었다는 증거로 이용되어야 할 자료"33)이다.

---

32) 채만수, 한국에서 자본주의 사회구성의 성립, 그리고 그 시기를 둘러싼 논쟁, ≪노동자교양경제학≫, 노사과연, pp.78-79
33) 채만수, 같은 글, pp.80-84

③1950년대 농지개혁(유상몰수 유상분배) 이후 지주-소작관계가 해체되고 자본제적 생산관계가 '지배적으로' 되었다. "한국이 자본주의적 사회구성으로 이행한 것은 빨라야 대한민국의 정부가 들어서고 나서, 더 정확하게는 '농지개혁'이 이루어지고 나서"이고, "그 이전에는 자본주의적 생산관계보다는 봉건적 지주-소작관계가 양적으로 압도적·지배적이었고, 따라서 (반)봉건적 사회였다. … 농지개혁으로 지주-소작관계가 해체되면서 자본제적 관계가 양적으로 지배적으로, 즉 양적으로 다수가 되었다." "가장 대규모로 직접생산자로부터 생산수단이 수탈되던 바로 1960년대 후반기에서 1970년대"인데, 이 시기에 "근대의 농지개혁, 혹은 토지개혁을 통한 농민적 분할지 소유 그 자체가 농민층 분해를 필연적인 것, … 기만적인 농지개혁이나 저곡가정책, 인플레이션과 협상가격차의 확대, 토지소득세 등은 사실은 이 필연적인 농민층 분해, 즉 농민의 토지상실을 가속화시킨 원인들"이고, "사회 구성 변화의 근본적인 추동력인 것은 바로 생산력의 발전"이다.34)

(2) 한국의 신식민지 파씨즘 체제의 성립과 자본주의 발전

1945년 일제로부터 해방된 조선 이남에 미군정의 형태로 직접통치가 진행되었다. 미 제국주의가 조선 인민 절대다수의 자결권 행사, 반제·반봉건 인민민주주의 혁명을 압살하는 한편, 조선을 신식민지로 주조하는 과정이었다. 미 제국주의가 조선 이남에서 혁명투쟁을 제압하고 신식민지체제를 구축할 수 있었던 계급적 기반은, 조선의 친일·친미 지주와 신흥자본가, 그들의 정치부대인 이승만 세력이다.

미군정은 일본정부와 일본 민간단체 등이 소유해온 모든 재산과 주요 산업시설과 토지 등 국내 총 자산의 89~90%를 차지하던 귀

---

34) 채만수, 같은 글, p.85

속 재산을 강탈했다. 또한 토착 우익세력을 앞세워 군·경 무력과 준군사조직인 우익민병대를 일제하의 주구들을 중심으로 조직하여, 조선 인민의 반제반봉건 혁명운동을 그 주변부까지 절멸시키는 역할을 담당하게 했다. 사회·문화 분야도 풀뿌리 교육공간을 폐쇄시키고 미국식 자본주의를 주입하는 이데올로기 생산수단을 만들어갔다. "해방공간"에서 한국(조선)전쟁이 휴전협정이 체결될 때까지 "8년간의 계급전쟁"은 분쇄되었고, 이남에는 이른바 "자유민주주의 체제"라고 부르는 지주와 신흥자본가들의 백색테러(반혁명)국가가 완성되었다. 한편 이북에는 인민민주주의혁명을 기초로 사회주의체제, '조선민주주의 인민공화국'이 수립되었다. 이로서 한(조선)반도에는 제국주의와 (신)식민지 인민 간의 모순과 자본주의와 사회주의 진영 간의 모순이 중첩되는 국면이 되었다.

이승만 정권으로 표현되는 신식민지 파씨즘 체제는, 이북이 반제반봉건 혁명을 전폭적으로 수행한 상황에서, 기만적이긴 하나 토지개혁을 통해 자본주의 발전의 토대를 만들어간다. 또한 적산불하와 미국의 과잉자본인 원조[35]물자 배분을 통해 독점 자본가 계급을 지원·육성하고 자본주의적 생산체제를 전면적으로 확대한다. 50년대 원조경제가 파탄에 이르자 이승만 정권은 노동자·민중들의 축

---

35) 원래 원조라는 것은, 우호적인 정권에 대한 지원을 통해 신생국이 비자본주의적 길을 걷지 못하도록 하고, 그들을 사회주의체제에 대항하는 중심세력으로 끌어들이며, 신생국에 대한 경제적 지배권을 유지하고 전과 동일하게 착취의 대상으로 이용하려는 신식민지주의적 침투의 가장 세련된 형태이다. 원조는 주로 현물 중심으로 이루어지므로 제국주의 국가의 과잉 생산물의 소비와 신식민지에서의 종속적 경제시스템을 구축하는 역할을 한다. "1953년부터 1955년까지 총 14억을 원조했는데, 이중 5억6천만 달러가 경제원조, 8억 4천만 달러가 군사원조였다. 1953년부터 1960년까지 미국의 원조도 대부분 군사적 분야의 완제품 구입에 사용되었고 경제개발이나 산업인프라 구축에는 거의 사용되지 못했다."(권오중 외교국방연구소 연구실장)

적된 불만의 폭발, 4.19혁명으로 무너진다.

쿠데타로 정권을 장악한 박정희 정권은, 1960년대부터 대규모의 전면적인 미국의 차관과 일본의 청구권 자금 및 차관, 고율의 인플레이션을 통해서 조달한 국내 자금을 이용해서 중화학공업을 육성한다. 이 시기에 경공업 부문도 급팽창했다. 이 과정에서 오늘날의 독점재벌이 자리를 잡아갔고, 1,2차 경제개발로 표현되는 '수출주도의 고도성장'의 축적패턴을 이어갔다. 그러나 1979년 말에 밀어닥친 경제위기는 계급투쟁을 격화시켰고 그 결과 박정희 유신파쇼체제도 종말을 고했다.

한국의 신식민지 파씨즘 정권은 제국주의 신식민지적 정책을 적극적으로 수용하면서 예속 또는 종속적인 독점자본을 지원·육성하고 이들과 결탁함으로써 자신들의 정권기반을 다지고, 독점자본가계급의 안정적인 성장의 지배도구로서 역할을 충실히 수행해 왔다. 한국의 독점자본은 국가주도에 의해서 형성되고 성장했지만, 이 과정은 국가권력이 주도하는 '비독점적·경쟁적 국가자본주의'를 거쳐 '국가독점자본주의'[36]로 이행해 왔다. 79년 말 경제위기 이후 1980년대는 명실상부한 독점자본이 주도하는 '(신식민지)국가독점자본주의'가 안착되었다고 볼 수 있다.

한편으로 미·일 제국주의 입장에서는, 현물형태의 무상원조, 유상차관을 비롯하여 상업차관, 직접적인 합작투자 등 자본수출을 통해, 신식민지적 착취체제를 구축해가는 과정이다. 다른 한편으로는

---

[36] "한국과 같은 후발 자본주의 사회의 경우, 아직 경쟁적인 단계에서부터, 아니 실제로는 자본주의 사회구성이 성립되기도 전인 1930년대 이전부터 이미 자본주의 세계체제의 전반적 위기에 종속되어 있었다. 한국자본주의는 위에서 말한 이유 때문에 그 비독점적·경쟁적 단계에서부터 국가의 전면적인 개입을 통해서만 존속하고 성장할 수 있었고, 따라서 '비독점·경쟁적 국가자본주의→국가독점자본주의라는 이행과정을 겪었다고 할 수 있"다. 채만수, 제10강 독점자본주의, 노동자교양경제학, 2015, 노사과연, p.550

미 제국주의의 동북아 전략의 핵심으로서 한·미·일 전쟁동맹과 경제블록 체제를 형성하여 동북아에서 대(對)사회주의권에 대항하는 체계를 강화하는 전략과 맞물려 있다. "결국 미·일 제국주의는 한국에서의 잉여수탈을, 정치·군사적으로는 대(對)사회주의권 방어를 위한 신식민지적 자본주의 전략을 적극 추진해 온 것이다."37)

한국의 국가독점자본은 예속 또는 종속된 독점자본일 뿐만이 아니라 직접 또는 합작투자 및 대부자본 형태로 유입된 제국주의 자본의 주체가 된다. 1997년 금융·경제위기 이후에는 제국주의 자본의 유입이 극대화되었다. 따라서 한국의 신식민지 파씨즘 체계는 국내·외 독점자본의 위기관리체계가 된다. 미·일 독점자본은 한국에서 프롤레타리아트의 잉여착취를 한국의 파씨즘을 통해 보장받는다. 그러므로 한국 파씨즘의 계급적 기반은 국내·외 독점자본이고, '제국주의와 (신)식민지 인민간의 모순'은 제국주의 규정성, 즉 '민족모순'으로 표현되지만, 그것은 국내의 '계급모순'과 하나로 결합되어 있다. 변혁운동의 고양에 의한 파씨즘 체제가 몰락의 위기에 처하게 되면, 제국주의 권력은 그 직접적인 정치적·군사적 침탈을 자행하게 될 것이다.

"식민지·신식민지 지배에 관한 논의에서는, 일반적으로 제국주의만을 지배자로서 강조하지만, 이 토착 지배·착취계급이 제국주의와 그 이해관계를 같이하는, 제국주의의 (신)식민지 지배의 필수조건이라는 점을 명확히 인식하고 강조하는 것이야 말로 중요하다."38) 제국주의와 신식민지 독점자본, 그리고 그 정치권력은, 노동자·민중의 계급투쟁과 현존 사회주의에 대항하는 철저한 동맹세력이다. 다시 강조하면, 신식민지의 노동자·민중의 '노동해방'과 '피억압 민중

---

37) 현 한국사회의 본질 및 성격과 국가권력의 성격, 한국사회구성체논쟁 Ⅱ, 죽산, p.167 참조
38) 채만수, 신식민주의와 신식민지 파씨즘, ≪노동사회과학≫ 제9호: 21세기 대공황과 레닌주의, 노사과연, 2016.7.12., p.83

의 민족해방'은 철저히 유기적으로 결합된 하나의 과제다.

6) '계급모순'과 '민족모순'[39]

1980년대 논쟁의 성과는 살려내고 사상·이론적 한계는 반드시 극복해야 할 과제이다.

1980년대는 노동자·민중투쟁의 발전은 한국의 근본적인 변혁에 대한 사회구성체와 변혁론에 대한 탐구와 논쟁을 전면화 시켰다. '사회구성체' 혹은 '사회성격' 논쟁은 한국사회의 극복해야 할 사회적 모순에 대한 인식의 거대한 지평을 열었다. 1950년대 전쟁 후 긴 정치적 암흑기를 거치면서 은폐되고 왜곡된 역사와 사회적 모순을 사회과학적으로 재인식하는 과정이었다.

이러한 과정을 통해 '민족모순'과 '계급모순'에 대한 인식을 재발견 하고, 현실 노동운동에서 이정표를 만들려고 했던 과정은 한국노동운동사에 가히 혁명적인 것이었다. 특히 NL과 PD논쟁은 한국사회를 과학적으로 인식하는 데 매우 의미 있는 사상, 이론적 발전의 표현이었다. 이 논쟁과정에서 발생한 NL과 PD의 분립은 지속적인 탐구와 논쟁을 통해 지양·발전을 통해 통일적으로 재정립했어야 했다. 그러나 그러한 충분한 시간을 갖기도 전에 쏘련을 비롯한 20세기 사회주의 체제의 해체를 맞았고 이어 세계적인 대 반동의 시대를 불러왔다.

이리하여 한국 노동자계급의 사상·이념적 좌표도 혼란에 휩싸이게 되었고, 발전의 경로를 밟아야 할 사상·이론적 진전은 중단되고 말았다. 쏘련을 비롯한 20세기 사회주의 세계체제의 해체라는 역사적 사건은 오랜 노동자계급 투쟁의 역사로부터 축적된 풍부한 경험

---

[39] 《정세와 노동》 2011년 10월호에 실린 "한국노동운동의 몇 가지 쟁점에 대하여"(채만수) 제하의 글 중에 일부를 재구성 함.(노사과연 토론회 발제문으로 작성했던 글의 일부임)

과 교훈에 대한 전반적인 회의를 불러 일으켰고, 노동해방의 전망을 흔들어 놓았던 것이다. 사회와 운동이론에 대한 과학적 탐구와 치열한 논쟁이 중단되면서 미완의 사상·이론은 그 지양·발전의 운동을 멈추어 버렸다.

그 결과 운동의 합목적성을 밝히는 이론은 경시되고 종파적 패거리주의가 선진노동자들을 갈라놓았다. 선진노동자들 사이에 퍼져 있는 사상·이론적 혼란으로 인한 정파적 대립과 그 고착화는 노동자계급 운동에 심각한 악영향을 미치게 되었다. 이러한 조건에서 노동자계급 운동의 선진부위에 있는 상당수 활동가들조차, 독점자본의 이데올로기에 깊이 침윤되면서, 노동자계급 운동을 왜곡시키고 그 발전을 저해하는 요인이 되고 있다.

①민족모순에 천착하는 세력들은, 물론 제국주의에 대한 건강한 실천적 태도를 견지하는 경우도 많다. 그러나 대다수는 민족문제에 대한 과학적 인식의 결여로 인해 현실운동에 있어서 몰 계급성을 곳곳에서 노정해 왔다. 민족문제를 부르주아적 내지 소부르주아적으로 해석하여 현실 운동에서 민주대통합이니, 야권연대니, 연합권력이니 하는, 독자적인 계급적 전략 없는 몰 계급적인 현실주의적 전술에만 몰두해 왔다.

'반미 자주정권 수립'이라는 전략적 목표는, 노동자계급 정치를 한낱 부르주아 정치 속에, 특히 오직 의회 진출을 통한 집권전략 속에 가두어 버림으로 노동자계급 운동을 교란해 왔다. 이러한 독자적인 계급적 전략이 없는 몰계급적인 전술은 노동자계급 정치를 개량주의적·독점자본의 정치로 변질시켜온 것이다. 민족모순과 계급모순은 결코 별개도, 서로 대립적인 것도 아님에도 불구하고, 이들은 일면적·이분법적 인식으로 발달한 독점자본주의 사회의 첨예한 계급적대의 주요한 지점에 대해 모호한 태도로 일관하고 있다.

②계급모순에 천착하는 세력들은, 제국주의 시대의 민족모순에 대한, 그리고 그 민족모순과 계급모순의 관계에 대한 과학적 인식이

결여되어 있다. 제국주의 시대의 민족모순, 즉 민족적 종속과 피억압은 명백히 노-자 간의 계급모순의 다른 표현, 혹은 그 표현형태의 하나이다. 그럼에도 불구하고 계급모순의 문제를 협소하게 이해하여 제국주의, 민족모순의 문제를 현실투쟁에서 기각해 버린다. 이러한 관점과 태도는 협소한 노동자주의로 귀결되면서 계급투쟁을 경제투쟁에 한정하는 경향을 노정하고 있다.

이들 중 상당부분은 쏘련을 위시한 20세기 사회주의 체제 및 그 국가들에 대한, 그리고 그 연장선상에서 현존하는 사회주의 국가들에 대한 매우 적대적이고 청산적 태도를 보이고 있다. 뜨로츠키주의 또는 그 영향을 크게 받은 경우에는, 쏘련을 비롯한 20세기 사회주의 체제를 '국가자본주의' 또는 '타락한 노동자국가'로 규정·적대하면서 반쏘·반북주의적 태도로 일관하여 결과적으로 반공주의를 노골화하고 있다.

역사적으로 집적된 거대한 계급투쟁의 경험과 이론을 진지하게 연구하고 비판적으로 숙고하는 대신에 '스탈린주의'라는 단 한마디로 치환해버리는 비변증법적, 몰역사적 관점은 시급히 극복되어야 할 과제다. 한편, '노동자 정치세력화'를 내세우며 제도 정치권에 발을 내디딘 소위 '좌파' 세력 역시 이미 그 혁명성을 잃고 사민주의적 개량주의 세력으로 전락했다는 점이다.

5. '민족' 또는 '민족문제'에 대해

1) 민족의 형성과 그 조건

1980년대 논쟁에서나 현재까지도 변함없이 논란이 되고 있는 '민족', '민족문제'에 접근하기 위해, 기본적인 개념부터 살펴보고자 한다.

≪공산당 선언≫에 의하면, 민족의 형성은 부르주아지의 국민(nation)국가를 만드는 과정에서 만들어졌다. 부르주아지는 자신의 전면적인 지배를 위하여 전국을, 지금까지의 분산된 것에서 하나의 결합체로 조직하고, 각기 분산된 대중을 민족이라는 하나의 공동체로 형성하였다. 이렇게 '민족'이라는 개념은 부르주아지가 국가권력을 장악하면서, 자본제적 사회로 전체 사회를 전일적으로 지배하기 위해 나타난 개념이자, 역사발전의 산물이다.

부르주아지가 전체대중을 하나의 민족으로 묶으려는 이유는, 낡은 봉건제적 권력을 타도하는 데 프롤레타리아트를 동원할 필요성 때문이다. 대외적으로는 타국 부르주아지와의 경쟁에서 시장을 공고히 하고 나아가 식민지로 진출하는 데 '민족의 발전'이라는 애국주의가 필요하기 때문이다. 무엇보다도 부르주아지와 프롤레타리아트의 적대적 관계를 '국가=민족'이라는 이념에 용해시킬 필요성이 있기 때문이다.

그렇다면 자본주의 이전의 '민족'의 실체는 무엇인가? 한마디로 공통의 조상과 언어를 지닌 공동체로서의 '민족체'(Nationalität)가 부르주아지의 성장으로 인해 발전하면서 하나의 '민족(nation)'을 형성하였다고 볼 수 있다. 그 이전의 '민족체(Nationalität)'와 자본주의가 성립된 이후의 '민족(nation)'은 구분해야 한다.

쓰딸린은 1913년에 작성한 '맑스주의와 민족문제'라는 논문에서, 언어, 지역, 경제생활, 심리상태의 공통성이라는 네 가지를 민족형성의 요소로 들고 있다. 그도 민족 형성 과정의 귀결점은 민족국가의 형성이라고 파악했다. 그런데, 쓰딸린은 폴란드인에 대해, 당시 삼분되어 있으면서 경제생활의 공통성, 지역의 공통성, 문화생활의 공통성에 기인한 심리상태의 공통성을 상실해 버렸음에도 불구하고 그들을 민족이라고 간주했다. 자신이 기술한 민족 형성의 공통성 네 가지 중에서 세 가지나 빠져있는 폴란드 인에 대해 그가 민족이라고 기술했다는 점을 어떻게 이해해야 할까?

"일단 민족이 형성된 경우, 이것이 인위적으로 일시에 나누어진다고 하여 즉각적으로 다른 민족이 되는 것은 아니다. … 물론 경제생활의 공통성은 인위적으로 깨어지고, 지역적 공통성도 국가경계선에 의해 파괴된다. 그러나 자신의 시장 확보를 위해 나라를 하나로 합치려는 부르주아지의 존재 여부가 민족형성의 지표이다. 모든 대중과 함께 민족의 통일을 지향하는 강력한 추진력인 부르주아지가 있었던 당시 폴란드의 경우란, 아무리 그것을 부정한다 하더라도 하나의 민족인 것이다."40) 물론 이처럼 폴란드가 조국의 통일을 지향했다고 해서 프롤레타리아트가 이를 무조건 지지해야 한다는 것은 아니다. 맑스주의는 민족의 독립과 통일이 프롤레타리아 계급투쟁에 도움이 되는 경우에만 지지할 것이라고 주장한다.(이와 관련해서는 이후 논의)

한편 '분단국가인 민족이 여전히 민족이냐'라는 문제의 해명에서 우리가 주목해야 할 점은, 여전히 동일한 민족일 수 있게 하는 조건인, '통일에 대한 대중의 열망'이다. 즉 현실성을 상실해 가는 단일민족을 여전히 하나의 민족이게 하는 가장 유력한 조건은 통일을 위한 대중의 열망과 투쟁이라는 것이다. 이 조건의 상실은 마침내 단일민족을 분리시키고 만다.41)

그렇다면 식민지 시대 민족 역시 자본주의의 성립을 통하여 형성되었다는 사실이다. 제국주의가 식민지에서 민족을 형성시켰다는 것은 제국주의가 식민지의 자본주의화 과정에 주도적 역할을 담당했다는 사실의 다른 한 표현일 따름이다. 일단 식민지에 자본주의의 사회구성체가 형성되면 그때부터 제국주의의 자본수출은 본격화되고, 이는 필연적으로 식민지에서의 자본주의를 촉진시킨다.42)

---

40) 강형민, 「'애국주의'의 민족이론 비판」, ≪NL론 비판≫Ⅰ, 벼리, p.177
41) 강형민, 같은 글, 후주27), p.250 참조
42) 레닌, ≪제국주의론≫, 남상일 역, 백산서당, p.96 참조

2) '민족문제'의 역사적 전개과정

일반적으로 말해서 "민족문제란 피억압민족이 억압에 저항하여 민족독립과 민족적 통일을 실현하려고 할 때 발생하는 문제들의 총칭이다. 따라서 그것은 민족이 정치적으로 자립하여 독립적인 정치적·경제적 공동체를 세우려고 하는 정치적 요구에 뿌리를 둔 문제들이다. 구체적으로는 각 역사적 시기에 따라서 민족의 형성과 민족국가 수립문제, 민족자결을 요구하는 투쟁의 문제, 민족 간의 상호 형성과 민족국가 수립문제, 민족독립운동(민족해방투쟁), 민족의 자립적 발전을 위한 운동 등이 그것에 포함된다."[43]

최초의 민족문제는 부르주아지의 문제였다. 그러나 그것은 그들만의 문제가 아니라 계급해방을 위해서도 중요한 문제가 되었다. 계급해방이 포함되어 있는 민족의 문제, 이것이 풀어야 할 문제이다.

"민족문제의 역사적 발전과정을 보면, 제1단계는 봉건제도와 절대주의가 일소되고 부르주아 민주주의 사회와 부르주아 국가가 형성되는 시기(대략 1871년까지)에서의 민족 및 민족국가의 성립, 제2단계는 제국주의와 그 식민지정책이 출현하는 시기(1871~1917), 제3단계는 1917년 러시아 사회주의 혁명이 성공한 이후의 시기, 즉 자본주의의 전반적 위기의 시대 속에서 민족·식민지 문제가 크게 부상되고 민족해방투쟁이 격화되는 시기"[44]이다.

제국주의 단계에 접어들면서 발생한 민족문제는 국제적인 문제로 발전한다는 특징이 있다. 유럽에서의 민족형성 과정은 지배민족에 대항한 자민족의 국가건설과 독립을 위한 투쟁의 과정과 일치한다. 식민지에서도 마찬가지로 민족의 형성과정은 민족해방, 조국독립을 위한 투쟁의 과정과 일치한다. 따라서 식민지에서의 민족 형성과정

---

43) 畑田重夫, 민족문제 서설, 배동문 역음, ≪마르크스주의와 민족문제≫, 한울, p.42(재인용)
44) 한동민, ≪애국주의란 무엇인가≫, 참한, pp.19-20

은 그 자체가 민족문제의 발생과정이다.

그런데 식민지에서의 민족문제, 즉 제국주의에 대한 투쟁은 제국주의 본국 내의 노동자계급의 투쟁과 공동의 적을 갖게 된다. 레닌은 이러한 측면에서 식민지의 민족해방운동을 높이 평가했고, 이를 사회주의혁명의 주요한 예비군으로 파악했다. 그럼에도 불구하고 식민지에서의 민족해방투쟁은, 그 초기에는 식민지 자본가계급의 이해와 직접적인 연관이 있는 관계로, 또한 식민지 노동자계급의 계급의식이 아직 미발달한 관계로 부르주아 민주주의 혁명의 성격을 띨 수밖에 없었다. 그러나 민족문제의 제3단계에는 상황이 크게 변화하는데, 민족문제의 해결이 피지배민족 내부의 계급적 모순과 불가분의 관계 속에서 다양한 양상을 띠게 되었다.

그 변화의 원인으로는, 1917년 러시아 혁명의 성공으로 말미암아 민족해방운동이 크게 고무되었고, 무엇보다 러시아의 강력한 지원을 받을 수 있었다. 그리고 식민지 내의 자본주의가 발전함에 따라 노동자계급의 성장이 가속화되어, 이들을 노동자 계급의식으로 무장시키는 노동자당이 형성되기 시작했으며, 식민지 내의 부르주아지는 점차 초기의 진보적인 성격에서 벗어나 개량주의적 민족주의로 변질되어갔다. 이들은 제국주의에 대항하기보다 영합했으며 자국의 노동자·민중에 대한 착취를 강화하게 된다. 이와 관련하여 식민지 조선의 토착자본(민족자본)이 당시 어떠한 정치적 태도를 취했는지에 대한 실증적 연구를 보면 명확해 질 것이다.[45]

---

45) '식민지 시기 조선의 기업가'(류석렬), http://www.kyosu.net/news/articleView.html?idxno=14285
"일제강점기 조선인 기업을 포함한 당대의 경제적 성취는 특정 개인이나 집단의 것일 수 없다. 폭력과 차별이 일상화된 가운데 치열한 경쟁을 뚫고 살아남아 오늘에까지 번성한 자칭 '민족 자본가'들은, '민족'이라는 명분을 내세우며 민중들에게 비싸고 거칠더라도 '우리 것'을 '사라'고 외치는 대신 자기 헌신과 사회적·민족적 기여를 토대로 한 민중적 신뢰 획득과 역사적·도덕적 헤게모니의 구축에 나선 적은 거의 없었다. 대표적으로 일제강

제2차 세계대전이 끝난 후 동유럽·아시아지역에서 인민민주주의 혁명의 승리를 통하여 사회주의 세계체제가 성립되었다. 초강대국으로 등극한 미 제국주의는 전 세계의 변혁운동을 강력하게 견제하고, 이전 식민지에서 독립하였지만, 신식민지 상황에 있는 여러 민족의 민족해방투쟁은 새로운 양상을 띠게 되었다.

3) 민족문제는 어떻게 볼 것인가

민족문제는 그 시초에서는 부르주아지의 문제였지만 어느덧 그것은 그들만의 문제가 아니라 그들과 정면으로 적대하는 노동자계급 해방을 위한 투쟁에서도 중요한 문제로 나타난다. 이러한 이유로 계급과 민족에 대한 올바른 해명이 필요하다.

맑스의 민족문제 관한 관점은 당시 영국에 종속되어 있던 아일랜드의 민족운동에 대한 태도나, 슬라브 민족운동에 대한 태도에서 잘 나타난다. 그는, "아일랜드의 민족해방은 영국노동자계급에게 있어 결코 추상적인 정의의 문제나 인정의 문제가 아니라 그들 자신의 사회적 해방의 첫째 조건"46)이라고 함으로써 아일랜드 해방운동과 영국 노동자계급의 투쟁의 관련성을 명확히 밝혔다.

한편 슬라브 민족들의 민족문제에서, 맑스나 엥겔스는 폴란드와 헝가리의 민족운동에 대해서는 지지를 보냈으나 기타 슬라브 민족들의 자결권은 단호히 거부하였다. 그 이유는 전자가 당시 반동의 보루였던 러시아제국에 대해 반대하는 투쟁이었던 데 반하여, 후자

점기 근대적 조선인 대자본의 핵이었을 뿐만 아니라 방대한 인적 네트워크를 구성하여 해방 후 한민당을 결성하기에까지 이르렀던 동아일보·경성방직 계열의 경우 1930년대 이후 과연 민족 자본가에 걸맞은 일을 한 적이 있었던가."(출처: 교수신문)
46) 맑스, 마이어와 포크트에게 보내는 편지, ≪국가와 혁명≫, 논장, pp.243-244에서 재인용

는 짜르의 앞잡이 노릇을 하는 민족이었기 때문이다.47)

맑스와 엥겔스가 민족운동을 지지하는 것은 그 운동이 진보적인 의미를 지니는 한에서 만이었다. 이러한 관점은 레닌에 의해서도 완강하게 고수되었다. 레닌이 민족해방투쟁을 지지했던 가장 큰 이유는, 그것이 프롤레타리아트의 계급투쟁에 도움을 주는 것이라 생각했기 때문이다. 만약 민족해방투쟁이 계급투쟁에 장애요인이 된다면 언제든지 그에 대해 반대하였다. 폴란드 문제에 대한 그의 태도는 그의 이러한 원칙적인 입장을 잘 표현해 준다. 맑스와 엥겔스는 자유폴란드를 세우려는 공화파 분리주의자들의 폴란드의 독립을 지지했었다. 그러나 귀족들이 반동으로 돌아섰을 때 레닌은 즉각 사회주의혁명을 주장하였다. "우리는 민족독립의 요구에 대한 우리의 지지를 프롤레타리아 투쟁의 이해에 종속시킨다.48)(레닌)

4) '민족해방'과 '계급해방'의 문제

민족문제는 부르주아지가 주도하는 경우에만 부르주아적인 것이고, 현대 제국주의 하에서 민족문제는 계급문제이다. 즉 제2차 세계대전 이후의 현대제국주의와 제3세계 민족문제는 철저히 제국주의와 식민지 인민간의 모순이다. 제국주의 하의 민족문제는 민중적 민족문제, 즉 계급문제이다. 한국의 독점자본과 그 정치권력의 담지자들은 모두 하나의 민족구성원이지만, 생산수단의 소유관계를 둘러싸고 노동자계급과 적대계급이다. 제국주의와 국내 자본가계급은 한국의 피지배 민중의 지배와 착취·수탈의 동맹자이다. 따라서 한국의 민족문제, 즉 제국주의 세력을 몰아내고 노동자·민중의 자주권을

---

47) 강현민, 애국주의 민족이론의 비판, ≪NL론 비판≪≫Ⅰ, 새길. pp.200-201 참조
48) 마르크스주의 국가론과 혁명론, pp.243-244에서 재인용 (레닌의 ≪국가와 혁명≫, 김영철 옮김, 논장)

획득한다는 것은 민중적 민족문제, 본질적으로 계급문제인 것이다.

제국주의 신식민지 지배를 끝장내고 민족해방을 쟁취한다는 것과 그 동맹세력인 한국독점자본의 정치권력(국가권력)으로부터 노동해방을 쟁취한다는 것은, 동시적이고 불가분의 통일적 과제이다. 그러므로 '민족해방' 없이 '노동해방' 없고 노동자계급의 혁명적 진출 없이 민족해방은 요원한 것이다.

민족문제 해결 주체 역시 노동자계급을 중심으로 한 피억압 민중이다. 따라서 노동자계급의 혁명적 성장을 전제하지 않는 "반미자주정권 수립"이라는 전략적 목표는 현실성이 없다. 국내외 독점자본의 그 신식민지 파쇼권력의 타도 없이 불가능하기 때문이다. 한국의 국·내외 (독점)자본과 국가권력이 미 제국주의에 맞서 민족해방 투쟁에 나선다? 그것이 가능한 조건은 전술했듯이 자본주의가 미발달했던 일제 식민치하 초기나 기대할 수 있는 것이다.

내친김에 덧붙이면, 1950년까지 반제-반봉건 민중민주주의 혁명 투쟁을 전개했었다. 그러나 한국 자본주의가 고도로 발전한 오늘날 노동자·민중은 무엇으로부터 고통 받고 있는가? 고도로 발전한 생산력은 전 세계적인 과잉생산으로 인해 '전반적인 위기'가 재격화되어 있다. 지금의 세계정세는 위기의 대폭발 전야라는 것이 분석력 있는 인사들의 일치된 예상이다. 자본주의는 전 세계의 식민지·반식민지 민중에 대한 초과착취로 생명을 연장해 왔다. 그러나 자본주의적 생산의 모순은 극한에 달해 있다.

2차 세계대전 후 제3세계에서 자주정권 수립투쟁(민족해방 투쟁)이 줄기차게 벌어져 왔고, 많은 나라에서 '반제 자주정권'을 세웠다. 그러나 사회발전에 대한 비과학에 근거해서 세운 수많은 '좌파정권'은, 미 제국주의와 그들의 토착연합 세력의 반혁명에 무너져 내렸다. 뿐만 아니라 베네수엘라와 같은 석유산업 중심의 특수한 산업기반을 가진 나라의 경우, 힘겹게 반혁명을 저지하고 있지만, 자본주의 시스템 자체의 모순으로 인해 자국 민중의 고통은 가중되고 있다. 1979년 2월, 이란의 '이슬람혁명'은 미 제국주의에 맞서 '민족자결권'을 확보·사수하고 있는데 이것은 제국주의 세계질서에 대한 타격이라는 점에서 커다란 의미가 있다. 하지만 내부적으로는 '노동해방-민중해방'의 역사적 진보와는 거리가 먼 종교국가(이슬람주의)로의 퇴행과정에 놓여있다.49)

국내 (독점)자본의 착취와 수탈도 제국주의로 인한 민중의 고통도, 모두 자본주의의 계급적대에서 오는 모순이요, "'민족모순'은 '계급모순'의 현상형태 또는 그 외화형태50)"이다. 변혁의 필연성과 가능성은 고도로 발전한 생산력과 자본주의적 생산관계의 모순, 생산의 (전 지구적) 사회적 성격과 전유·취득의 사적 성격간의 모순 등의 자본주의 모순 자체에서 찾아야 한다.

6. 나가며

"지금까지의 모든 사회의 역사는 계급투쟁의 역사다" 계급투쟁의 객관적 조건을 읽어 내는 것과 주체의 상태에 대한 진단은 운동의 과제를 도출하고 그 진전을 도모하는 데 필수 불가결하다. 당면한 실천적 과제를 언급하는 것으로 글을 마무리한다.

1991년 쏘련을 위시한 20세기 사회주의의 해체는 마치 자본주의가 영원할 것 같고, 제국주의의 완전한 승리인 것처럼 보인다. 그러나 작금의 제국주의(자본주의) 세계체제는 내부로부터 적대적인 모순이 농익은 상황임에 틀림없다.

영원할 것 같은 자본주의는 그 내적 모순의 격화로 '혁명이냐 전

---

49) 참조기사. http://www.pressian.com/news/article?no=147940
50) 채만수, 다시 한국사회의 구성과 성격에 대하여, ≪피억압의 정치학≫ 上, 노사과연, 2008.3, p.339

쟁과 파멸이냐'의 귀로에 놓여있다. 한국의 노동자·민중운동은 이러한 역사인식을 분명히 할 필요가 있다. 그것은 '노동해방-민중해방-민족해방'에 대한 필연성과 가능성의 낙관적 전망을 가질 수 있는 기본요소이기 때문이다. 1940년 일제가 야심찬 '대동아공영권 결성'을 선언하는 등 승승장구하는 듯하자, 조선독립의 전망을 상실한 인사들이 일제에 투항했으나 코앞에 일제 패망이 있었다.

동시에 한국의 노동운동, 계급투쟁의 역사에 대한 인식이 필요하다. 제2차 세계대전 후 미국을 중심으로 재구축되었던 제국주의 세계질서는 한국현대사의 모든 부침과 연관되어 있다. 한국의 국가독점자본주의는 제국주의 세계적 지배질서와 연관되어 있으면서도 동시에 자본주의적 내부모순이 격화하는 과정이다. 그 과정에서 한국자본주의의 위기전개와 자본가 진영의 공세로 인한 노동자·민중의 참상에 대한 분명한 인식이 필요하다.

개량주의 노동운동은 어떠한 개량도 확보하지 못했음을 노동운동의 역사적 경험을 통해 분명히 인식해야 한다. 그리고 노동자계급운동을 교란하는 개량주의를 지속적이고 체계적으로 폭로하여 변혁적 노동자·민중운동을 복원해야 한다. '재벌개혁', '재벌해체' 등등의 각종 사민주의적 개혁 프로그램에 대해 평가하고 변혁적 태도를 대중적으로 벼려내야 한다.

한국사회의 변혁적 지향에서 제기된 NL-PD의 분리를 극복하기 위한 '좌-우파' 간의 적극적인 연대를 정립해야 한다. 변혁의 전략적 노선이 미처 통일되지 못하더라도 인식의 공통분모를 중심으로 최대치의 통일전선을 목적의식적으로 만들어가야 한다. 예컨대, 노동자계급의 인식을 왜곡·위축시켜 혁명적 진출을 가로막아 온 국가보안법 폐지 투쟁은 시급한 공통의 과제다.

1980~90년대 사회구성체(또는 사회성격)와 변혁론 논쟁과 같은, 우리 사회에 대한 사회과학적 탐구를 계승하고 인식을 넓혀야 한다. 그리고 현실 운동을 대중화하는 풍토를 되살려 내야 한다. 동시에

NL-PD로 표현되는 미완성의 사상·이론에 대한 지양·발전을 도모해야 한다. 그 과정에서 자주파의 몰계급적 개량주의와 애국주의, 현장파의 반제국주의에 대한 인식의 제고와 경제주의 극복은 시급한 과제다.

20세기 사회주의의 경험은 21세기 변혁의 풍부한 경험적 자양분이다. 맑스는 '빠리꼬뮨'의 실패 경험에서 다가올 노동자계급 투쟁에 필요한 이론적 자양분을 추출하고 정식화했다. 20세기 사회주의에 대해서 오늘 우리는 맑스와 같은 태도가 필요하지 않을까! 20세기 사회주의는 분명히 "노동자계급의 깃발"이었기 때문이다. 역사는 직선이 아니라 나선형으로 발전한다고 했다. 20세기 "프롤레타리아 독재"의 깃발이 한번 내려졌다고 해서 "풍요롭고 평등한", '노동해방-민중해방-인간해방'을 향한 역사의 진보가 멈춘 것은 결코 아니다.

"20세기 사회주의가 제2차 제국주의 전쟁 과정에서 형성되었듯이, 21세기 자본주의의 모순은 오직 혁명을 통해서만 극복될 것이다." 깊어가는 자본의 위기는 계급투쟁의 격화를 의미한다. 맑스-레닌주의 이론에 근거한 변혁운동의 참모부 건설의 필요성과 방법이 제시되고 그 현실성에 접근해야 한다. 자본이 설치한 노동자계급의 분할 통제 전략을 넘어 "대자적" 계급으로, 전투적 노동운동으로의 재건이 필요하다. 그에 따른 방법이 제시되고 조직·실천 방안을 실천해야 한다. **노사과연**

헤겔과 맑스를 읽는 기묘한 방식
– 알튀세르와 들뢰즈의 경우

홍승용 | 현대사상연구소 소장

1

 소련과 동구 현실사회주의 체제가 무너지면서 맑스주의에 가까웠던 진보적 지식인들 상당수는 알튀세르의 이론을 한 가지 대안으로 받아들였다. 1980년대 불붙었던 맑스주의에 대한 폭넓은 관심이 신자유주의적 폭력과 포스트모던 유행어들의 홍수에 쓸려가는 동안, 알튀세르가 애용한 몇몇 개념들은 변화된 환경에 적응하면서 맑스주의를 고수하는 데에 효과적인 것이라고 여겨졌다. 맑스주의를 '정교화'하자는 원론적 주장에 반대할 이유는 별로 없어 보였다. '인식론적 단절'이나 '과잉결정' 혹은 '이론적 실천' 내지 '이론적 생산'이나 '징후독해', '이데올로기적 국가장치', 그리고 '경제주의'나 '경험주의'에 대한 비판 등도 진보적 지식인들에게 긍정적으로든 부정적으로든 어느 정도 영향을 끼쳤다. 이에는 알튀세르의 뛰어난 수사법도 한몫 했다고 여겨진다. 뿐만 아니라 그의 논의에서 전제되는 난해하고 방대한 배경사상들을 감안할 때 그 이론적 타당성을 검증하기도 쉽지 않았을 듯하며, 이는 또한 실천적 효능에 대한 판단도 어렵게 했다고 볼 수 있다. 아무튼 아직도 일부 진보적 지식인들 사이에서는 알튀세르에 대한 관심과 애정이 식지 않고 있다. 그 열정으로부터 풍부한 이론적 실천적 성과들이 쏟아져 나오길 기원한다. 알튀세르의 당대적 정치활동이나 그의 이론이 지닌 장점들을 새삼 거론할 필요는 없을 것이다. 이 자리에서는 헤겔과 맑스와 관련되는 그의 글에서 필자가 느끼는 의문을 몇 가지 제기하고자 한다.

2

맑스는 ≪자본론≫ 1권 2판 후기에서 헤겔 변증법에 대한 자신의 입장을 명확히 밝힌다. "변증법이 헤겔의 수중에서 신비화되기는 했지만, 변증법의 일반적 운동형태를 포괄적으로 또 알아볼 수 있게 서술한 최초의 사람은 헤겔이다. 헤겔에게는 변증법이 거꾸로 서 있다. 신비한 껍질 속에 들어 있는 합리적인 알맹이를 찾아내기 위해서는 그것을 바로 세워야 한다."[1] 여기서 그 '합리적인 알맹이'는 '신비한 껍질 속에 들어 있는' 것이고 바로 세워야 할 것이기는 하지만, 맑스 자신의 것이 아니라 헤겔의 것이라고 읽어야 할 것이다. 이 변증법의 합리적 핵심에 대해 맑스는 분명히 말한다. "변증법은 그 합리적인 형태에서는 부르주아지와 그 이론적 대변인들에게 분노와 공포를 줄 뿐이다. 왜냐하면 변증법은 현존하는 것을 긍정적인 것으로 이해하면서도 동시에 그것의 부정, 즉 그것의 불가피한 파멸을 인정하기 때문이며, 또 변증법은 역사적으로 전개되는 모든 형태들을 유동상태·운동상태에 있다고 여김으로써 그것들의 일시적 측면을 동시에 파악하기 때문이며, 또한 변증법은 본질상 비판적·혁명적이어서 어떤 것에 의해서도 제약을 받지 않기 때문이다."(자본 1,19)

그런데 유물변증법을 다루는 긴 글에서 알튀세르는 헤겔 변증법

---

[1] K. 마르크스: ≪자본론: 정치경제학비판≫ 1, 김수행 역, 비봉출판사 2015, 19쪽. 이하 '자본1'로 약칭함.

및 변증법 자체의 '합리적 핵심'에서 무엇이 남느냐는 질문에 대해[2] 별다른 답을 내놓지 않으며, '폐기', '포기', '제거', '절단' 등의 간편한 논의방식으로 헤겔 변증법의 흔적들을 어떻게 해서든 지우려는 작업을 일관한다. 반면에 레닌은 1차대전의 와중에 헤겔의 ≪논리학≫을 읽고 변증법에 대해 이렇게 말한다. "변증법이란 대립물이 어떻게 동일할 수 있으며, 어떻게 동일한가(어떻게 동일하게 되는가) — 그것들은 어떤 조건하에서 상호전화함으로써 동일하게 되는가 — 왜 인간의 오성은 이러한 대립물들을 죽은 경직된 것으로서가 아니라 살아있는, 조건적인, 동적인, 상호전화하는 것으로서 파악하지 않으면 안 되는가에 관한 학설이다."[3] 레닌은 '개념들의 상호의존성, 예외 없이 모든 개념의 상호의존성' 또는 '개념들의 상호이행. 예외 없이 모든 개념의 상호이행'(철학150)을 변증법의 본질이라고 강조하기도 한다. 이렇게 '대립물들을 죽은 경직된 것으로서가 아니라 살아있는, 조건적인, 동적인, 상호전화하는 것'으로 파악할 때, 알튀세르의 간편한 절단 논리는 변증법적 사유방식과 한참 거리가 있음을 확인할 수 있을 것이다. 그것은 인식 능력들 사이에 엄격한 칸막이를 치고, 대립물의 동일성 혹은 통일로 나가기보다 이율배반에 머무는 칸트의 사고방식과 손을 잡는 것 아닌가?[4]

변증법과 거리가 있더라도 절단 논리가 대상 파악이나 실천에서 충분히 유용하다면 아무 상관없을 것이다. 그렇다면 알튀세르는 절단 논리로 어떤 성과를 거두는가? 일단 그는 '인식론적 절단' 개념

---

2) L. 알튀세르: ≪마르크스를 위하여≫, 서관모 역, 후마니타스 2017, 281쪽. 이하 '위하여'로 약칭함.
3) V. I. 레닌, ≪철학노트≫, 홍영두 역, 논장 1989, 54쪽. 이하 '철학'으로 약칭함.
4) 이런 이유에서 그는 맑스를 헤겔과 분리하고 칸트와 결합하려는 델라볼페와 콜레티를 중요시한다. 다만 이들이 절단기를 ≪경제학·철학초고≫(1844) 이전인 1843년에 설정하는 점에 대해서는 동의하지 않는다.(위하여75)

을 활용해 맑스의 이론을 1845년의 '절단기'를 전후로 '이데올로기적인' 시기와 '과학적인' 시기로 구분한다.(위하여68) 이로써 이데올로기라는 딱지가 붙게 되는 가장 중요한 저서는 휴머니즘적 서구 맑스주의자들의 애독서인 ≪경제학·철학초고≫다. 이 책에 대해 알튀세르는 이렇게 평가한다. "이 텍스트는 엄밀한 방식으로, 헤겔의 관념론의 포이어바흐의 유사-유물론으로의 엄밀한 의미에서의 '전도'를 수행하려 한다."(위하여70) 알튀세르는 한 걸음 더 나아가 이렇게 주장하기도 한다. "청년 맑스가 헤겔주의자였다는 널리 퍼져 있는 테제는 따라서, 일반적으로, 신화이다. 반대로 맑스는 청년기에 단 한 번, 자신의 '과거의 철학적 의식'과의 단절의 전야에, 헤겔에 의거해 자신의 '착란된' 의식을 청산하는 데 불가결한 경이로운 이론적 '해제반응'을 산출한 것으로 보인다. 그때까지 맑스는 헤겔에 대해 줄곧 거리를 두어 왔다."(위하여71)

역시 알튀세르의 수사법은 현란하다. 맑스는 헤겔주의자였던 적이 없었고 헤겔에 대해 줄곧 거리를 두어 왔는데, 갑자기 '헤겔에 의거해' '착란된' 의식을 '청산하는' 데 불가결한 이론적 '해제반응'을 산출한다는 것이 어떻게 가능한가? 실로 '경이로운' 일이다. 그 내용은 알튀세르의 설명에 따르면 '엄밀한 방식으로' 헤겔의 관념론을 포이어바흐의 '유사-유물론'으로 전도하려고 하는 것이다. 그리고 1년 뒤에 맑스는 '과거의 철학적 의식'과 '단절'을 행하여 역사유물론자이자 변증법적 유물론자가 되는 것이다. ≪경제학·철학초고≫에서 맑스가 포이어바흐의 유물론을 적극 받아들이고 헤겔의 관념론을 비판한다는 상식적인 이야기를, '엄밀한 방식으로' 따위의 멋있는 표현과 섞어 심오하게 서술할 줄 알아야 철학을 할 수 있는 것인가? 그럴 리가 없다. 하지만 그 수사법의 효과는 있다. 맑스와 헤겔을 떼어놓아야 한다는 강렬한 인상을 유발하는 것이다. 또 '유사-유물론'이라는 개념으로 포이어바흐의 유물론 역시 버려야 할 것으로 규정한다는 것이다. 무엇보다 ≪경제학 철학 초고≫에 '과거의 철학적 의식'이라는 낙인을 찍어버리는 것이다. 그런 가운데 '헤겔에 의거해'라는 말로 헤겔의 영향을 슬그머니 인정하면서, 이를 '경이로운 이론적 해제반응'이라는 멋진 표현으로 다시 교묘하게 덮어 버릴 수도 있는 것이다. 그리고 마침내 헤겔 및 포이어바흐와의 인식론적 단절을 통해 맑스가 과학의 시대로 들어섰다는 신화를 만들어내는 것이다.

정말 그러한가? 맑스는 포이어바흐의 유물론도 버렸는가? 또 헤겔의 변증법도 버렸는가? 맑스는 유물론자이고 변증법이론가다. ≪경제학·철학초고≫에서 맑스는 포이어바흐의 유물론을 존중하고 헤겔의 관념론을 그의 '무비판적 실증주의'와 함께 명확히 비판하지만, 인간을 근본적으로 역사적 사회적 존재로, 또 "운동의 결과인 동시에 출발점이기도"5) 한 주체로서 파악하는 점에서 포이어바흐의 유물론과 이미 다른 길을 택한다. 곧 이어 쓰인 ≪독일이데올로기≫에서 포이어바흐의 유물론을 '구태의연한 유물론'이라고 비판하기 전부터 맑스는 유물론을 변증법적으로 받아들이고 있는 것이다. 그 후에도 맑스는 변증법적이고 유물론적인 사유방법을 버리지 않는다. 맑스의 이런 발전은 헤겔과 포이어바흐와의 단절이라기보다 헤겔과 포이어바흐의 종합적 지양이다. 즉 그들의 이론에서 비판하고 버릴 것은 버리되 합리적 핵심은 보존하여 한 단계 끌어올리면서 종합하는 것이다. ≪경제학·철학초고≫는 물론 맑스의 경제학 연구과정에서 출발단계에 속하고, 아직 노동과 노동력의 구분도 없으며, 사적 소유와 소외된 노동 사이의 인과관계에 대한 명확한 설명도 없다. 그러나 여기서 맑스는 노동과 자본의 적대관계 내지 양극화를 자본주의의 근본 경향으로 파악하고 있으며, 그 결과인 빈곤과 소외 내지 비인간화를 극복하기 위해서는 사적 소유의 폐기와 공산주의 내지 사회주의가 불가피함을 명시하고 있다. 이 기본관점이 그 후에도

---

5) K. 맑스: ≪경제학·철학초고≫, 김문현 역, 동서문화사 2014, 97쪽.

바뀌지 않는다는 점에서 맑스 이론의 단절보다 연속성을 강조하는 것이 더 합당해 보이지 않는가?

　이런 상식을 깨고 단절논리를 끌어들여 ≪경제학·철학초고≫를 '이데올로기 시기'에 가둬두는 가운데 정작 단절이라는 말이 조금은 어울릴 근본적 전환, '세계사적 전제전환'은 알튀세르의 논의에서 별 의미 없어진다. 사적 소유 곧 자본주의를 불가침의 기본전제로 삼는 부르주아 경제학을 거부하고 자본주의 역시 인간의 역사적 산물일 뿐이며 따라서 그것을 극복할 수 있다고 보게 된 것이야말로 '세계사적 전제전환'이라고 볼 수 있을 것이다. 이러한 전환은 이미 ≪경제학·철학초고≫와 거의 같은 시기에 이루어졌다고 보아야 할 것이다.6) 물론 이후에도 맑스는 스미스나 리카도 등의 부르주아 경제학 가운데 비판할 부분은 비판하되 받아들일 부분은 받아들이는 태도를 취하지 청산과 단절을 강조하지는 않는다. 맑스의 세계사적 전제전환을 파묻고 ≪경제학·철학초고≫에 이데올로기라는 딱지를 붙여 골동품 취급하면서 알튀세르가 실제로 거두는 주요 효과는 헤겔 변증법의 폐기처분 아닌가?

---

6) 1844부터 맑스가 엥겔스와 함께 쓴 ≪신성가족≫에는 다음과 대목이 나온다. "국민 경제학의 모든 설명 전개는 사적 소유를 전제로 삼고 있다. 국민 경제학에게 이 기본 전제는 더 이상의 어떤 시험에도 들게 할 수 없는 불가침의 사실, 더욱이 세이가 소박하게 고백한 바와 같이 국민 경제학이 다만 '우연적으로'만 언급하게 되는 그러한 사실로 여겨진다. 그런데 프루동은 국민 경제학의 토대인 사적 소유를 비판적 시험, 그것도 결정적이며 무자비한 동시에 과학적인 최초의 시험에 들게 한다. 이것이 그가 이룩한 거대한 과학적 진보요, 국민 경제학에 혁명을 일으키고 국민 경제학을 하나의 진정한 과학으로 만드는 진보이다." K. 맑스/ F. 엥겔스, ≪신성가족≫, 칼 맑스 프리드리히 엥겔스 저작 선집1, 최인호 외 역, 박종철출판사 1994, 97-98쪽.

3

알튀세르는 헤겔 변증법을 폐기하는 근거로 헤겔의 관념론 이상으로 구조 자체에 문제가 있다고 주장한다. 그것은 유물론적 전도만으로, 즉 '거꾸로 선 것을 바로 세우는 것'만으로 해결될 수 없다는 것이다. "하나의 대상을 온전히 뒤엎는 이 단순한 회전은 이 대상의 본질도 내용도 변화시키지 못하리라"(위하여137-138)는 것이다. 유물론적 '전도'라는 비유를 이처럼 희화하면서 알튀세르는 맑스 변증법과 헤겔 변증법이 근본적으로 다르다고 주장하고, 헤겔 변증법의 대안으로 '과잉결정' 개념을 제시한다. "모순의 존재 조건들이 모순 자체의 내부에 반영된다는 것, 복잡한 전체의 통일성을 구성하는, 지배관계를 갖도록 절합된 구조가 각 모순의 내부에 반영된다는 것, 이것이야말로 맑스주의 변증법의 가장 심오한 특징이며, 내가 최근에 '과잉결정'이라는 개념으로 포착하고자 한 것이었다."(위하여 357) 모순에 대해 그는 다음과 같이 정리한다. "모순은 일의적이기를 멈추면서, 단번에 영구히 그 역할과 본질이 결정되어 차려 자세로 머물러 있기를 멈추면서, 모순에 역할을 할당하는 구조화된 복잡성에 의해 결정되는 것으로 드러난다. 이런 끔찍한 말을 사용해도 된다면, 복잡하게-구조적으로-불균등하게-결정되는 것으로 말이다."(위하여363) 이 장황한 논의에서 실제로 새로운 점은 구조라는 개념이 첨가되었다는 것뿐 아닌가?

알튀세르는 자신의 논거를 무엇보다 마오의 주요 모순-부차 모순, 모순의 주요 측면과 부차 측면 구별에서 끌어들인다. 그는 철학자답게 주요 모순과 부차 모순, 모순의 주요 측면과 부차 측면, 모순의 불균등 발전 등이 존재한다는 사실 확인에 머물지 않고, 그 복잡성의 근거를 제시하고자 한다. "한 모순이 다른 모순들을 지배한다는 것은, 그 속에서 이 모순이 모습을 드러내는 복잡성이 하나의 구조화된 통일성이라는 것을, 그리고 이 구조는 모순들 사이에서 표시되는 지배-종속 관계를 함축한다는 것을 전제한다."(위하여349) 그러면 한 모순이 다른 모순들을 지배한다는 사실, 즉 주요모순과 부차모순이 있다는 사실과, 모순이 나타나는 복잡성 곧 사회가 하나의 구조화된 통일성이라는 사실 사이에 무슨 관계가 있는가? 그 구조가 모순들 사이의 지배-종속 관계를 함축한다는 것을 전제한다는 주장은 경험적 사실의 배후에는 구조가 있다는 단언일 뿐인데, 이러한 단언이 곧 사실 확인에서 이론적 근거를 산출하는 도약으로 변조된다. 이러한 단언과 도약을 통해 알튀세르는 마오의 사실 확인에 대한 '궁극적 근거'를 찾아낸 것이다. "마오가 본질적인 것으로 기술한 모순들 사이와 모순들의 측면들 사이에 존재하는 지배관계에 궁극적으로 근거를 부여하는 것은 바로 이 특수한 구조이다."(위하여 351) 이로부터 알튀세르는 실천적 교훈을 끌어낸다. "지배관계를 갖는 구조는 불변하지만 그 속에서 역할들의 배역은 변화한다는 것이 실로 실천의 커다란 교훈이다. 즉, 주요 모순이 부차 모순으로 되고 부차 모순이 주요 모순의 자리를 취하며, 주요 측면이 부차 측면으로 되고 부차 측면이 주요 측면으로 되는 것이다. 항상 주요 모순과 부차 모순들이 있지만, 이것들은 지배관계를 갖도록 절합된 구조 속에서 역할을 교환하며, 반면 이 구조는 불변한다."(위하여365)

그 '특수한 구조', '지배관계를 갖는' 불변적 구조는 단순한 작업 가설이라고 볼 수 없다. 알튀세르가 지배를 '복잡성 자체에 본질적인 사실'이라고 자신 있게 단언하는 점에서 그렇다.(위하여349) 그러면 그것은 사실 확인들로부터 추상해낸 것인가, 아니면 어떤 선험적인 것인가. 후자라면 우리는 알튀세르의 관념론을 인정하고 그것을 동의하면 받아들이든지 그렇지 못하면 거부하면 된다. 유물론의 관점에서는 전자일 가능성이 크다고 할 수 있다.[7] 그렇다면 '불변

---

[7] 이 경우 진정한 사회주의자들에 대한 맑스와 엥겔스의 비판을 떠올리게 된다. "우선 한 가지 사실로부터 하나의 추상이 만들어진다. 그리고 나서 이 사실이 바로 이 추상에 기초를 두고 있다고 선언한다. 이렇듯 가장

의' 구조를 단언하는 데에 그칠 것이 아니라, 향후 전개될 사실의 변화를 따라잡으며, 즉 지배의 강도, 범위, 양태 등을 규명하며 이에 합당하게 그 '본질성'을 대우하는 것이 변증법적 사유에 부합될 것이다. 이 '본질성'은 사회구성체의 성격 및 변화 국면에 따라 모순들 사이의 압도적인 위계적 성격부터 동등성에 접근하는 상호규정성까지 다양한 편차를 드러낼 것이다. 이 경우 주요모순과 부차모순들의 가변적 세력관계를 면밀히 따져야 할 과제가 등장한다. 또한 그 '불변의' 구조라는 '궁극적 근거'는 각 국면에서 여러 모순들 가운데 주요 모순을 식별할 필요성은 말해줄 수 있지만, 그것을 구체적으로 식별하는 어려움을 해소해주지 못한다. 이러한 난점은 마오의 경우와 마찬가지로 알튀세르에게도 그대로 남아 있는 것 아닌가?

과잉결정 개념의 모델인 마오의 모순론은 중국 정치현실에서 중요한 역할을 했고, 우리 사회에서도 간과할 수 없는 의미를 지닌다. 특히 사회적 모순들과 갈등들을 현실상황과 어울리지 않게 평준화하고자 하는 편향에 맞서 전략적 사유를 고수하는 점에서 그렇다. 그러나 어느 사회, 어느 시점에서나 '하나의' 주요모순이 '반드시' 지도적 결정적 역할을 하고, 더구나 그것을 파악하면 모든 문제를 '쉽게 해결할' 수 있다는 마오의 처방을 절대화할 수는 없다. 특정 모순을, 예컨대 계급모순 혹은 민족모순을 이 시점의 주요모순으로 파악하고, 또 그것을 해소하기 위해 운동의 역량을 집중한다고 해도, 그 밖의 다른 모순들, 예컨대 성소수자·장애인·이주노동자 등을 비롯한 사회적 약자들이 직면하는 억압과 차별, 페미니스트들이

널리 유포된 저질의 방식이 독일식의 심오하고 사변적인 것으로 나타난다. 예컨대: 사실: 고양이가 쥐를 잡아먹는다. 반성: 자연, 쥐-자연, 고양이에 의한 쥐의 소모 = 자연에 의한 자연의 소모 = 자연의 자기 소모. 사실의 철학적 서술: 쥐가 고양이에게 잡아먹힌다는 것은 자연의 자기소모에 기초를 두고 있다." K. 맑스/ F. 엥겔스, 《독일 이데올로기》, 김대웅 역, 두레 2015, 243-244쪽.

문제로 삼는 모순들도 주요 모순의 해결과 함께 풀릴지는 미지수다. 뿐만 아니라 각각의 모순들로 고통 받는 당사자들은 자신이 직접 당면한 모순을 절대화하는 경향이 있다. 또 예컨대 민족모순과 계급모순 모두 중대한 모순임을 인정하는 활동가들 사이에서도, 그 모순 가운데 특정 시점에서 어느 쪽이 주요모순이냐를 놓고 의견대립이 분출되고, 어느 한쪽이 권력관계에 근거해 다른 쪽의 견해를 오류라고 몰아붙일 때 역량의 집중은 불가능할 것이다. 이런 점에서 주요 모순 개념은 그 전략적 효용과 함께 이데올로기적 남용의 가능성을 다분히 안고 있다. 변증법 이론은 주요모순 문제와 관련해 오늘의 현실을 감안해 마오의 논의를 한 걸음 더 밀고 가야 한다. 알튀세르는 이론 생산을 강조하지만, 실제로 필요한 이론 생산은 경험적 사실들을 추상하여 '궁극적 근거'나 원리처럼 내놓는 것이라기보다, 실천에서 당면하게 되는 난관들의 발전적 해결에 기여할 논리를 만들어내는 것이 아니겠는가?

4

실천적 난관들의 해결에 기여하자는 주장에 대해 알튀세르는 아마 '경험론'이라는 딱지를 붙이려 들 것이다. 그는 경험론이라는 용어를 광의로 사용한다. 즉 그것은 '합리주의적 경험론과 감각주의적 경험론 모두'를 포함한다. 또 그는 이런 의미의 경험론이 헤겔의 사상 속에서도 작동한다고 본다.[8] 그에 따르면 지식의 경험론적 과정 전체는 추상이라는 주체의 작용에 근거한다. "안다는 것은 실재적 대상으로부터 본질을 추상하는 것이며, 주체는 본질의 소유를 지식

---

8) L. 알튀세르: 《자본론을 읽는다》, 김진엽 역, 도서출판두레 1991, 42쪽. 이하 '읽기'로 약칭함.

이라고 부른다."(읽기43) "지식은 하나의 추상이고, 엄밀히 말하자면 지식을 함축하는 실재로부터 이루어지는 본질의 추출이며, 따라서 본질을 함축하고 감추어 놓은 실재로부터 본질을 분리시키는 것이다."(읽기44) 알튀세르는 '지식에 대한 경험주의적 개념화'를 '종교적인 것의 세속적인 복사판'(읽기42)이라고 규정하며, 이러한 문제의식이 헤겔까지의 고전철학에서 핵심이었다고 지적한다. 뿐만 아니라, 엥겔스와 레닌, 심지어 맑스의 경우에도, 특히 이데올로기 투쟁을 위해, 이 문제의식이 작동된다고 인정한다.(읽기47) 하지만 인식과정에 불가피한 추상과 경험론을 동일시하거나 경험론을 종교의 복사판으로 취급하려면 그럴듯한 증명이 필요해 보이는데, 알튀세르는 그것을 자명한 것처럼 다루면서 경험론에 부정적 색깔을 칠해놓을 뿐이지 않은가?

   그가 심혈을 기울여 상론하는 문제는 실재 대상과 지식 대상의 구분이다. 이 구분을 위해 알튀세르는 맑스의 ≪정치경제학 비판 요강≫의 서설을 논거로 끌어들인다. 그에 따르면 맑스는 '실재적 대상'을 '지식의 대상'과 동일시하는 헤겔적 혼동을 거부했다는 것이다. "헤겔에게 역사에 관한 절대적 관념론의 형태를 취했던 이러한 혼동은 원리적으로는 경험론적 문제의식을 특징짓는 혼동의 한 변종에 불과하다. 맑스는 이러한 혼동에 반대하여 실재적 대상('전후를 총괄하여 머리의 외부에 독립적으로 존재하는' 현실적 구체 즉 현실적 총체성)과 지식의 대상의 구별을 옹호했는데, 지식의 대상은 사유의 생산물이고, 사유는 스스로가 사유의 구체로서, 사유적 총체로서, 지식의 대상을 생산한다."(읽기50) 실재 대상과 지식 대상의 구별은 경험주의 비판에 머물지 않고, '이론적 실천' 개념의 논거가 되기도 한다. 이 구별에 따라 알튀세르는 "이론적 실천에 고유한 지식의 생산은 전적으로 사유의 영역 속에서 이루어진다"(읽기52)고 단언한다. 이에 따라 실천이라는 진리의 기준에도 근본적 변화가 생긴다. "왜냐하면 이론적 실천은 그 자체가 기준인 것이며, 그 자체

속에 그 생산물의 질을 유효하게 할 수 있는 분명한 의정서, 요컨대 과학적 실천의 생산물이 갖는 과학성이라는 기준을 내포하고 있기 때문이다. 제과학의 현실적 실천에 있어서도 사정은 동일하다; 만약 제과학이 진실되게 구성되고 발전한다면, 그것이 생산한 지식을 '진리', 요컨대 지식이라고 선언하기 위해 외부적 제실천으로부터 검증받아야 할 필요는 조금도 없다."(읽기73-74)

맑스는 ≪정치경제학 비판 요강≫ 서설에서 '현실적인 것'과 '사유의 산물'을 혼동하는 헤겔의 관념론을 비판했다. 그런데 알튀세르는 '현실적인 것'을 '실재적 대상'으로, '사유의 산물'을 '지식의 대상'이라고 슬쩍 바꿔놓는다. '지식의 대상'이라는 말을 그냥 '지식'이라고 하면 무슨 문제인가? 그처럼 '대상'이라는 말을 덧붙이는 간단한 요술에 의거해 그가 도달한 종착점은 '외적 제실천으로부터 검증받아야 필요'가 없는 지식의 세계, 한마디로 비변증법적 관념론의 왕국 아닌가?

우리는 현실적인 것 예컨대 복잡한 자본주의 메커니즘에 대해, 다양한 통계자료, 개념, 명제, 직접적 경험 등을 활용해 사유함으로써 자본주의 메커니즘에 대한 지식을 만들어낼 수 있다. 이때 우리는 이 지식의 대상을 통계자료, 개념, 명제, 직접적 경험이 아니라 그것들이 부분적으로 파악하는 외부의 현실적인 것, 즉 복잡한 자본주의 메커니즘이라고 본다. ≪자본론≫은 이 현실적인 것을 대상으로 하는 체계적 지식, 곧 사유의 산물이다. ≪자본론≫의 서술이 아무리 논리적이고 치밀하게 진행된다고 해도 그 대상인 자본주의 메커니즘과 동떨어져 있다면, 그래서 다양한 경로로 그 괴리가 확인된다면, 우리는 그만큼 그것의 인식적 가치를 인정하지 않을 것이다. 뿐만 아니라 경험주의적 추상에 대한 알튀세르의 경멸을 무시한 채, 효과적 지식 생산을 위해서는 본질과 현상의 구분이 불가피하다고 보되 양자의 관계를 단순화하기보다 긴밀한 상호작용에 주목하면서, 여러 층위의 본질들을 파헤치고 싶어 할 것이다. 또 "만약 본질이 현상과 다르지 않다면, 만약 내재적인 본질이 비본질적인 것 또는 현상적인 외부와 다르지 않다면 과학에 대한 요구가 없게 될 것"이라는 맑스의 테제를 '천진난만한 췌언'(읽기240)이라고 조롱하는 일도 없을 것이다. 무엇보다 개념을 통한 추상이 실재 대상의 본질에 다가가는 데에 기여하는지 아니면 그것을 방해하는지 면밀하게 따지고, 방해하는 개념들이나 사유방법은 주저하지 않고 수정해야 한다고 볼 것이다.9)

알튀세르가 헤겔을 경험론적 이데올로기와 엮어서 함께 비난한 것은 탁월한 감각의 소산이라고 할 만하다. 헤겔의 관념변증법은 알튀세르의 유물변증법이 단순화하는 것과 달리, 실재 대상과의 부단한 대결과정을 통해 전개되며, 이 점에서 '관념론적으로 거꾸로 선 유물론'10)이라는 평가를 받을 만큼 '경험론적'이기 때문이다. 맑스가 타당한 것으로 인정한 '추상에서 구체로' 올라가는 방법은 또한 헤겔 변증법의 한 가지 정수이기도 하다. 알튀세르는 맑스가 활용하는 이 방법 자체의 의의를 무효화한다. "≪자본론≫ 제1권으로부터 제3권으로의 이행은 사유 속의 추상으로부터 현실적 구체로의 이행과 무관하며, 그것을 인식하기 위해 필요한 사유의 추상으로부터 경험적인 구체로의 이행과 무관하다는 것이다. 우리는 제1권으로부터 제3권에 이르는 과정 속에서 결코 추상을 떠나지 않았으며, 지식 즉 '사고와 인지의 생산물'을 결코 떠나지 않았다. 즉, 우리는 개념을 떠난 적이 없다."(읽기241) 맑스가 헤겔 변증법에서 받아들이는 추상에서 구체로 상승하는 방법은 현실적 경험적 구체로의 이행과 당연히 다르다. 알튀세르는 이 당연한 이야기를 강조하면서 추상을

---

9) 아도르노는 변증법을 "개념적 질서에 만족하지 않고 대상들의 존재를 통해 개념적 질서를 수정하는 기술을 수행하는 사유"라고 정의하기도 한다. Th. W. 아도르노, ≪변증법 입문≫, 홍승용 역, 세창출판사 2015, 19쪽.
10) F. 엥겔스: ≪포이어바흐와 독일 고전철학의 종말≫, 양재혁 역, 돌베개 2015, 56쪽.

외치는 가운데, 사유를 통해 재생산된 '구체적인 것은 그것이 수많은 규정들의 총괄, 다양한 것들의 통일이기 때문에 구체적'이라는 인식, 또 그것이 '총괄과정, 결과로서 현상하지 출발점으로 현상하지 않는다'는 인식을 슬그머니 흐려놓고 있는 것이다. ≪자본론≫은 제1권 상품에 대한 추상적 서술부터 제3권 마지막 장 '계급들'에 이르는 전체 과정을 통해 자본주의에 대한 구체적 지식으로 발전하지 않는가?

5

이제까지 검토한 몇 가지 문제들 이외에도 '이론적 생산'이나 '역사주의' 내지 '시간'의 문제 등과 관련해서도 알튀세르는 맑스의 이론에서 헤겔 변증법의 흔적을 지우는 가운데, 변증법적 사유방법의 주요 특성들을 무효화하기 위해 부지런히 노력한다. 그러나 들뢰즈의 반-헤겔주의에 비하면 알튀세르는 아직 헤겔주의의 마법에서 벗어나지 못한 것으로 보인다. 알튀세르의 경험론 비판은 들뢰즈의 손에서 한 차원 더 현실 문제로부터 멀어져 개념의 동일성에 근거하는 재현 자체에 대한 전면적 거부로 나아간다. 알튀세르의 과잉결정 개념에서 핵심 역할을 하고 있는 모순은 부정과 함께 들뢰즈의 차이형이상학에서 차이와 긍정의 그림자 내지 부차적 효과의 위치로 떨어진다. 들뢰즈는 오늘날 반-헤겔주의가 범람한다고 공지하면서, '현대적 사유'가 '재현의 파산'과 더불어 태어났다고 선언한다.11) 그에 따르면 재현적 사고에서는 동일성이 우위를 차지하는데, 동일성은 "차이와 반복이라는 보다 심층적인 유희에 의한 광학적 '효과'에

---

11) G. 들뢰즈, ≪차이와 반복≫, 김상환 역, 민음사 2004, 18-19쪽 참조. 이하 '차이'로 약칭함.

지나지 않는다."(차이19) 그는 차이와 반복 그 자체를 사유하고자 하며, 이는 "차이나는 것들을 같음으로 환원하고 부정적인 것들로 만들어버리는 재현의 형식들에서 벗어나야 가능"(차이19)하다고 주장한다.

들뢰즈의 반-헤겔주의적 반-재현 논의를 잠시 따라가보자. 그가 재현을 비난하는 이유는 재현이 "동일성의 형식에 머물기 때문이다."(차이166) 그는 재현의 네 가지 요소들을 구분하면서 이 요소들이 동일성으로 귀착된다고 본다. "재현은 특정한 요소들에 의해 정의된다. 개념 안의 동일성, 개념의 규정 안에 있는 대립, 판단 안의 유비, 대상 안의 유사성 등이 그 요소들에 해당한다. 그 어떤 것이든 개념의 동일성은 재현 안에 있는 같음의 형식을 구성한다."(차이307) 들뢰즈의 비판에 따르면, 이 동일성의 형식은 공통감 및 양식이라는 공준들에 의거 사유의 독단적 이미지를 형성한다. 또 이 공준들은 재현 안의 같음과 유사성의 이미지를 통해 '사유를 압살'한다.(차이368) 재현의 요소인 개념들 내지 범주들은 "실재에 비해 너무 일반적이고 너무 크다. 그물은 너무 성겨서 대단히 큰 물고기도 빠져나가 버린다."(차이165) 이 개념적 재현은 차이에 대한 사유를 왜곡한다. "동일성과 유사성은 다만 차이의 재현을 위한 조건일 뿐이고, 이 재현을 통해 표현되는 것은 차이의 존재와 차이의 사유가 변질되는 과정이다. 그 재현은 마치 어떤 광학적 효과처럼 즉자적 상태의 조건이 누리는 참된 지위의 시야를 흐려놓는다."(차이270) "재현의 요구들에 종속되는 한에서 차이는 그 자체로 사유되지 않고, 또 사유될 수도 없다."(차이553) 이 재현적 사유에 맞서 들뢰즈는 '우글거리는 차이들', '자유롭고 야생적인 혹은 길들여지지 않은 차이들의 다원주의'(차이132)를 추구한다.

그에 따르면 재현적 사유의 뿌리는 깊다. 이미 플라톤주의도 차이를 그 자체로 사유하지 않고, 차이를 어떤 근거에 관련짓고 같음의 사태에 종속시킨다. "플라톤주의를 전복한다는 것, 그것은 모사에 대한 원본의 우위를 부인한다는 것을 말한다. 그것은 이미지에 대한 원형의 우위를 부인한다는 것이며 허상(시뮬라크르)과 반영들의 지배를 찬양한다는 것이다."(차이162) "허상은 이 발산적 계열들 위에서 유희를 벌이지만, 여기서는 모든 유사성이 폐기되어 있다. 따라서 무엇이 원본이고 무엇이 모상인지 가리킬 수 없다."(차이 167) 들뢰즈가 이처럼 허상을 찬양하는 이유는 "재현 이하의 영역의 실재성을 체험적으로 발견"(차이167)하자는 데에 있다. 재현 이하의 영역은 '원천적이고 강도적인 깊이'라고 할 수 있고, "그 안에는 어떤 것이 자유로운 차이들의 상태로 살아 우글거리고 있다."(차이133) 반면에 "재현은 발산과 탈중심화를 긍정할 능력을 결코 획득하지 못한다."(차이556)

들뢰즈의 논의를 들여다보면 개념의 동일성에 근거하는 재현의 문제점은 차이의 존재와 차이의 사유를 '변질'시키는 데에 있다. 그런데 들뢰즈는 차이를 같음의 사태에 종속시키는 플라톤주의를 전복하여 '모사에 대한 원본의 우위를 부인하고 허상의 지배를 찬양'하고 싶어 한다. 사악한 악마 쪽인 개념에 의한 '사유의 변질'과 착한 천사 쪽인 '허상의 지배'에는 어떤 차이가 있는가? '재현 이하 영역의 실재성을 체험적으로 발견'하는 것은 '나쁜 개념적 재현'에 현혹되지 않고 제대로 된 실재에 다가가자는 것, 다시 말하면 실재에 대한 더욱 심오하고 면밀해진 '좋은 재현'을 요구하는 것 아닌가? 결국 들뢰즈 자신이 집요하게 기존의 재현적 사유방식을 비판하지만, 또 다른 재현적 사유방식을 제안하고 있을 뿐 아닌가? 개념의 동일성을 비판하면서 자신도 논의를 헛소리로 만들지 않고 진지하게 전개하기 위해서는 개념의 동일성에 일정하게 의존할 수밖에 없는 것 아닌가?

그는 차이의 체계를 구축하는 데에 활용하는 강도, 미분, 미분비, 미-분화, 개체화, 수축, 응시, 수동적 종합, 안주름운동, 밖주름운동, 겹주름운동, 막주름운동, 온주름운동, 봉투운동, 다양체, 헐벗은 반복, 옷 입은 반복 등등 무수한 개념들은 범주적 개념이 아니라 '기초개념'이라고 주장한다. 하지만 그것은 그저 그가 유행시키고 싶어 하는 새로운 개념들 아닌가? 차라리 이렇게 말하는 것이 솔직하지 않을까? '이제까지의 철학은 차이를 제대로 재현하지 못했다. 내가 만드는 새로운 개념들을 끌어들여야 차이를 제대로, 심오하게 재현할 수 있다.' 들뢰즈는 헤겔주의에서 변증법의 오래된 변질과 타락의 역사가 극단적 형식에 이른다고 주장한다.(차이361) 그런데 재현에 대한 들뢰즈의 끝없는 저주를 대하면 어쩐지 회의주의적 의식에 대한 헤겔의 비판을 떠올리게 된다. "그 의식에게 동일성이 제시되면 그것은 비동일성을 내보인다. 그리고 이제 그 의식에게 자신이 방금 발언한 이 비동일성을 제시하면, 그것은 동일성을 내보이는 쪽으로 넘어간다. 그것의 수다는 사실상 아집에 빠진 젊은이들의 언쟁이다."12)

추상을 통해 얻어지는 개념의 동일성을 절대화함으로써 사태를 왜곡하고 대상의 생명을 죽이는 문제에 대해서는 헤겔 자신도 잘 알고 있었던 것 같다. 그러나 헤겔은 개념과 동일성 혹은 추상을 버리고 어떤 새로운 인식 도구를 만들어내자고 하지 않는다. 그는 '우연적 속성들이나 술어들을 계속 따라다니는' '표상적 사유'(현상학58)나, '내용으로부터 벗어나는 자유이자 내용을 넘어서는 허영'인 '논증적 사유'(현상학56)가 아니라, '개념의 노고'를 떠맡는 일이 과학에서 중요하다고 본다.(현상학56) '분리(Scheiden) 활동' 곧 추상을 헤겔은 "가장 경탄할만하고 가장 위대한, 또는 오히려 절대적인 권능의 힘이자 노동"(현상학36)이라고 본다. 추상에 따르는 비현실성 내지 죽음에 대해 그는 이렇게 말한다. "죽음을 회피하고 황폐화 과정으로부터 자신을 순수하게 보존하는 삶이 아니라, 죽음을 견뎌내고 죽음 속에서 자신을 지키는 삶이 정신의 삶이다. 정신은 절대

---

12) G. W. F. Hegel: *Phänomenologie des Geistes*, Frankfurt/M. 1970, 162쪽. 이하 '현상학'으로 약칭함.

적 분열상태 속에서 자신을 발견함으로써만 자신의 진리를 얻는다. 정신이 이러한 권능인 것은, 마치 우리가 어떤 것에 관해서 이것은 아무 것도 아니라거나 이것은 거짓이라고 말하고, 이제 그 일을 끝내고 그로부터 어떤 다른 것으로 넘어가는 경우에 그렇듯이, 부정적인 것으로부터 시선을 돌려버리는 긍정적인 것으로서가 아니다. 오히려 정신은 부정적인 것을 직시하고, 거기에 머무름으로써만 그러한 권능이다."(현상학36)

앞에서 재현에 대해 욕설을 퍼부으면서 뒤로는 재현을 끌어들이는 들뢰즈의 태도보다는 재현의 부정적 측면을 직시하자는 헤겔의 태도가 좀 더 매력적이지 않은가? 맑스 역시 사태의 핵심을 파악하기 위해 개념적 동일성에 의존하는 추상의 노고를 부단히 떠맡고, 필요하면 차이들을 무지막지하게 억눌러놓는 일도 감행하지 않았던가? 개념의 동일성에 대해 누구 못지않게 민감하게 거부반응을 보이는 인물로는 아도르노를 생각하지 않을 수 없다. 개념과 대상을 동일시하는 동일성 사유와 그 변형들인 '위상학적 사고' 혹은 '행정적 사고'에 대한 비판은 아도르노의 비판이론을 일관한다. 그래도 그는 사유한다는 것은 동일시하는 것임을 인정한다. "동일성의 가상은 사유의 순수한 형식으로 인해 사유 자체에 내재한다. 사유한다는 것은 동일시하는 것이다."13) 하지만 아도르노는 이러한 동일시에 따르는 폭력과 허위를 다시 개념을 통해 넘어서려고 노력해야 한다고 본다.(부정70-71) 일견 역설적이지만, 현실적인 이야기 아닌가? 이는 곧 '개념의 운동, 노동, 노고'라는 변증법의 핵심 문제 중 일부 아닌가?

---

13) Th. W. 아도르노: ≪부정변증법≫, 홍승용 역, 한길사 1999, 57쪽. 이하 '부정'으로 약칭함.

6

들뢰즈와 변증법을 놓고 정색을 하고 논쟁하기는 어렵다. 알튀세르가 변증법을 과잉결정으로 압축해 버리듯이, 들뢰즈는 변증법을 '문제제기'와 동일시하는 데에서 별로 벗어나지 않기 때문이다.(차이 391) 그의 차이형이상학은 전통적으로 변증법에서 핵심적 역할을 하는 모순과 대립의 문제를 동일성과 더불어 부차적인 효과의 영역으로 몰아낸다. 그에 따르면 차이는 대립을 가정하지 않으며, 모순으로 환원되거나 소급되지 않는다. "모순은 깊이가 얕고 차이만큼 깊지 않기 때문이다."(차이134) "차이는 모든 사물들의 배후에 있다. 그러나 차이의 배후에는 아무것도 없다."(차이145) 모순을 비하하는 그의 차이형이상학이 부정을 경멸하고 긍정을 찬양하는 수사법은 다분히 선동적이다. "긍정은 차이, 거리를 긍정한다. 차이는 가벼운 것, 공기 같은 것, 긍정적인 것이다. 긍정한다는 것은 짐을 짊어진다는 것이 아니다. 오히려 거꾸로 짐을 던다는 것, 가볍게 한다는 것이다. 그것은 더 이상 부정적인 것이 아니다. 부정적인 것은 긍정의 환영, 대용품 같은 환영만을 산출한다."(차이140) "부정에 관해 말하자면, 그것은 어떤 그림자에 불과하다. 부정은 이런 상위 원리의 그림자, 이미 산출된 긍정 옆에 머물러 있는 차이의 그림자일 뿐이다."(차이160)

이 차이의 교리를 우리의 자본주의 현실에 적용하면 어떤 결론이 나오는가? 그것은 생산수단과 노동력 가운데 무엇을 소유하느냐 하는 차이에 근거하는 차별과 적대를 긍정하자는 말인가? 계급적 모순을 극복하려는 짐을 짊어지지 말고 그 짐을 덜고 가볍게 하자는 이야기인가? 엄연히 존재하는 모순과 차별을 없는 것처럼 부인·은폐하거나 당연시하지 말고, 명확히 인식하여 극복하자는 기존의 짐스러운 비판과 부정의 운동윤리를 '긍정의 환영, 대용품 같은 환영', '이미 산출된 긍정 옆에 머물러 있는 차이의 그림자' 등으로 말끔하게 정리해주는 이 축복의 말씀에 젊은이들이 끌려들어간다고 해서 어떻게 욕할 수 있겠는가? 그들이 설혹 1%의 사람 범주에 들어가지 못하고 99%의 개돼지 범주에 속할지라도, 노동계급 상층부에 대한 제국주의적 매수의 효과로 적당히 문화생활을 누리면서 살 만큼 산다면 말이다. 더구나 '차이의 긍정'이라는 선동구호는 노동운동이나 변혁운동에서 적극 존중받지 못해온 다양한 분야들의 억압과 차별에 맞선 운동들에 어쩐지 무대 앞쪽에 한 자리 만들어줄 것처럼 보이지 않겠는가? 그러나 실은 차이라는 형이상학적 이념의 광채 속에서 차별이라는 전투적 개념이 시야에서 멀어지지 않았는가? 우리는 어떤 차이가 차이에 머무는 한 긍정하고 존중하자는 데에 동의하지만, 문제는 이런저런 차이들이 억압적 지배관계 속에서 차별주의의 먹잇감으로 둔갑하는 데에 있다. 우리는 차별을 긍정하라고 권하지는 않으며, 오히려 부정해야 마땅하다고 믿는다. 그런데 '차이 긍정'의 이념은 차별에 맞선 전쟁에서 '차별에 맞서자' 혹은 '차별을 없애라'는 직접적 구호보다 무기력할 뿐 아니라 무책임해 보이지 않는가?

들뢰즈의 차이형이상학은 실천과 동떨어진 공리공론에 머물지 않는다. 세계의 근본적인 작동원리에 대한 심오한 해명보다 그 정치적 효과가 우리의 더 큰 관심사가 될 수 있다. ≪차이와 반복≫에서 들뢰즈가 직접 제시하는 정치적 개념은 "유목적 분배들, 왕관 쓴 무정부 상태들"(차이145) 정도다. 들뢰즈와 맑스를 묶어보려는 사람들은 그런 비유로부터 '자유로운 개인들의 연합' 내지 높은 단계의 공산주의를 연상하고 싶을 수도 있다. 하지만 무정부주의자들이 흔히 그랬듯이, 그에 도달하는 방법에 대해 들뢰즈가 말하는 바는 별로 없다. 다음 주장이 그의 희귀한 실천론이다. "역사는 부정을 통해, 부정의 부정을 통해 앞으로 나아가는 것이 아니라 문제들의 규정을 통해, 차이들의 긍정을 통해 앞으로 나아간다. 그렇지만 이 때문에 역사는 그 어떤 경우 못지않게 피비린내 나고 잔혹하다."(차이564)

그러나 정말로 차이의 긍정 때문에 역사가 피비린내 나고 잔혹하다고 보아야 할까? 오히려 우리는 피지배자들에 대한 지배자들의 차별 때문에, 이를 유지하려는 지배자들의 교활함과 집요함과 잔인성 때문에, 이에 맞서는 부정과 저항에 대한 지배자들의 무차별 폭력 때문에, 한 마디로 사회적 모순과 적대관계 때문에 역사는 피로 얼룩져왔다고 보아야 하지 않겠는가?

들뢰즈가 맑스에 대해 언급하는 다음 구절에서는 차이형이상학이 어떤 식으로 맑스의 이론을 왜곡할 수 있는지 볼 수 있다. "차이와 분화의 과정은 언제나 부정적인 것과 대립의 과정에 비해 일차적이다. 맑스와 헤겔의 근본적인 차이를 주장하는 주석가들이 충분한 근거를 가지고 강조하는 것처럼, ≪자본론≫ 안에서 사회적 다양체의 중심부에 있는 분화의 범주(노동 분업)는 대립, 모순, 소외 등과 같은 헤겔의 개념들을 대체하고 있다—이 개념들이 형성하는 것은 단지 어떤 외양의 운동에 불과하고, 이 개념들의 가치는 오로지 추상적인 효과들에 대해 타당하지만, 이 효과들은 이미 자신을 생산하는 원리나 진정한 운동과는 분리되어 있다."(차이447)

≪자본론≫을 어떻게 읽으면 노동 분업이 대립과 모순 혹은 소외와 같은 헤겔의 개념을 대체하고 있다는 주장을 할 수 있을까? ≪자본론≫이 상세하게 말해주는 것처럼, 시초 축적 단계에서부터 ≪자본론≫이 탄생하던 시대까지 자본은 노동자들에 대한 무자비한 폭력적 수탈과 착취, 곧 적대관계로 일관했다. 그것은 '외양의 운동'이나 '추상적 효과들'의 영역에 머무는 것이 아니다. 이 적대와 분리된 '진정한 운동'이라는 것이 도대체 무엇이란 말인가? 노동과 자본의 적대관계 문제는 특히 ≪자본론≫ 1권 10장 '노동일' 이후 오해의 여지없이 명확하게 ≪자본론≫을 관통한다. 이후 맑스는 잉여가치의 원천을 밝히는 과정에서 보이는 과학성의 외관에 연연하지 않고 종종 욕설까지 구사하면서 자본 및 그 이데올로그들과 한 치의 양보 없이 격전을 벌인다. 부르주아들 자신의 기록문서들에 근거해

맑스가 적시하는 무수한 폭력적 착취 사례들은 자본에 대한 어떤 환상도 용납하지 않는다. 그럼에도 주도면밀한 공부벌레인 들뢰즈로 하여금 모순과 적대, 대립과 소외가 ≪자본론≫에서 '외양의 운동'일 뿐이라고 단언할 수 있게 만든 지적 풍토는 그 자체로 연구거리 아닐까?

맑스는 노동착취의 잔혹사를 상세히 추적할 뿐 아니라, 노동과 자본의 적대관계를 수차례 명쾌하게 정식화한다. "자본주의적 생산을 추진하는 동기, 그리고 그것을 규정하는 목적은 자본을 가능한 최대한도로 증식시키는 것, 다시 말해 가능한 한 최대의 잉여가치를 생산하는 것, 따라서 가능한 한 최대로 노동력을 착취하는 것이다. 협업하는 노동자의 수가 증가함에 따라 자본의 지배에 대한 그들의 반항도 증대하며, 또한 이 반항을 억누르기 위한 자본의 압력도 필연적으로 증대한다. 자본가에 의한 통제는, 사회적 노동과정의 성질에서 유래하는 하나의 특수기능일 뿐 아니라, 동시에 이 사회적 노동과정을 착취하는 기능이며, 따라서 착취자와 그의 착취대상 사이의 불가피한 적대관계에 뿌리를 두고 있다."(자본1, 450-451) 이 적대관계는 자본주의가 타락하거나 과도하게 발달한 특수한 상황의 산물이 아니다. 그것은 자본의 탄생과 함께 시작되는 것이다. "자본은 머리에서 발끝까지 모든 털구멍에서 피와 오물을 흘리면서 이 세상에 나온다고 말해야 할 것이다."(자본1, 1041)

계급관계로 인한 사회적 적대를 명시하려는 맑스의 입장은 ≪자본론≫에 국한되지 않는다. 혁명사를 서술하면서도 맑스와 엥겔스는 계급간의 모순을 은폐하고 무마하려는 다양한 이데올로기와 운동노선들을 가차 없이 비판했다. 그들은 독일농민전쟁과 1848년 프랑스 2월 혁명, 독일 3월 혁명에서 혁명을 배반하는 소시민 내지 중간층의 행태를 각별히 혐오한다.[14] 맑스는 기본적으로 적대를 의식하고

---

14) K. 맑스: ≪프랑스혁명사 3부작≫, 임지현/ 이종훈 역, 소나무 1990, F. 엥겔스: ≪엥겔스의 독일 혁명사 연구≫, 박홍진 역, 아침 1988 참조.

드러내며 이를 궁극적으로 극복해야 한다고 보는 적대의 논리를 구사한다. 모순과 적대를 '차이와 분화'로 바꿔놓는 것은 헤겔과 맑스의 변증법을 무장해제하는 것 아닌가? 변증법에 대한 들뢰즈의 비하는 "모순은 프롤레타리아의 무기라기보다는 차라리 부르주아가 자신을 방어하고 보존하는 방식"(차이565)이라는 저주의 주술에서 정점에 도달한다. 들끓고 있는 현실적 모순과 적대를 차이형이상학의 심연 속에 묻어버리려 드는 들뢰즈의 반-재현론이야말로, 자본주의를 방어하는 데에 쓰일 효과적 무기 아니겠는가?

7

들뢰즈의 차이형이상학이 자본주의 체제옹호론으로 기능하기 위해서는 물론 우리 자신이 그 심연 속에서 무작정 지적 유희에 빠져 있을 때뿐이다. 또 들뢰즈가 변증법을 단순화하고 헤겔과 맑스를 자신의 형이상학에 맞춰 기묘하게 재구성한다고 해서 들뢰즈의 철학이 아무 쓸모없다는 이야기는 아니다. 기존 철학의 근본 전제들에 대해 전면적으로 재검토하여 주체적으로 자신의 논리를 구사하고자 하는 그의 자세는 존중할 만하다. 그가 우리의 게으른 사유방식에 다양한 어휘로 유쾌한 혹은 불쾌한 자극을 가해준다는 것도 생산적 효과를 만들어낼 수 있을 것이다. 그러나 어떤 이론이든, 그것이 헤겔의 것이든 맑스의 것이든 혹은 알튀세르나 들뢰즈의 것이든, 현실에 비추어 평가하고 비판적으로 재해석하는 일은 개돼지이기를 거부하는 독자의 기본 의무 아닌가? 들뢰즈 애독자들도 공통감과 양식에만 의존하지 않고 악의적으로도 들뢰즈의 텍스트 한 구절 한 구절을 면밀히 읽고 따져서 그 긍정적 효과만 아니라 부정적 효과에 대해서도 열성적으로 논쟁하는 풍토를 기대하면 왜 안 되겠는가? 그런데 그 부정적 효과 중 한 가지는 맑스와 헤겔을 읽지 않는 풍토를 만든 것 아닐까? 먼저 맑스와 헤겔을 충실히 읽고 나서 들뢰즈나 알튀세르를 읽는다면, 그들도 변혁을 위해 좀 더 좋은 자극제가 되지 않을까? **노사과연**

≪자본론≫ 서평
(채만수 번역 ≪자본론≫ 1-1, 1-2, 1-3 분책)

박문석 | 연구위원

Ⅰ. 왜 자본론을 읽어야 하는가?

1. 운동하는 사람들 대부분은 맑스주의를 부정하지는 않는다. 계급운동의 과학성은 맑스의 이론으로부터 출발하기 때문이다. 그러나 한편 그러한 사람들 대부분은 20세기 사회주의혁명의 영웅들을 부정하고 있다. 대표적으로는 스탈린 부정과 레닌의 부정을, 더 나아가 엥엘스와 맑스를 나누고, 후기 맑스와 청년 맑스를 구분하고 대립시킨다.[1] 자칭 '맑스주의자'라 스스로를 표방하지만 맑스주의가 무엇인지 이해를 제대로 못하는데 그 원인이 있는 것이다. 맑스주의를 제대로 이해하려면 시중에 넘쳐나는 온갖 잡다한 맑스주의 해설서를 찾는 것보다는 맑스(엥엘스)가 직접 쓴 책을 한권이라도 제대로 읽어보는 것이 도움이 될 것이다. 맑스를 제대로 이해할 때 현실 사회주의운동의 과학성이 담보되어질 것이며, 제국주의 프로파간다의 선동술에 현혹되지 않을 것이다. 그리고 무엇보다도 변혁운동세력의 분열이 극복되고 당건설이 현실화될 것이다.

---

[1] 트로츠키주의자: 레닌까지만 인정하고 스탈린부터는 부정, 좌익공산주의자: 맑스까지는 인정하나 레닌부터 부정, 신좌파: 초기 맑스까지는 인정하나 후기 맑스를 분리하여 부정함.

2. 맑스는 "사회의 경제적 구조는, 법률적 그리고 정치적 상부구조가 그 위에 우뚝 서고, 일정한 사회적 의식형태들이 그것에 상응하는 바의 현실적 토대이다"라고 하였고, 또 "물질적 생활의 생산양식이 사회적, 정치적 그리고 정신적 생활과정 일반을 제약한다"고 하였다.2) 경제관계의 변동에 따라 정치판이 춤을 추고 국가권력이 좌지우지된다는 것이다. 따라서 정치적 현상이나 권력관계 및 국제관계의 변화를 꿰뚫어 보자면 무엇보다도 먼저 경제적 토대 분석이 선행되어져야 하고, 그것으로부터 파생되어 나타나는 정치·사회적 현상들을 분석해야 할 것이다. 정치를 공부하기 이전에 경제부터 공부해야 한다는 말이다. 맑스의 여러 정치 서적들을 제대로 이해하려면 맑스의 ≪자본론≫부터 읽어야 한다는 이야기다.

≪자본론≫은 150여 년 전3), 맑스가 자본주의적 생산의 구조와 운동법칙을 과학적으로 분석해 놓은 책이다. '케케묵은 낡은 책'이라는 비난도 있다지만 그 내용은 소름 돋을 정도로 현재를 관통한다. 박물관에나 있어야 할 책이 아니라 아직 자본주의적 생산관계가 세계적으로 지배적인 오늘날에 있어서도 ≪자본론≫의 내용은 여전히 유효하다. ≪자본론≫을 통해서 자본주의 사회의 구조적 모순을 이해하고 이를 극복할 사회변혁의 불씨를 획득하는 지혜를 가져야만 할 것이다.

---

2) 칼 맑스, ≪자본론≫ 1-1. 채만수 역. 노사과연, p.142
3) 1867년 ≪자본론≫ 제1판이 맑스에 의해서 출판되었다. 이후 1872년에 제2판이, 1872~1875년에는 연속된 분책들로 프랑스어 번역판이 출판되었다. 1890년 엥엘스에 의해 자본론 1권의 독일어 제4판이 맑스의 지시들에 기초해 본문과 각주들을 최종적으로 교정하여 출판하였으며, 이 독일어 제4판은 채만수 번역본 제1권의 판본의 기초가 된다.

II. 어떻게 자본론을 읽어야 하는가?

3. 《자본론》은 혼자서 학습하기에는 어려움이 따른다. 우선 그 방대한 분량에 압도당할 것이다. 그리고 생소한 개념들과 등장하는 숫자에 머리가 어지러울 것이다. 그래서 《자본론》 학습을 하고자 하는 많은 사람들이 앞부분 몇 장 들여다보고는 책읽기를 포기한다고 한다. 맑스는 《자본론》 프랑스어판 서문에서 "학문에는 결코 왕도(王道)가 없으며, 학문의 가파른 오솔길을 기어오르는 노고를 두려워하지 않는 사람들에게만 빛나는 정상에 다다를 가망이 있는 것입니다"라고 하였다. 《자본론》 읽기를 포기한다면 세상을 바꾸고자 하는 신념을 포기하는 것이다. 게으름을 자랑할 일은 아니다. 포기하지 않고 끝까지 읽고, 한번으로 이해될 수 없으니 반복해서 읽고, 혼자서는 곡해할 수 있으니 집단학습을 지향해야 한다.

4. <노동사회과학연구소>에서 진행하는 《자본론》 학습은 우선 철저하고 끈질기고 반복적이다. 필자 또한 연구소에서 진행하는 《자본론》 학습에 참가하여 《자본론》을 읽었다. 혼자서 읽기를 시도했다면 중도에 포기했을 것이다. 그러나 멀리 서울에서 부산까지 내려와 학습을 지도하고 밤차로 다시 올라가시는 채만수 선생님의 헌신적인 지도가 있어 미안해서라도 읽을 수밖에 없었다. 발제하고 질문하고, 설명과 토론으로 이어지는 세미나 과정은 학습효과를 높이기에는 좋은 방법이었다. 내용의 방대함만큼이나 세미나 기간은 격주 1회로 3년여에 걸쳐 장기간 지속되었다. 노동조합 활동으로 연일 바쁜 일정들이었기에 학습일정을 가장 우선적으로 두지 않았다면 이 또한 어려웠을 것이다. 경험에 비추어 보건데 《자본론》 학습을 시작한다면 무엇보다도 우선적으로 학습일정을 빠뜨리지 않고 지키는 것이 가장 중요한 부분이라고 생각한다. 세미나 진도에 맞춰 책을 꼭 읽고서 세미나에 참가하는 것도 반드시 필요하고, 발

제를 자주 맡는 것 또한 학습효과를 높이는 데 많은 기여를 하는 것도 사실이다.

≪자본론≫을 공부하면서 ≪노동자교양경제학≫4)을 함께 읽는 것도 학습에 많은 도움이 될 것이다. 이 책은 오랜 기간 ≪자본론≫ 연구와 ≪자본론≫ 세미나를 연구소에서 진행해 오신 채만수 선생님의 강의내용을 책으로 묶은 것인데, ≪자본론≫의 핵심적인 내용을 강의형식을 빌어 알기 쉽게 서술해 놓은 책이기에 읽기도 편하고 이해하기 쉽게 서술되어 있다. 이 책에서는 또한 현실운동에 영향력을 가진 이데올로그들의 잘못된 이론에 대해서 ≪자본론≫에 근거하여 저자에 의해 수행되는 직접적인 비판들이 날 것 그대로 드러나 있다. 그래서 노동조합 대중조직의 간부들이 읽고 올바른 길을 찾아가는 데 많은 도움이 될 것이다. ≪자본론≫ 학습과 병행하여 ≪노동자교양경제학≫을 함께 읽는 것은 필자의 경험상 적극 추천할 만한 방법이다.

5. ≪자본론≫은 한번 읽어보았다고 끝나는 것이 아니다. 필자의 경험에서도 처음 읽을 때와 두 번째, 그리고 반복해서 읽을 때마다 이해의 폭이 달랐다. 집중하지 못했던 문장 하나하나가 다시 읽을 때마다 새롭게 다가왔다. 반복학습의 중요성이 강조되는 지점이다. 읽는 방법이야 사람마다 차이가 있겠지만, 필자의 경험으로는, 우선 쉽게 이해하는 수준에서 학습하는 것, 그리고 다시 읽으면서 앞서 지나쳤던 부분들과 쉽게 이해되지 않았던 부분들에 대해 좀 더 집중하는 방식이었다. ≪자본론≫은 한방에 이해되는 수준의 내용이 아니라는 것. 계속해서 반복해서 읽고 또 읽어 이해의 폭을 넓히고 정확히 이해해야만 한다는 것. 제대로 이해를 하지 못하면 쏘련 사회주의의 몰락에서 보였던, 이론의 수정(수정주의)5)으로 인해 피로

---

4) 채만수, ≪노동자교양경제학≫, 노사과연.
5) 후르시초프 수정주의: 프롤레타리아 독재 노선 폐기, 계획의 축소와 시

써 쟁취한 혁명도 거꾸로 되돌리게 된다는 사실을 상기해야 한다. 대중운동의 지도자들이 학습을 게을리 하고 특히나 ≪자본론≫을 구시대의 유물쯤으로 치부하고 있는 것은 극히 위험한 현상이다. 과학적 세계관으로 무장하고 사회변혁의 올바른 전망을 가지고 대중을 지도해야 할 사람들이 그 '전망'을 못 보거나 잘못 보고서 엉뚱한 길로 대중을 이끈다면 그것은 역사적 범죄에 해당한다 할 것이다. 개량주의, 수정주의가 역사 속에서 얼마나 큰 해악이었는가를 우리는 알 수 있다. 마찬가지로 조합주의와 경제주의 또한 다를 바가 없다.

6. 과학적 세계관이나 사회변혁의 무기인 맑스주의의 왜곡과 편협한 이해는 인류사의 발전에 질곡으로 작용한다. 쏘련 해체와 청산주의, 기회주의 이데올로기의 근원인 몰 과학과 이론의 수정을 '청산'하고 다시 과학의 무기를 들어야 할 때이다. 스탈린, 마오, 트로츠키, 레닌 등에 대해서 그들의 사상이 무엇이 같고 무엇이 다른지를 알아야 할 것이며, 그러려면 맑스의 사상에 대한 이해는 가장 우선이 되어야 한다.

7. 2007년 영국의 뱅크런6)으로부터 시작된 세계적인 공황이 아직까지 지속되고 있다. 자본의 체제위기와 이것으로부터 비롯된 노동자·인민들의 삶의 위기는 사회변혁을 요구하는 시대임을 ≪자본론≫에서 배우자. 맑스는 ≪자본론≫ 3권에서 "노동자의 절대수를 감소시키는 생산력의 발달은 이 생산양식 아래에서는 혁명을 유발할 것이다. 왜냐하면 이러한 생산력의 발달은 인구의 다수를 실업자

장의 확대, 이윤체계의 도입과 확대 등. 노동사회과학연구소 홈페이지를 방문하면 이와 관련된 많은 자료를 찾을 수 있다.
6) 2007년 9월13일 영국 노던록 은행에서의 무더기 예금인출사태. 단 이틀만에 예금 20억 파운드(약 3조7천억원)가 빠져나가면서 은행은 몰락했다.

로 만들어버릴 것이기 때문이다."라고 하였다. ≪자본론≫ 학습을 통해서 노동자계급 운동의 과학성을 회복하고 사회변혁의 전망 속에 대중을 조직하고 투쟁해 가야 하겠다.

III. 새로운 ≪자본론≫ 번역서(채만수 역) 소개

8. 새로운 ≪자본론≫ 번역서가 나왔다. 채만수 선생님의 번역서[7]가 그것이다. 김세균 교수는 ≪노동자교양경제학≫의 추천사에서 저자인 채만수 선생님에 대해 다음과 같이 소개한다. "그는 항상 노동자계급의 관점에 서서 사회현실을 진단하고 그 현실을 변혁하는 길을 찾기 위해 고군분투해 왔다. 이 과정에서 그는 아울러 그가 노동자계급의 사회적 해방에 방해가 된다고 판단한 진보진영 내부의 제반 이데올로기적-이론적 조류들과도 줄기차게 싸워왔다. 이로 인해 그는 주위로부터 많은 오해를 사기도 했지만, 그의 비판은 어디까지나 상대방의 이데올로기적-이론적 입장에 대한 비판이었지 인신공격 등과는 거리가 먼 것이었다. 어쨌든 그는 지금도 계급적 원칙과 대의에 충실한 진보진영 내부의 가장 준열한 논객으로서 활동하고 있다. 아울러 그는 누구보다도 열심히 정치경제학 연구에 매진해 왔는데 …"

필자는 긴 세월 학습지도를 받아 오면서 채만수 선생님의 이론적 깊이와 흔들림 없는 발걸음에 깊이 감화 받아온 터였다. 그는 ≪자본론≫의 몇몇 다른 번역자들처럼 정작 맑스의 이론을 왜곡하거나, 이론과는 다른 실천 활동으로 ≪자본론≫에 대한 이해부족이라는 비판을 받는 기계적인 언어 번역자가 아니라, 맑스의 이론을 왜곡하는 자들을 대상으로 하는 치열한 사상투쟁의 전사로서 ≪자본론≫

---

[7] 노사과연 출판.

의 번역에서도 그의 완벽성의 추구와 치밀함이 돋보인다.

9. 김수행 번역본이 ≪자본론≫ 1을 상/하, ≪자본론≫ 2, ≪자본론≫ 3을 상/하로 나눈 것(총5분책)에 비해서, 채만수 번역본은 ≪자본론≫ 1~3권을 총 13분책으로 나누어 출판하는 것을 목표로 하고 있다. ≪자본론≫ 1권은 4분책으로 나누어 출판되며, 지금까지 1권의 1, 2, 3분책이 번역 완료되어 출판되었고 곧 4분책이 출판될 예정이다. 여러 권으로 나누어 출판되기에 책 한권의 부피와 무게가 대폭 줄어들었고, 책의 크기도 많이 작아져서 휴대하기에 수월해 졌다. 그동안 크고 무거운 책을 들고 다니며 세미나에 참석해야 했던 사람들에게는 더없이 좋은 반응들이 나오고 있다.

번역과 관련해서는, "독일민주공화국(구동독) 독일사회주의통일당(SED) 중앙위원회 부설, 맑스-레닌주의 연구소 편 *Karl Marx · Friendrich Engles Werke (MEW)*, Band 23(Dietz Verlag, Berlin, 1972)을 대본으로 하고, 프랑스어판(K. 맑스 교열판), 영어판(F.엥엘스 편집), 일본어판들(마르크스 · 엥엘스 전집간행위원회 역, 大月書店판; 사키사파 이츠로 역, 岩波文庫판; ≪자본론≫ 번역위원회 역, 新日本出版社판), 최영철 · 전석담 · 허동 번역판, 조선로동당사판(도서출판 백의판)등을 참고하면서 번역하였다."라고 책의 앞부분 '일러두기'에서 역자는 전하고 있다.[8]

독일어 특유의 표현으로 이해가 어려울 것으로 보이는 부분은, 맑스 자신과 엥엘스가 이를 어떻게 번역했는지를 보여주기 위해서 프랑스어판과 영어판을 참조하여 필요하다고 생각되는 경우 '역주'로 번역을 하였다. 다른 번역서에서는 볼 수 없는 '역주'의 풍부함으로 그동안 답답해했던 부분이 시원하게 해소된다. 신화나 문학작품

---

8) 칼 맑스, ≪자본론≫ 1-1. 채만수 역. 노사과연

의 내용이나 주인공들이 간혹 튀어 나올 때 마다 온라인검색의 수고를 해야만 했고, 때로는 검색에서도 나오지 않아 당황스러울 때가 있었지만 이제 그러한 문제도 염려가 없다. 역자는 독자들을 위해 오류를 최소화 하고자 편집까지도 직접하는 수고를 감수하였다.

대부분의 노동자들이 마찬가지이겠지만, 외국어에 문외한인 필자와 같은 사람들은 전적으로 번역자에게 의지할 수밖에 없다. 그동안 채만수 선생님과 함께 김수행의 번역본으로 ≪자본론≫을 학습을 할 때는 번역상의 오류를 바로잡는 것이 우선이었다. 이해가 쉽지 않은 복잡한 번역도 상당하여 ≪자본론≫에 통달한 사람의 학습지도가 없다면 많은 곤란을 겪을 수밖에 없었지만, 이제 그러한 어려움도 걱정할 필요가 없다. ≪자본론≫ 학습의 의지를 가진 사람이라면 혼자서도 ≪자본론≫을 어려움 없이 읽어낼 수 있게 되었다. 그래도 필자는 혼자 학습하는 것보다 집단학습을 적극 권유한다.

IV. ≪자본론≫의 내용 소개

10. ≪자본론≫은 전체 3권으로 구성되어 있다. 1권은 자본의 생산과정을, 2권은 유통과정을, 그리고 3권에서는 자본 운동의 총 과정을 담고 있다. 맑스는 ≪자본론≫이 1859년에 간행된 그의 저서 ≪경제학 비판을 위하여≫의 계속이라고 말하며, 이전 저작의 내용이 제1권 1장에 요약되어 있다고 하였다. 또한 ≪자본론≫ 1권의 "1장, 특히 상품의 분석을 포함하는 절을 이해하기가 가장 어려울 것이다"라고 ≪자본론≫ 제1판 서문에서 언급하였다. 또 그는 "자본주의적 생산의 자연법칙들로부터 생기는 사회적 적대관계의 보다 높거나 보다 낮은 발전정도는 그 자체로서는 문제가 아니다. 이들 법칙 그 자체, 철의 필연성으로 작용하며 자신을 관철하는 이 경향

이 문제인 것이다"라며, "근대 사회의 경제적 운동법칙을 밝히는 것이 이 저작의 궁극적 목적이다"고 밝혔다. 그리고 "설령 한 사회가 그 운동의 자연법칙을 찾아냈다 하더라도 그 사회는 자연적인 발전단계들을 뛰어넘을 수도, 법령에 의해 그것을 제거할 수도 없다. 그러나 산고를 단축하고 완화할 수는 있다"고 하였다. 맑스는 "경제적 사회구성의 발전을 하나의 자연사적 과정으로서 파악"하며, 자본주의사회의 운동법칙을 변증법적 방법론에 입각하여 상품의 분석으로부터 시작하여 철저하게 파헤쳤던 것이다.

채만수 선생님의 번역본 1권 1, 2, 3분책에서는 상품의 분석과 화폐, 잉여가치의 생산을 다룬다. ≪자본론≫을 읽다가 의지를 상실하고 책을 덮게 된다는, 맑스의 말대로 가장 어렵다는 부분이다.
내용으로 들어가 보자.

자본주의적 생산이 지배하는 사회의 부는 "상품의 거대한 집적"으로 나타나고, 개개의 상품은 그 부의 요소형태로서 나타난다. 따라서 우리의 연구는 상품의 분석으로부터 시작된다.9)

상품에는 '사용가치'와 '(교환)가치'의 두 요소가 결합되어 있다. 즉, 상품은 쓸모가 있어야 하고, 타인을 위한 사용가치 이기에 교환(판매)될 수 있어야 한다. 노동에는 두 가지 성격이 있는데, 노동이 지출되는 형태를 말하는 '구체적인 유용노동'이 사용가치(질)를, 얼마간10)의 노동이 수행되었는가를 말하는 '추상적 인간노동'이 가치(량)를 형성한다. 자본주의사회에서 강조되는 것은 가치이다. 가치의 실체는 인간노동이다.11) "가치로서의 모든 상품은 단지 일정량

---

9) 칼 맑스, ≪자본론≫ 1-1.채만수 역. 노사과연. p.63
10) 시간을 말한다.
11) 인간노동의 결과물이 아닌 것은 가치가 존재하지 않는다. 예를 들어

의 응결된 노동시간일 뿐이다."12)

　상품의 가치크기는 "상품을 생산하는 데에 평균적으로 필요한, 즉 사회적으로 필요한 노동시간"이다. 그리고 "생산력이 변동하더라도, 동일한 노동은 동일한 시간 동안에는 언제나 동일한 크기의 가치를 생산한다. 그러나 그 노동은 동일한 시간동안에 서로 다른 량의 사용가치들을" 즉 생산력에 비례해서 사용가치(상품)들을 더 많이 혹은 더 적게 공급한다.

　상품은 교환을 전제로 하고, 교환은 공동체의 경계에서 이루어진다.

　집단 학습을 하다보면 '상품'과 상품이 아닌 것의 구분에 대해 재미있는 토론들이 전개된다. 책으로서 이해하는 것보다는 함께 토론하는 과정에서 쉽게 이해의 폭이 넓어진다. 예를 들면 교환을 전제로 하지 않는 가사노동이 상품인가?, 상품이 아니라면 가사노동의 가치는 있는 것인가 없는 것인가? 가사노동이 무가치한 노동이라고 할 때 가사노동에 전념하는 사람들의 "가사노동의 가치를 인정하라"는 주장은 어떻게 바라봐야 하는가? 등.

　가치는 인간노동의 응고물, 즉 상품생산에 소요된 노동시간이고, 그것의 형태는 등가물로서 표현된다. "한 상품의 등가형태는 따라서 그 상품의 다른 상품과의 직접적 교환가능성의 형태이다."13) 그리고 등가형태를 독점적으로 장악한 상품이 '금'이며, 금이 곧 화폐가 된다. 금=상품=화폐.

　상품의 물신적 성격에 대해서 맑스는 "상품형태의 신비성은 단지, 상품형태는 인간에게 그들 자신의 노동의 사회적 성격을 노동생산물들 자체의 대상적 성격으로서, 즉 이 물건들의 사회적 자연속성들

기계나 소와 말에 의한 것 등.
12) 칼 맑스, ≪자본론≫ 1-1. 채만수 역. 노사과연, p.71
13) 같은 책, p.98

로서 반영하고, 그리하여 총노동에 대한 생산자들의 사회적 관계 역시 그들의 외부에 존재하는, 대상들의 사회적 관계로 반영한다는 데에 있다. 이러한 치환에 의해서 노동생산물들은 상품들, 즉 감각적이면서 초감각적인 혹은 사회적인 물건들로 된다."14) 고 하였다.

또, "물건의 화폐형태는 그 물건 자체에는 외적인 것이며 그 뒤에 숨어있는 인간관계들의 단순한 현상 형태에 불과하다" "화폐물신의 수수께끼는 따라서 단지 현저해진, 눈을 현혹시키는 상품물신의 수수께끼에 불과하다."15) 땅속에서 나오자마자 모든 인간노동의 직접적인 화신이 되는 화폐의 마술이 다름 아닌 상품의 물신성에서 연장되는 화폐물신이라는 점을 맑스는 강조한다.

이에 더해 맑스는 "현실 세계의 종교적 반영은 무릇, 실제의 일상생활의 관계들이 인간 상호 간의 그리고 자연에 대한 이성적인 관련들을 인간들에게 나날이 투명하게 표현할 때에야 비로소 사라진다"고 하며, "사회적 생활과정의, 다시 말해서, 물질적 생산과정의 자태는, 그것이 자유롭게 사회화된 인간들의 산물로서 인간들의 의식적이고 계획적인 통제 하에 있을 때에야 비로소 그 신비한 운무를 벗는다".16) 즉, 공산주의(사회주의)사회가 되면 그러한 물신성이나 신비성은 사라진다고 말한다. 이렇게 내용 중에 간혹 공산주의 사회에 대한 상이 언급되면 살짝 가슴 떨리는 흥분을 느끼기도 한다. 또 다른 책읽기의 묘미이다.

제3장, 화폐 또는 상품의 유통에서는, 상품-화폐-상품(W-G-W), 즉 판매와 구매로 형태변환이 이루어지며, 이러한 형태변환이 "판매와 구매의 대립으로 분리됨으로써, 생산물교환의 시간적·장소적·개인적 한계들을 타파한다"17)고 하였다. 또 이러한 분리가 일정한

---

14) 같은 책, p.126
15) 같은 책, p.160
16) 같은 책, p.139

점까지 진행되면, 통일이 폭력적으로 관철된다고 한다. 그리하여 상품변태의 대립들 속에서 맑스는 "공황의 가능성"을 보여준다.

지폐유통에 대해서는 "지폐의 발행은 그것에 의해 상징적으로 표현되는 금(또는 은)이 현실적으로 유통하지 않으면 안 될 량에 국한되어야 한다."고 정의한다. 또 "지폐가 만일 그 한도를, 즉 유통할 수 있을 같은 명칭의 금주화의 량을 초과하면 … 지폐는 상품세계의 내부에서는 다만 그 내재적인 법칙들에 의해서 규정된 금량만을, 그리하여 또한 오로지 대리할 수 있는 금량만을 표시한다."고 하여 인플레이션의 가능성을 언급한다.18)

화폐의 기능 중 지불수단으로서의 기능은 하나의 직접적인 모순을 내포하고 있는데, "지불들이 상쇄되는 한, 그것은 단지 관념적으로 계산화폐 또는 가치의 척도로서 기능할 뿐이다. 현실의 지불이 이루어져야 하는 한, 그것은 유통수단으로서, 즉 물질대사의 단지 일시적·매개적 형태로서 등장하는 것이 아니라, 사회적 노동의 개별적 화신, 즉 교환가치의 자립적 현존재, 즉 절대적 상품으로서 등장한다. 이러한 모순은 생산·상업공황의, 화폐공황이라고 불리는 순간에 폭발한다. 이 공황은, 지불들의 연쇄와 그 지불들의 상쇄를 위한 인위적 제도가 충분히 발달되어 있는 경우에만 발생 한다"19)며 오로지 상품으로서의 '금'만이 진짜 화폐이자 '세계화폐'임을 말하고 있다.

4장. 상품유통의 직접적인 형태는 W(상품)-G(화폐)-W(상품). 즉, 구매를 위한 판매이다. 그러나 자본의 일반공식은 G-W-G. 곧, 판매를 위한 구매이다. 자본으로서의 화폐의 유통은 구매로 시작되어 판매로 끝난다. 화폐는 단지 선대될 뿐이다. 양극이 화폐인 만큼

---

17) 같은 책, p.192
18) 같은 책, p.213
19) 같은 책, p.232

그 차이는 양적 차이이며, "최초에 선대된 화폐액에 어떤 증가분을 더한 것과 같다. 이 증가분, 즉 최초의 가치를 넘는 초과분을 나는 잉여가치라 부른다. 따라서 최초에 선대된 가치는 유통에서 자신을 유지할 뿐만이 아니라, 그 속에서 그것은 자신의 가치크기를 바꾸어 어떤 잉여가치를 첨가한다. 즉, 자신을 가치 증식한다. 그리고 이 운동이 그것을 자본으로 전화 시킨다."[20) 맑스는 여기에서 최초로 잉여가치의 개념을 등장시킨다. 그러나 등가교환을 전제로 한 자본의 일반 공식에서 단지 유통 또는 상품교환만으로는 어떤 가치도 창조할 수가 없다. 잉여가치의 형성은 유통의 배후에서 일어나지 않으면 안 된다. "유통영역 내에서 일어나지 않으면 안 되고, 또한 유통영역 내에서 일어나서는 안 된다. 이것이 문제의 조건들이다. 여기가 로도스다, 여기서 뛰어보라!"[21]

비밀은 "사용가치 자체가 가치의 원천인 독특한 속성을 가진 상품, 그리하여 그 현실적인 소비 자체가 노동의 대상화, 따라서 가치창조인 상품을 발견하지 않으면 안"되는 것인데, 그 상품이 바로 '노동력 상품'이다. "노동력의 가치는 다른 모든 상품의 가치와 마찬가지로, 이 특수한 물품을 생산하기 위해, 따라서 또한 재생산하기 위해 필요한 노동시간에 의해서 규정된다."[22] "노동력의 가치는 결국 일정량의 생활수단의 가치로 귀착된다.", "필요한 생활수단의 총량은 … 노동자들의 자식들의 생활수단을 포함하며 … 숙련과 재능을 획득하도록 … 이 습득비는 … 노동력을 생산하기 위해 지출된 가치들의 범위에 들어간다."[23] 이러한 비용이 연초에 민주노총과 한국노총에서 조사 발표하는 '표준생계비'이다. 노동력상품의 원가가

---

20) 같은 책(1-2분책), p.252
21) 같은 책, p.277
22) 같은 책, p.284
23) 같은 책, p.287

표준생계비일진데, 매년 노동조합의 임금투쟁은 자본이 쳐놓은 프레임에 갇혀 최저임금 몇 푼을 가지고 실랑이질을 하니 답답할 노릇이다.

"노동력의 가치의 최후의 한계, 즉 최저한계를 이루는 것은, 그것이 매일 공급되지 않으면 노동력의 담지자, 즉 인간이 자신의 생활과정을 갱신할 수 없는 어떤 상품량의 가치, 따라서 육체적으로 필수불가결한 생활수단들의 가치이다. 만일 노동력의 가격이 이 최소한까지 떨어진다면, 그것은 그 가치 이하로 떨어지는 것인바, 왜냐하면 노동력은 그렇게 되면 위축된 형태로밖에는 유지될 수도 발전할 수도 없기 때문이다."24) 최저임금이 바로 그러한 것이다.

올해는 민주노총에서 아예 표준생계비의 발표를 하지 않았다. 민주노총 임금정책의 과학성의 포기인 것일까? 민주노총의 정책담당자들이 ≪자본론≫을 제대로 읽어 보았다면 임금정책을 둘러싼 혼란은 없었을 것이다. 제발 ≪자본론≫만큼은 꼭 읽어보고 노동운동에 올바로 헌신했으면 하는 바람이다.

5장에서는 노동과정으로서 사용가치의 생산과 가치증식과정으로서 잉여가치의 생산을 다룬다. 맑스는 노동을 "인간이 자기 자신의 행위에 의해서 자신과 자연 사이의 물질대사를 매개하고, 규제하며, 통제하는 과정"으로 정의하며, 노동을 "오로지 인간에게만 속하는 형태"로 전제한다.25) 기계도 노동을 한다거나 역축도 노동을 한다고 말하는 사람이 있다면 그 사람은 ≪자본론≫을 읽어보지 않은 사람이다. 노동은 오직 인간만이 하는 것이라는 전제가 있음을 기억하자.

노동과정은 사용가치들을 생산하기 위한 합목적적인 활동이다.

---

24) 같은 책, p.288
25) 같은 책, p.298

자본가는 자신이 구매한 노동력의 담지자인 노동자로 하여금 노동을 통해서 생산수단들을 소비하게 한다. 그렇게 생산된 생산물은 자본가의 소유물이지, 직접적 생산자인 노동자의 소유물이 아니다.[26]

"상품 그 자체가 사용가치와 가치의 통일인 것과 마찬가지로, 그 생산과정은 노동과정과 가치형성과정의 통일"이며, "어느 상품이나 그 가치는 그 사용가치에 물질화 되어있는 노동의 량에 의해서, 즉 그 생산에 사회적으로 필요한 노동시간에 의해서 규정되어 있다."[27] 따라서 "이 생산물에 대상화된 노동을 계산해야 한다."고 맑스는 말한다.

"가치형성과정과 가치증식과정을 비교해 보면, 가치증식 과정이란 어떤 일정한 점을 넘어 연장된 가치형성과정 이외의 아무것도 아니다." "자본에 의해서 지불된 노동력의 가치가 새로운 등가물에 의해서 대체되는 점까지만 지속된다면, 그것은 단순한 가치형성과정이다. 가치형성과정이 이 점을 넘어서 지속된다면, 그것은 가치증식과정이 된다." 자본이 원하는 것이 바로 잉여가치를 창조하는 가치증식과정이다.

제6장에서는 불변자본과 가변자본을 다룬다. 가치가 변하지 않고 생산물에 그대로 이전되는 생산수단들의 가치를 '불변자본'이라 하고, 일정량의 노동을 첨가함으로써 노동대상에 새로운 가치를 부가하는 노동력으로 전환되는 자본 부분을 '가변자본'이라 한다. 가변자본은 "자신의 등가물을 재생산하고, 그것을 넘어서 어떤 초과분, 즉 잉여가치를 생산"한다. 이 개념 또한 오로지 맑스의 것이다. 자본주의적 생산의 규정적 목적은 바로 이 '잉여가치'의 생산이다.

---

26) 같은 책, p.311
27) 같은 책, p.313

7장에서는 잉여가치율을 다룬다. 가변자본이 가치증식된 비율은 가변자본에 대한 잉여가치의 비율(m/v)에 의해서 규정되고, 가변자본의 이 비율적 가치증식, 즉 잉여가치의 비율적 크기를 잉여가치율(착취도)이라고 부른다. 잉여가치부분을 자본은 '이윤'이라고 부르는데, 그것은 불변자본과 가변자본을 합한 자본의 총액에 대한 잉여가치의 비율이다. 따라서 이것은 가변자본(임금)에 대한 잉여가치의 비교를 통해 드러나는 높은 착취도를 은폐한다.

가변자본 부분을 재생산하는 노동을 '필요노동'이라고 하고, 이것은 임금으로 지출되는 부분(지불노동)이다. 필요노동을 넘어서는 노동을 '잉여노동'이라 하고 이것은 부불노동이라고도 부른다. 맑스는 "이 잉여노동이 직접생산자, 즉 노동자로부터 착출되는 형태만이 경제적 사회구성체들을, 예컨대, 노예제 사회를 임금노동의 사회로부터 구별한다."고 하였다.28)

노동자들은 하루하루의 노동력 재생산비용(임금)을 표현하는 필요노동의 제공만으로도 임금에 대한 등가를 치루는 것이기에 잉여노동시간을 단축하고자 한다. 그러나 자본가는 최대한의 잉여노동을 흡수하고자 한다. "따라서 여기에서는, 양측 모두가 똑같이 상품교환의 법칙에 의해서 확증되는 권리 대 권리라고 하는 하나의 이율배반이 발생한다. 동등한 권리 대 권리 사이에서는 힘이 결정한다. 그리고 그 때문에, 자본주의적 생산의 역사에서는 노동일의 표준화는 노동일의 한계들을 둘러싼 투쟁―총자본가, 즉 자본가계급 대 총노동자, 즉 노동자계급 간의 투쟁―으로서 나타난다."29)

제8장에서는 노동일에 대하여 많은 분량을 할애한다. ≪자본론≫ 서술 당시의 참혹한 노동실태의 구체적인 폭로와 더불어 공장법의 제정 등 표준노동일을 둘러싼 투쟁들이 자세하게 소개된다.

---

28) 같은 책, p.361
29) 같은 책, p.389

노동시간의 연장으로 취득되는 '절대적 잉여가치'에는 한계가 있기에 자본은 생산력을 높여 '상대적 잉여가치'를 높이는 데 주력한다. 다시 말해서 노동력의 생산에 필요한 노동시간을 줄여서 부불노동(잉여노동)을 늘리려 한다. 맑스는 노동생산력의 증대에 대해서 "무릇 어떤 상품의 생산을 위해서 사회적으로 필요한 노동시간을 단축시키고, 그리하여 보다 소량의 노동이 보다 대량의 사용가치를 생산하는 힘을 획득하는, 노동과정의 어떤 변화를 의미한다."[30]고 정의한다. 생산력 증대로 저렴해진 상품은 당연히 노동력 재생산에 들어가는 비용을 줄이고, 그만큼 노동력의 가치를 저하시킨다. 그것은 곧 상대적 잉여가치의 확대로써 자본의 이윤을 늘리는 데 기여한다. 자본의 경쟁은 생산력 증대를 통한 '특별잉여가치'의 획득에도 집중된다. 이것은 동종의 상품을 보다 값싸게 생산해서 같은 가격에, 또는 조금 싼 가격에 판매하여 이윤을 높인다는 의미이다. 제4편에서는 상대적 잉여가치의 생산으로 협업(11장), 분업과 매뉴팩춰(12장), 기계장치와 대공업(13장)을 다루고 있다.

13장에서는 공장법으로 인해 노동시간이 제한되자 노동 강도를 강화하는 방향으로 노동착취가 집중됨을 볼 수 있다. 또한 기계제 대공업에 의한 생산력의 발전은 "시장의 공급과잉을 야기하고, 그들 시장의 수축과 함께 마비상태가 나타난다. 산업 활동은, 중위의 활황, 번영, 과잉생산, 공황 및 침체라는 일련의 시기들로 전화된다."[31]고 산업순환을 설명한다. 이 장에서는 끔찍한 아동노동의 실태들이 구체적으로 폭로된다.

그리고 이어지는 내용은 곧 발행될 ≪자본론≫ 1-4 분책에 담겨질 것이다.

---

30) 같은 책, p.524
31) 같은 책, p.743

V. 당장 자본론 학습을 시작하자

자본론의 문장 하나하나가 아주 중요하다. 반드시 책을 정독하고, 가능한 집단학습을 통해서 구체적인 이해를 득하시기를 바란다. 서울[32]과 대구에 이어 부산[33]지역에서도 채만수 선생님의 번역본으로 ≪자본론≫ 세미나를 10월부터 다시 시작하였다. 노동사회과학연구소는 전국 어디에서든 ≪자본론≫ 학습을 위한 모임이 구성되고 지원이 요청된다면 기꺼이 지원을 아끼지 않는다. 그동안에도 그래왔듯이 '혼란과 반동의 시기에 계급적 원칙에 입각한 정세 분석과 이론의 보급을 통해 노동 운동을 한 단계 진전시키고자 하는 노동사회과학연구소'의 헌신적인 지원은 이후에도 계속될 것이다. ≪자본론≫ 학습에 관심이 있는 독자라면 지금 당장 노사과연에 문의해 보시라. **노사과연**

---

[32] 노동사회과학연구소: 서울 동작구 본동 435 진안상가 나동 2층. 전화: 02-790-1917
[33] 노동사회과학연구소 부산지회: 부산시 부산진구 가야대로 703번 라길 22-1. 전화: 010-5570-7430

[서평] 노동해방 · 인간해방 :
"각자는 그 능력에 따라서 노동하고,
각자에게는 그 필요에 따라서 주어진다"*

김용화 | 연구위원

머리말

먹고 사는 것도 힘들어 죽겠다며 푸념을 하면서 4차 산업 혁명이 진행되고 있는 최첨단의 21세기에 아직도 100년 더 지난 구닥다리 공산당 이론 책을 읽고 있느냐며 누군가는 타박하듯 묻곤 한다. 물론 현대 자본주의 사회는 100년 전보다 여러모로 엄청나게 성장했다. 노동자들은 사회적으로 재생산에 필요한 시간 이상의 노동을 끊임없이 죽어라 하고 있는데, 그들의 생활고는 여전하다. 사회에는 먹거리와 물품이 넘쳐나지만 어느 상품 하나 금전적 지불 없이 필요한 만큼 내 것으로 취할 수 없다. 모든 상품(생필품)을 노동자들이 만들고, 유통하고, 판매하지만, 노동자계급의 고달픔은 해결되지 못하고 있으며, 고도화된 자본주의 발전의 시스템으로 인해 온갖 통제와 감시, 불안, 경쟁 속에 노동자들은 여전히 임금노예로서 착취의 세월을 살고 있다. 최첨단의 시대라고 해서 노동자들에게 한 인간이 누려야할 권리로서의 진정한 자유가 주어졌는지 도리어 반문하고 싶다.

---

* ≪가족, 사유재산, 국가의 기원≫, ≪국가와 혁명≫, ≪프롤레타리아 혁명과 배신자 카우츠키≫에 대한 서평이다.

오히려 아직은 부분적이기는 하나, 자율주행 트럭, 고속도로 요금 수납, 은행의 CD기 등등 최첨단의 무인시스템화로 인해 더 늘어만 가고 있는 노동자들의 과잉시간은 양적 실업으로 현상되고 있다. 무인생산 기계화로 더 커져만 가는 상대적 과잉상품, 임금의 경향적 하락 등등 노동자계급, 소상인, 농민 등의 생존권은 물론이고 인류가 절멸하느냐 마느냐 조차도 보장할 수 없는 자본의 자기운동, 자본 간의 경쟁의 필연성 때문에 계급 대립이 첨예하게 진행되고 있고, 더 치열할 수밖에 없는 상황에 직면하고 있다. 물론 이에 따라 노동자계급의 저항은 필연성과 목적의식성의 통일의 과정을 통해 증대하게 될 것이라 본다. 하지만, 독자적이고 주체적인 투쟁 없이는 최악의 경제적 궁핍에 더욱 더 허덕일 것이고, 자유란 상상 속에나 존재하게 될 것이다. 만약 이 모든 과학의 발전이 인민대중을 위해 애초부터 존재하는 것이라면, 생산력의 발전은 제약됨이 없이 무한할 것이고, 무정부적 생산으로 인한 자원의 낭비, 인력 낭비 등등 낭비는 발생하지 않았을 것이다. 즉 **과학의 발전과 생산 수단을 자본주의적으로 사용하는 것이 그러한 낭비의 원인인 것이다.** 인간이 인간을 위해 생산시설들을 사회적으로, 계획적으로 공동으로 사용한다면 낭비란 발생하지 않을 것이며, 더불어 인간이 인간에 대한 착취는 있을 수 없을 것이다.

일반적으로 다음과 같이 말할 수 있을 것이다. 경제가 발전하면 상품이 풍성하고 임금으로 맛있는 음식을 실컷 먹고 여행지도 다니며 온갖 자유를 만끽하는데 무슨 허튼소리냐고 말이다. 현상적으로는 맞는 말일 수도 있다. 하지만 그 이면(본질)에는 노동자들 어느 누구도 임금노동으로부터 자유로울 수 없지 않는가! 하루라도 한 달이라도 내 노동력을 팔지 않으면 먹고사는 문제에 처절하게 맞닥뜨리고 만다. 즉 독점적으로, 배타적으로 사적 소유인 생산수단으로부터 신분으로만 자유로운 내 처지, 즉, 무산자인 노동자계급이기 때문이라는 것이다. 임노동의 생산관계가 해결되지 않는 사회가 지속된다면, 즉 생산수단의 독점적, 배타적인 사적 소유가 끝나지 않는 사회라면, 대다수의 인민들은 인간의 본능이면서 권리인 먹고 사는 것조차 장담할 수 없는 극심한 생활고에 시달릴 수밖에 없다. 이러한 문제는 주요 생산수단들이 독점적으로 배타적으로 사적 소유로 되어 있기 때문이다. 따라서 그것들을 비롯해 이름뿐인 공공기관들을 인민대중의 진정한 발전과 이익을 위해 사회화한다면 해결될 문제이다. 그러나 절대로 말처럼 호락호락 이루어지지는 않는다. 기득권을 영속시키려는 한 줌의 지배 권력자들과 노동해방을 위해 저항하는 대다수의 인민들과의 물리적 충돌은 필연이 되는 것이다. 그래서 역사적으로도 역동적인 혁명이 존재했고, 앞으로는 더 치열한 그러한 혁명이 다가올 것이라 본다. 물론 좋은 세상을 가장 평화적으로 이루고 싶은 계급은 노동자계급이다. 노동자들은 지금의 자본의 사회에서는 정당한 권리를 찾는데도 고통스럽게 법정 투쟁을 감내해야 한다. 현실에서도 목도하고 있듯이 불법파견을 둘러싼 자본과 정부, 법원의 합작으로 경찰, 용역깡패들을 동원해서 노동자들을 억압하고 있는 사람은 저들이다. **자본가계급, 자본의 하수인인 국가와 노동자계급 간에는 절대로 평화란 있을 수 없다는 것이 명명백백하지 않은가.**

자본주의의 속성상 갈수록 극악해질 수밖에 없는 노동자계급에 대한 착취를 하루라도 빨리 끝장내기 위해선 주체적인 투쟁 실천이 가장 우선적인 것임은 당연할 것이다. 또한 노동자계급이 비참한 상태로 살아가야만 하는 자본주의사회가 무엇인지, 국가란 무엇인가를 먼저 고찰해보며 성찰도 해보고, 이 사회를 지양하며 이루어 가야 할 질적으로 다른 사회주의 사회, 프롤레타리아독재 국가란 무엇인가를 알아야 할 필요성이 있다. 이 글에서 고찰하는 이 책들은 단지 추상적인 이론만 서술한 것이 아니고, 역사적으로 역동적이고 구체적인 실천을 바탕으로 정리한 이론이기 때문에 더욱 현장투쟁의 무기가 될 수 있을 것이다. 레닌은 "변혁적 이론 없이 변혁적 실천 없고, 변혁적 실천 없이 변혁적 이론 없다"고 했는데 정확한 이론에서 정확한 실천이 있다는 것이다. 또한 레닌은 실천은 이론보다 고차원적이라고 했다. 이와 관련하여 칼 맑스 · 프리드리히 엥엘스 저작 선집 책의 내용 중 '헤겔 법철학의 비판을 위하여'의 한 부분을 인용해 보고 싶다.

"비판의 무기는 물론 무기의 비판을 대신할 수 없다. 물질적 힘은 물질적 힘에 의해 전복되어야 한다. 그러나 이론 또한 대중을 사로잡자마자 물질적 힘으로 된다. 이론은 사람들에게 호소력 있게 되자마자 대중을 사로잡을 수 있으며, 그것이 근본적으로 되자마자 대인적으로 증명된다. 근본적이라 함은 사태를 뿌리에서 파악하는 것이다. 그런데 인간에게 있어서 뿌리는 인간 자신이다." (칼 맑스 · 프리드리히 엥엘스 저작선집 1권, 헤겔 법철학의 비판을 위하여, p.9)

투쟁현장마다 여기서 고찰하는 책들의 변혁적 이론을 변혁적 실천의 무기로 삼았으면 좋겠다. 특히 자본주의 사회의 질서에 몰두하고 있는 단체운동가들, 개량주의자들, 노동자 이익을 대변하는 당이라고 말만하는 당, 진보인 듯 착각하는 부르주아 나팔수 지식인님들께서는 더욱 더 이 책의 변혁적 이론 내용이 필요할 듯싶다. 그리고 이들 또한 인민들의 귀와 눈을 멀게 하는 역할에서 벗어나 한시라도 빨리 계급적 투쟁의 실천에 동참해야 할 것이다.

지금의 부르주아의 국가는 대다수의 인민을 착취하는 국가이기 때문에 당연히 프롤레타리아에 의해, 또한 자본들 간의 경쟁에 의해 필연적으로 폐지될 거라 본다. 그러나 결단코 노동자계급의 독자적인 투쟁, 근로인민 전체의 주체적 투쟁 없이는 그러한 귀결을 맞이

할 수는 없을 것이다. 자본주의를 지양하고, 대다수의 인민의 이익과 개인의 발전을 위해 프롤레타리아 독재가 시작되고 인민을 억압하는 부르주아 잔존물이 제거될 때까지 프롤레타리아독재 국가는 존재할 수밖에 없다. 그러한 잔존물이 완전히 제거된 이후 프롤레타리아 독재 국가는 사멸한다. 그리하여 진정한 꼬뮌과 그 안에서의 각인의 자유가 펼쳐진다. 그러나 이렇게 하얀 종이위에 그림 그리듯 혁명이 간결하게 순차적으로 일어나고, 사회주의 사회가 건설되고, 높은 단계의 공산주의 사회까지 착착 도래한다면 얼마나 좋을까. 저들은 그리 쉽사리 노동해방 세상의 도래를 바라만 보고 있지 않을 것이다. 또한 국가하면 제일먼저 떠오르는 단어는 애국심이라는 단어가 아닐까 생각해 본다. 아무리 투쟁정신이 투철한 노동자라 할지라도 이 단어를 분리하거나 애국심이라는 것을 쉽게 떨쳐 버릴 수 없을 거라 추측된다. 나를, 가족을 먹고 살게 해주며 보호해주는 것 같은 국가말이다. 그리고 그러한 자본주의 사회, 국가에서 태어났고, 지금의 국가권력에 복종하지 않으면 질서에 어긋나고 도덕적이지 않고 애국심이 없는 몰국민이 돼버리고, 불이익을 당할 것 같은 막연한 소외와 불안한 의식이 자리하고 있기 때문이기도 하다. 그리고 지금의 지배계급을 정당화하며 그에 동조하기를 강요하는 온갖 이데올로기 교육과 매스미디어를 접하게 된다. 이렇게 우리는 지배계급의 헤게모니 속에 거의 무방비 상태에 살고 있고 저들에게 강제 당하고 살고 있다. 그럼에도 우리 노동자계급은 지금의 국가는 노동**자를 착취하고 있는 자본가계급을 위한 도구일 뿐이라는 것을** 스스로 강조할 때 애국심 따위는 가지지 않게 될 거라 생각된다.

1. 국가의 발생(탄생)

"국가란 아득한 옛날부터 존재해 온 것이 아니다. 국가가 존재하지 않았던 사회도 있었으며, 국가나 국가권력이란 개념 자체를 떠올리지 못했던 사회도 있었다. 일정한 경제적 발전단계에 이르러 사회가 여러 계급으로 분화되면서 국가는 필연성으로 되었다. 우리는 현재 이러한 여러 계급들의 존재가 더 이상 필요하지 않으며 계급의 존재가 생산력 (발전)에 오히려 제약이 되는, 그러한 생산력 발전단계에 빠른 속도로 접근하고 있다. 계급은 생길 때와 마찬가지로 필연적으로 사멸한다. 계급과 마찬가지로 국가도 필연적으로 사멸한다. 그때의 사회는 생산자들 간의 자유롭고 평등한 상호결합에 기초하여 생산관계를 재조직하게 될 것이며, 모든 국가기구들을 그것이 있어야 할 자리로, 즉 고대박물관으로 보내어 물레나 청동도끼 옆에 나란히 전시하게 될 것이다."1)

엥엘스는 ≪가족, 사유재산, 국가의 기원≫에서 역사적 분석을 요약하면서 다음과 같이 서술하고 있다.

"국가란 외부로부터 사회에 강요된 권력도 아니며, 헤겔이 주장하는 것처럼 '인륜적 이념의 현실태'도 아니며, '이성의 형상이나 이성의 현실태'도 결코 아니다. **국가란 일정한 발전단계에 이른 그 사회의 산물이다.** 국가는 사회가 해결불가능한 자기모순관계에 빠져 있다는 점과, 그 사회가 도저히 떨쳐버릴 수 없는 화해불가능한 적대감으로 분열됐다는 것을 스스로 인정하는 것 이상이 결코 아니다. 그러나 계급간의 경제적 이익관계가 얽혀 있는 이 계급들 간의 적대감으로 인하여 자신과 사회가 무익한 투쟁을 벌이지 않기 위해서는 외견상 사회 위에 군림하는 하나의 권력이, 즉 '질서'라는 테두리 안에서 그 사회를 유지하고 계급간의 갈등을 조화시킬 권력이 필요하게 된다. 그리고 이러한 권력, 즉 사회로부터 나왔지만 사회보다 상부에 위치하며 사회로부터 그 자신을 점점 소외시키는 권력이 바로 국가인 것이다."2)

---

1) V.I.레닌. ≪국가와 혁명≫. 논장. 1988, p.27, 엥엘스의 ≪가족, 사유재산 국가의 기원≫으로부터 레닌의 인용
2) V.I.레닌. ≪국가와 혁명≫. 논장. 1988, p.17, 엥엘스 ≪가족, 사유재산 국가의 기원≫에서의 인용

레닌은 "엥엘스의 언명은 국가의 의미와 그 역사적인 역할에 대한 맑스의 기본사상을 명료하게 밝힌 것이다."라며 다시 정리한다.

"맑스에 따르면, 국가가 계급들 사이를 화해시킬 수 있었다면 등장하지도 않았을 것이며, 설사 등장했다손 치더라도 더 이상 국가 자신을 유지시키지 않았을 것이라는 점을 분명히 하고 있다. 국가란 한 계급이 다른 계급을 통치하고 지배하기 위한 기관이며, 그와 동시에 계급 사이의 갈등을 조절함으로써 이러한 억압을 정당화하고 영속화하는 기관으로서, 이른바 '질서'의 창출자이다."3)

이와 같이 엥엘스, 맑스, 레닌이 정리한 국가는 프롤레타리아 독재 국가에도 거의 다 해당되지만, 자본주의 국가에도 해당되는 내용이다. 그러나 절대로 간과할 수 없는 점은 현 시기 **자본주의 사회에 봉사하며 유지시키기 위해 존재하고 있는 국가인지, 아니면 생산수단이 사회화되어 대다수의 인민대중의 이익, 발전을 위해 존재하는 국가인지의 차이에 대해서이다.**

지금 대부분의 국가는 왜 자본가계급에게만 당연히 봉사하는 것일까? 가장 간단한 해답은 인민을 착취해야만 존속할 수 있는 지배계급의 존재 때문이다. 그러면 도대체 착취는 어떻게 시작되었을까?. 착취가 당연시되기까지의 구체적 역사적 배경을 살펴보자.

- **최초의 분업과 교환, 화폐**
"씨족제도 내부에서는 권리와 의무 사이에 아직 아무런 구별도 없다. … 또한 종족이나 씨족이 상이한 계급으로 분열되는 일도 있을 수 없는 노릇이다. … 분업은 순전히 자연발생적인 것으로서 남녀 양성 간에만 있었다. 남자는 수렵, 어로, 식료를 채취하고, 이에 필요한 도구를 만든

---

3) V.I.레닌. ≪국가와 혁명≫. 논장. 1988, p.18

다. 여자는 가사를 돌보며 음식과 의류를 장만한다. 각자는 자기가 만들고 자기가 사용하는 도구의 소유주이다. 가정 살림은 공산주의적 원칙에 입각하여 몇 개의 가족, 종종 많은 가족에 의하여 운영된다. 공동으로 만들어 이용하는 것은 공동재산이 된다. 그러나 인간은 반드시 어디서나 이 단계에 머물러 있는 것은 아니었다. … 목축종족은 다른 미개인들과 비교하면 훨씬 더 많은 양의 우유 제품 및 수피, 양모, 산양모도 가지고 있었다. 이러한 원료의 증대와 더불어 증가해 가는 다량의 실과 직물도 가지고 있었다. 처음으로 규칙적인 교환을 가능하게 만들었다. 시초의 교환은 쌍방의 씨족 우두머리를 통하여 종족 간에서 수행되었다. 가축 군이 개별재산으로 되기 시작하자 개인들 간의 교환이 점점 더 우세해졌으며, 마침내 그것은 교환의 유일한 형태로 되었다. 가축은 모든 상품을 평가해주며, 어디서나 기꺼이 교환될 수 있는 화폐의 기능을 획득하고 역할을 하였다. 이렇게 필연적으로 신속하게 상품교환 발생 당초에 특수한 상품, 즉 화폐에 대한 욕구가 발전하였던 것이다."[4]

- 계급분열

"목축, 농업, 가내 수공업 등 모든 부분에서 생산이 증대됨으로써 인간의 노동력은 자기를 유지하는 데 필요한 것보다 더 많은 양의 생산물을 생산할 수 있게 되었다. 개별 가족의 각 성원에게 부과되는 매일 매일의 노동량이 증가되었다. 이제 새로운 노동력을 들여와야만 했고, 전쟁이 충족시켰다. 전쟁포로는 노예로 전락하게 되었다. 최초의 거대한 사회적 분업의 결과 두 계급, 주인과 노예, 착취와 피착취로서의 최초의 거대한 사회적 분열이 일어났다. … 가축군과 기타 새로운 재부의 출현과 더불어 가족 내에서 혁명이 일어났다. 획득하는 것은 남자의 일이었고, 남자의 소유였다. 가축과 교환하여 얻은 상품과 노예들 역시 남자의 것이 되었다. 여자는 잉여의 소비에는 참가하였지만, 그것에 대한 소유권은 없었다. 전에는 가정에서의 여자의 지배를 보장해주었던 바로 그 원인, 즉 여자가 가사노동에만 종사하였다는 사실이 이제는 가정에서의 남자의 지위를 보장해주었다. 남자의 노동이 전부였고, 여자의 가사노동

---

[4] F.엥엘스. ≪가족 사유재산 국가의 기원≫. 아침. pp.179~181

은 보잘 것 없는 부차적인 것이었다. 여성해방, 남녀의 평등은 여자가 사회적 노동에서 배제되어 사적인 가사노동에만 종사하고 있는 한 불가능하며, 여성의 해방은 그들이 사회적 규모의 생산에 광범위하게 참여하고, 돌봐야할 가사가 아주 적을 때에라야 비로소 가능하게 될 것이다. 그런데 이것은 근대적인 대규모 공업에 의해서만, 여성노동을 대대적으로 허용할 뿐만 아니라 직접 그것을 요구하며, 또 사적인 가사노동을 점점 더 공적인 생산 활동으로 전화시키려고 하는 근대적인 대공업에 의해서만 가능하게 되었다."5)

여기서의 첫 번째로 눈여겨볼 점은 사회의 분업의 시작과 함께 주인과 노예, 착취와 피착취로서의 거대한 분열이다. 생산력의 발전으로 인해 가족 내에서 또는 사회적으로 모권(여성)에서 부권(남성)으로의 자연발생적인 권력의 변화가 이루어졌다. 이러한 변화는 원시공산제에서 **사적 소유로의 전화**를 의미한다.

"사유재산제도의 확립과 함께 여성이 남성에게 예속되기 시작하였고, 여성을 멸시하며 억압하는 시대가 시작하였다. 모권은 공산제와 만민평등을 의미한다. 반면 부권의 발흥은 사유재산의 지배와 더불어 여성의 예속과 억압이 시작되었음을 의미한다."6)

분업과 생산력의 발전으로 인해, 인간이 인간을 억압하고 착취하는 역사가 시작된다. 사람이 직접 잉여생산물을 만들어 내는 생산도구와 수단으로 되는 노예가 하나의 계급으로 되는 사회가 출현하였다. 여기서 명확히 알 수 있는 것은 인민에 대한 모든 억압과 착취의 원인이 되는 것은 배타적으로 독점적인 사적 소유로부터 시작되었다는 것이다. 그러므로 노예의 사슬을 끊는 출발점은 사회적으로

---

5) F.엥엘스. 같은 책, pp.181~183
6) 아우구스트 베벨, ≪여성론≫, 이순예 역, 까치글방, p.39

공동체적이지 않는 사적 소유를 반드시 폐지해야 한다는 것이다. 당연히 농노제이며 봉건제 사회인 중세시대에서도 억압과 착취의 세월은 마찬가지였으며, 노동자가 신분에서만 그리고 생산수단으로부터만 자유로운 근대, 현대 임금노동의 사회, 자본주의사회에서도 주요 생산수단이 배타적으로 독점적인 사적 소유의 형태가 인민의 진정한 자유를 가로막고 있는 조건인 것이다. 그러나 억압을 받는 노예들이 노예제 사회를 종식시켰었고, 억압 받았던 계급들이 봉건제를 종식시켰듯이 지금의 자본주의 사회도 억압받고 있는 노동자계급과 인민들이 종식시키게 될 것이다.

두 번째로 눈여겨볼 점은 생산양식이 양성관계에도 결정적인 영향을 미친다는 사실이다. 사적 소유가 발생하면서부터 시작된 여성에 대한 억압으로 인해 상상이상으로 비참하고 처참한 역사가 시작된 것이다. 지금 현대에도 변형된, 발전된 형태로 여성억압이 자행되고 있는 부분은 허다하다.

가사노동이 여성의 억압적 전유물이 되었다는 것은 여성이 사회적 노동에서 배제되었다는 것을 의미한다. 사적인 가사노동을 공적인 생산 활동으로 전화시키는 것은 대공업에 의해서만 가능하게 되었다고 엥엘스는 말한다. 그러나 이 말은 여성들이 공장에서 또는 기타 노동현장에서 착취를 당하며 노동을 해야만 한다는 뜻은 아닐 것이다. 공동 생산에 참여하여 생산력을 발전시켜 나아가는 당당한 노동자(인간)를 말하는 것이라고 본다. 그리고 가사일도, 아이들의 보육도 전적으로 여성 개인 또는 남성 개인의 고달픈 부담이 아닌, 보다 발전된 생산수단과 생산력을 바탕으로 이루어지는 사회적인, 공동체적인 것이어야 한다고 본다. 그러기에 보다 공업이 발달한 근대적 사회에서는 생산력 발전으로 인한 물질적 토대라는 면에서는 여성들의 자유가 다소 가능할 것이다. 그런데 지금 현대자본주의 사회는 생산수단이 고도로 발달한 사회이다, 그러기 때문에 현대 사회가 상품생산의 사회, 자본주의 사회가 아니라면, 즉 이윤을 위해 인간이 인간을 착취할 필요가 없는 사회라면, 여성들에 대한 억압이 종식될 것이다. 뿐만 아니라 인간이라면 누구나 임금노동의 관계에서 벗어난 진정한 자유가 가능할 수 있을 것이다.

  물론 현재는 여성들의 경제적, 문화적 신장이 다면화된 것은 사실이다. 이 또한 자본주의의 성장, 발전에 의한 것으로 현상적으로는 맞는 것일 수 있다. 그러나 그 이면(본질)에는 여성들에 대한 진정한 인격의 존중이 신장이 되어서라기보다는, 그리고 임노동의 관계로부터 해방되었기 때문이라기보다는 자본의 사회가 변함에 따라 나타난 부분적 현상일 뿐이다. 소소하게는 임금을 누가 더 받느냐 못 받느냐의 경제적 힘의 관계가 가정 내에서 또는 사회적으로 여성들을 더 주눅들게 하는 요인으로 작용한다. 어찌 보면 여성들은 가부장적 질서 속에서 살아가야 하면서도 임금노동자로 살아가야 하는 중첩된 고달픔(억압)을 겪는 것이다. 이는 개인의 잘잘못으로 치부될 수 있는 것은 아니다. 우리 노동자들은 스스로를 개개의 경제적 힘에 의한 관계의 테두리에 가두지 않아야 한다. 그리고 국가와 언론에서 조장해서 부추기는 것처럼 **여성 대 남성, 남성 대 여성으로 서로 대립하는 소모전을 벌이기보다는 임노동관계의 사회가 문제인 것을 확실히 직시하고, 여성의 권리향상을 포함한 계급적 의식으로 자본가계급과 국가폭력과 싸워야 한다.** 그리고 이것이야말로 우리 노동자(전체인민)가 원하는 세상에 한 발짝 더 다가가는 길이 될 것이라 본다.

  주변의 여성노동자들을 보더라도 퇴근 후 커피 한잔, 술 한 잔 마실 여유를 내기가 쉽지 않다. 회사 회식 때도 집에서 딱히 돌봐줄 사람이 정해지지 못하면 택시라는 교통수단을 이용하여 아이들을 다 데려와서 시끌벅적한 술자리를 함께 하고, 토요일 근무 주는 아예 회사 사무실 방 한 켠은 놀이방을 방불케 한다. 절대로 탁아시설을 따로 마련해 주지 않으면서 주말까지 노동력을 착취하는 것이다. 여기다가 매일매일 어떤 음식을 해서 가족들에게 끼니를 대령해야 하나, 매일 반복되는 청소 등등 골머리 아픈 나날들이라 하겠다. 물론 그 와중에 사랑하는 가족과 함께 할 수 있다는 소소한 행복으로 위로는 된다. 필자도 사랑하는 배우자와 함께 아이들 유아시절부터 유치원, 초·중·고까지 각종 비용과 의식주 해결을 위해 숨막히게 생활하며 여성임금노동자로 살아왔고, 살고 있다. 물론 지금은 허울만 좋은 대학이라는 교육시스템 때문에 비용적으로는 더 숨이 막힌다. 여성들에게 더 고달플 수밖에 없는 하루하루에서 벗어나려면, 왜 자신들이, 노동자들이 이런 처지에 놓이게 되었나를 자각하며 사회를 과학적으로 분석하고 실천을 하는 길을 갈 때만이 대중들의 분노를 일으킬 수 있고, 분노들을 모아 실천으로 나아갈 수 있는데, 이는 그야말로 현실적으로는 솔직히 **언감생심과도 같다**. 이 문제를 해결하기란 너무 막연하지만, 먼저 자각하고 실천하고 있는 선진노동자들의 선전·선동과 지도가 중요하다고 본다. 즉 어느 조직이든 정확한 이론적 이념을 가진 지도부의 역할이 필요하고, 아마도 정확한 이론적 이념으로 실천하고 있는 조직을 대중이 먼저 알아볼 수 있을 것이라 예측해 본다.

내친 김에 조금 더 말을 해보자면, 여성, 남성 할 것 없이 우리 노동자들과 인민대중들은 죽어라 허리띠 졸라매서 각각의 개인부담으로 자녀들을 키워놓으면 기업들이 데려다가 실생활에 턱없이 부족한 저임금과 국가가 정한 최저임금이라는 것을 주면서 또 착취해 간다. 이는 젊었을 땐 나의 저임금을 떼어내어서 아이들 케어하고, 나이 들어서 돈벌이를 못하게 되면, 아이들의 저임금에서 떼어낸 세금이든 뭐든 최소한으로 살아야 할 것이 뻔할 듯하다. 노동자, 인민 개인마다 정도의 차이는 있겠지만, 대수의 인민들에게 해당되는 상황일 수밖에 없을 것이라 본다. 인간이 인간답게 살지 못하는 이 상황의 재생산은 반드시 끝장내야 한다.

자본주의 사회가 지속된다면 여성노동자·임금노동자로서의 고달픈 상황은 끊임없이 재생산 되는 것은 말할 것도 없을 것이다. 우리 남성·여성 노동자들은 과연 현재 국가는 왜 존재하는지 그 의미를 다시 한 번 직시해보아야 한다. 그들의 입으로 떠들어 대는 것처럼 진정으로 국민을 위해 있는 국가라면 이런 극악한 상황이 재생산 되지는 않았을 것이다. 저들은 자신들의 본질을 은폐하고, 온갖 공권력, 법령들을 들이 대며 인민대중들을 억압과 착취하며 자본가계급에게 봉사하는 것 말고는 하는 것이 뭐가 있을까 싶다. 하는 것이라고는 임금의 일부를 떼어 내어 선심쓰듯 주는 떡고물 같은 최소한의 복지, 인민의 혈세로 기업들에게 물쓰듯 퍼주는 특혜, 선거 때마다 등장하는 거짓 약속, 위선, 노동력 착취와 노동자들의 기본적 권리마저 묵살하는 폭력뿐이다. 노동자들이 자본가와 국가를 향해 나쁜 것들이라고 아무리 아우성쳐봤자 자본주의라는 시스템 특성 그리고 부귀영화를 영구히 지속해야 하는 저들은 저절로 절대 물러나지 않을 것이니, 노동자계급과 인민대중의 단결투쟁만이 여성억압·인간억압의 재생산을 끝낼 수 있을 것이다.

- 상품생산의 발생
"모든 문화인이 자기의 영웅시대, 즉 철검의 시대 역사에서 모든 혁명적 역할을 한 모든 종류의 원료가운데 최후의 가장 중요한 원료인 철이 인간에게 봉사하게 되었다. 철은 광대한 삼림지대를 개간하여 경지로 만들 가능성을 제공하였고, 어떠한 금속도 당하지 못할 정도로 견고하고도 예리한 도구를 수공업자에게 제공하였다. 진보는 걷잡을 수 없는 힘으로 꾸준하고도 급속히 진행되었다. … 제2의 거대한 분업이 발생하였다. 수공업이 농업에서 분리되었다. 생산의 끊임없는 증가와 이에 따르는 노동생산성의 끊임없는 향상은 인간의 노동력의 중요성을 드높였다. 노예는 이제 단순한 보조자가 아니며, 수십 명씩 전야와 작업장에서 혹사당한다. 생산이 농업과 수공업이라는 두 개의 기본 부문으로 분열되면서 직접 교환을 목적으로 하는 생산, 즉 상품생산이 발생한다."[7]

"국가는 문명사회를 총괄하는 힘으로서 모든 전형적인 시기에 예외 없이 지배계급의 국가이며, 또 본질적으로 모든 경우에 압박받고 착취당하는 계급을 억압하는 기관이다. … 반면에 문명은 한 계급에게 거의 권리만을 주고, 다른 계급에게는 거의 의무만을 부담시킴으로써 아무리 미련한 자라도 권리와 의무 간의 차이와 대립을 알 수 있도록 만들었다. **지배계급은 사회와 자기를 동일시하고, 마치 지배계급에게 좋은 것은 전체 사회에도 좋은 것처럼** 말한다. 문명은 전진하면 할수록 자신이 생산한 부정적 죄악을 점점 더 사랑의 보자기에 싸서 미화하거나, 그렇지 않으면 기만적으로 부인하지 않으면 안 된다. 즉 관례로 된 위선을 부리지 않으면 안 된다. 마침내 이 위선은 절정에 달하여 **착취계급의 피압박계급에 대한 착취는 오로지, 또 전적으로 피착취계급 자신의 이익을 위한 것처럼** 된다. 따라서 피착취계급이 이런 줄을 모르고 반란까지 일으킨다면, 그것은 은인, 즉 착취자에 대한 그야말로 비열하고 배은망덕한 소치라고 주장하기까지 한다."[8]

위 글과 같이 지금도 역시 현대 자본주의의 사회에서도 여전히 일맥상통하는 내용이 이어져 오고 있다. 억압과 착취가 강제되는 동시에 거대한 낭비가 시작되는 사적 소유로 인하여 불가피한 무정부적 상품생산, 상대적 과잉생산 사회가 자본주의 사회이다. 또한 여기에 함께 동조하며 기생하는 국가는 결코 인민의 편일 수 없는 것이고, 이윤을 위해 상품을 생산하는 사회는 노동자들에 대한 억압과 착취가 강제되어 질 수밖에 없다. 이는 반대로 인간의 편리를 위해

---

[7] F.엥엘스, 《가족 사유재산 국가의 기원》. 아침, pp.183~184
[8] F.엥엘스, 같은 책, pp.198~199

만들어야 하는 물품이 필요에 따라 개인에게 주어지는 사회, 사용가치로서만 생산하는 사회라면 억압과 착취는 없을 것이고, 계급과 국가의 존재는 필요하지 않을 것이다.

특히 마지막 부분. "지배계급에게 좋은 것은 전체 사회에도 좋은 것처럼 말한다." 현재 지상파 뉴스, 신문 전체와 각종 프로그램에서 지속적으로 떠들어 대고 있을 뿐만 아니라, 교육, 문화 노동현장 등에 이 이데올로기는 다 전제되어 있다. "인민대중을 위하는 것처럼 포장하고 미화하고 또는 기만하여 착취가 관례이며 전적으로 피착취계급 자신의 이익을 위한 것처럼 되어버리게 하고, 반항은 은인을 배반하는 배은망덕함으로 장식하는 것이다." 지금도 저들의 일방적 외적 상황의 굴레는 달라진 것이 없고, 매스미디어를 통해 더 고도화되어 있다. 노동자들의 계급적 의식마저 마비시키고, 실천은 생존권 투쟁 그 이상을 할 수 없게 하는 이 상황에, 착취를 위한 이데올로기에, 노동자계급은 결코 편승, 현혹되지 않아야 한다. 현재 한국자본주의를 비롯한 세계자본주의는 노동자들이 생존권투쟁을 넘어 정치권력의 쟁취를 향해 의지를 불사르게 할 수밖에 없는 상황에 놓여있다. 그러나 주체적 실천투쟁으로 나아가지 못하면, 달라질 것은 하나도 없고 더욱 더 죽음과도 같은 나락으로 떨어지고 말 것이다. 한 마디로 각각의 분야, 노동현장에서 노동자계급의 전술로서 투쟁하며, 사회적으로 노동자계급의 전략으로 단결투쟁 하는 길 말고는 다른 도리가 있겠는가. 현재 한국사회에서도 목숨을 건 단식투쟁, 고공농성 등등 노동자들의 치열한 투쟁이 벌어지고 있다. 투쟁 하나하나가 모아져서 노동자계급의 단결투쟁으로 나아갈 것이라 본다.

하루 빨리 필자도 저들의 온갖 통제와 감시와 억압과 간섭, 잔소리, 동료들과의 경쟁으로 인한 상대적 스트레스에 시달리지 않으며, 같은 노동자끼리 경쟁하면서 받아야 하는 수당제 시스템 등, 특히 노동자들의 임금의 일부를 갈취하듯 쥐어짜서 저들에게 고이 갖다 바치는, 미치도록 싫은 이 회사영업활동 상황(자본주의사회)을 타도하고, 나를 비롯한 모든 인민의 이익과 발전을 위해 사회적으로 꼭 필요한 인간의 신성한 권리로서의 노동을 하고 싶다. 즉 저들의 이윤을 위한 한낱 부속품으로 살 수는 없다는 것이고, 인간해방의 길로 나아가야 한다는 것이다. 그러기 위해선 내 처지와 같은 노동자들 자신은 어느 쪽 계급에 처해 있는지 직시하는 것으로부터 출발하여 맑스주의 이념을 전제로 한 학습과 현실의 실천 투쟁으로 나아가야 한다고 본다. 그러면 노동자계급은 학습·실천·인식·전술·전략·투쟁만 하면 되는 것인가? 이후로는 어떻게 해야 하는 것인가? 모든 인민의 이익과 발전을 위해 사회적으로 꼭 필요한 아름다운 노동을 할 수 있으려면 도대체 어떻게 해야 하는 것일까? 그래서 노동자계급의 역동적이었던 역사적 투쟁을 먼저 살펴보려 한다.

2. 국가와 혁명; 1871년 파리꼬뮌의 경험

"파리꼬뮌을 유심히 보라. 이것이 바로 프롤레타리아 독재였다. 노동자만이 마지막까지 꼬뮌에 충실하였다. 부르주아 공화주의자와 소부르주아는 결국은 꼬뮌에서 떨어져 나갔다. 어떤 사람은 운동의 혁명적·사회주의적·프롤레타리아적 성격에 대단히 놀랬고, 다른 사람들은 이 운동이 끝내는 패배할 운명에 있음을 간취했을 때 그로부터 이탈했다. 프랑스의 프롤레타리아트만이 겁내거나 피로를 느끼지 않고 자기정부를 지지했고, 그들만이 자기정부를 위해, 즉 노동자계급의 해방을 위해, 모든 근로자의 보다 나은 미래를 위해 싸우다가 죽어간 것이다. 어제의 동맹군에게 버림받고, 그리고 그 누구로부터도 지지받지 못하게 된 꼬뮌은 불가피하게 패배의 고배를 마셔야만 하였다."9)

"사회혁명의 승리를 위해서는 적어도 두 가지 조건이 반드시 필요하다. 즉, 생산력의 고도의 발전과 프롤레타리아의 준비가 그것이다. 그러나 1871년에는 이 두 가지 조건 중 어느 것도 마련되지 못했던 것이다. 프랑스 자본주의는 아직 크게 발전하지 못한 단계였으며, 소부르주아지(수공업자, 농민, 소상인 등)가 주요 계급이었으며, 한편 노동자는 당이 없었다. 그러나 이러한 불리한 조건과 짧은 기간밖에 존재하지 않았음에도 불구하고 꼬뮌은 그 참된 의미와 목적을 특징적으로 나타내는 데 충분한 몇 가지 조치를 취할 수 있었다. 지배계급의 수중에 있는 맹목적인 무기인 상비군을 전인민의 무장력으로 대체시켰다. 교회의 분리를 선언하고 종교예산을 폐지하고, 국민교육에 전적으로 무종교적 성격을 부여하였다. 법의를 걸친 헌병에게 강력한 타격을 가했다. 인민의 정부, 노동자의 정부로서의 꼬뮌의 성격을 충분히 밝힌 것이다. 빵집의 야간작업이 금지되고, 법제화된 노동자 약탈수단인 벌금제도가 폐지되었으며, 포고령에 의해, 경영자가 폐쇄했던가 휴업시키고 있던 모든 공장과 작업장은 생산을 재개하기 위해 노동자의 협동조합으로 이전되었다. 행정기관과 정부 내 모든 관리의 보수를 평균적 임금 한도 내에서만 지급했다."10)

"꼬뮌은 부르주아 사회의 매판적이고 부패한 의회 제도를, 의사발표의 자유와 토론의 자유가 기만으로 전락되지 않는 기구로 대체했다. 그것은 곧 의회 구성원 자신들이 일해야 하고, 그들 자신의 법에 따라 업무를 집행해야 하며, 실제로 얻어진 결과에 따라 스스로 평가하고, 그에 따라서 뽑아 준 사람들에 대해 직접적으로 책임져야하기 때문이다. 잔존하는 대의기구는 결코 입법과 행정의 노동을 분리시키거나 의원들의 특권적 지위와 같은 특수한 체계로서의 의회는 아니다. 우리는 대의기구 없는 민주주의, 특히 프롤레타리아 민주주의는 상상할 수도 없다. **노동자들의 표나 얻으려는 단순한 선거가 아닌 우리의 진실되고 성실한 열망이라면, 의회없는 민주주의가 상정될 수도 있고 상정되어야만 한다.**"11)

---

9) V.I.레닌, ≪국가와 혁명≫. 논장. 1988, pp.178~179
10) V.I.레닌, 같은 책, pp.179~180

"관료제를 일시에 모든 곳에서 완전히 폐지한다는 것은 불가능하다. 그것은 유토피아일 뿐이다. 그러나 낡아빠진 관료기구를 일시에 때려 부수고 모든 관료제의 점진적인 폐지를 가능케 할 새로운 것을 즉각 세워나간다는 것은 결코 이상이 아니며, 그것이야말로 꼬뮌의 경험이 시사하는 바이며, 혁명적 프롤레타리아트가 수행해야 할 직접적이고 즉각적인 임무인 것이다."12)

"비록 대중혁명운동이 그 목표를 달성하지 못했더라도 세계 프롤레타리아 혁명의 발전으로서, 그리고 **몇백 가지의 강령이나 논의보다도 더욱 중요한 실천적인 발걸음으로서** 규정지었다. 맑스는 그러한 경험을 분석하고, 그 혁명으로부터 전술적 교훈을 얻으려 했으며, 그 혁명에 비추어서 자신의 이론을 재검토하려고 노력했다. ≪공산당 선언≫을 새로 작성하기 위해 필요하다고 생각된 유일한 수정 작업을 맑스 파리꼬뮌나르드의 혁명적 경험을 토대로 행했다."13)

"1871년의 파리 꼬뮌은 취약하긴 했지만 노동자계급이 자기의 지배력을 확립하고자 했던 최초의 시도이다."14)

맑스 또한 파리혁명을 통해서 프롤레타리아트만이 인민을 억압하는 소수의 자본가들을 물리칠 수 있다는 것을 들여다 볼 수 있었다. 즉 자본주의 사회 자체를 전복시키고 억압받는 인민의 해방을 위해선 프롤레타리아 독재가 우선해야 한다는 것이다.

파리혁명은 정말 유명하다. 그저 뭔 대명사처럼 유명해서 유명한 것처럼 막연히 느끼고 있을 수도 있다. 그러나 우리가 지금 해야 하지만, 하고 있지 못하는, 말과 다르게 아직은 현실에선 너무도 어렵

---

11) V.I.레닌, 같은 책, p.65
12) V.I.레닌, 같은 책, p.67
13) V.I.레닌, 같은 책, pp.52~53
14) V.I.레닌, 같은 책, p.180

고도 어려운 혁명이라는 것이었다. 혁명이란 죽음을 불사하는 각오, 하나뿐인 목숨을 바치는 희생이 뒤따를 때에도 될까 말까하는 쉽지 않은 것이라 보는데, 파리혁명의 주역인 노동자들과 인민들은 해내었다. 물론 부르주아지들은 노동계급의 해방이 목적이 아니었기 때문에 혁명이 되자마자 오히려 노동자들의 무장을 제일 먼저 교묘하게 해제시켰다. 그것은 바로 임노동의 사회를 유지하며, 자본에게 이윤을 창출해줄 수 있는 대상은 노동자들의 노동력뿐이었고, 그 노동력의 착취를 통해서만이 그들의 부의 원천인 이윤의 창출이 가능했기 때문이라는 것을 사실적으로, 본능적으로 안 것이다. 노동자들은 시대적 조건과 상황으로 인한 무지 때문에 무장해제를 당할 수밖에 없었다. 그러나 노동자들은 이 뼈아픈 경험을 통해서 노동자계급의 독자성을 강고히 해야 함을 충분히 자각할 수 있었다. 그리고 부르주아지, 자본주의의 발전으로 인해 프롤레타리아 계급의 수는 더욱더 광범하게 증가하고 진보적으로 성장하기 시작했다.

파리혁명 뿐만 아니라, 러시아혁명을 비롯해 크고 작게 인류의 역사는 계급투쟁의 역사였고, 아직도 진행 중이며, 그 끝이 언제인지는 현재의 투쟁 현실이 전제 할 것일 뿐이고 … 수많은 투쟁들에서 수없이 쓰러져간 선배동지들을 책이나 동영상, 사진 등의 간접경험과 또는 직접 경험을 통해 접하면서, 나 개인이 그 주역의 역할을 해야 할 순간에 목숨을 건 희생·투쟁을 할 수 있을까 하는 장담은 예측할 수 없기는 하다. 그러나 한낱 저들의 이윤을 위한 부품으로 살아 보았자 그것은 살아있는 것이 아닌 것이며, 진정한 자유를 위해 싸우다 죽어도 죽는다는 의미에서는 다를 바 없는 것이기 때문에 뭐 무서울 것이 있겠나 싶기는 하다. 그때나 지금이나 공통점이 있다면, 민중은 처참하게 억눌리면서 더 이상 인간으로서 살 수 없는 상황에서는 필연성과 목적의식성으로 인한 저항이 혁명으로 발현될 수밖에 없다는 점이다. 그러하기에 어찌 보면 혁명이란 것은 당연한, 간단한 명제가 되는 것이 아닐까 자문해 본다. 혁명이란 정말 어려운 것이다. 하지만 인민들과는 상관없는 이상한 것은 아니다. 너와 내가 함께 더불어 잘 살기 위한 과정일 뿐이라고 생각해 본다면, 마냥 무턱대고 이상한 것은 아니다.

1871년의 파리혁명은 노동자계급뿐만 아니라 근로대중 전체의 이익을 위해서는 프롤레타리아트 독재가 수립되어야만 한다는 것을 역사적 사실로 보여주었다. 그것은 짧았지만, 사적 소유의 폐지와 인민의 이익과 발전을 위한 공동체가 가능하다는 것은 명백하게 보여주었다.

3. 자본주의에서 공산주의로의 이행: 프롤레타리아 독재

- 프롤레타리아 독재

"'자본주의 사회와 공산주의 사회 사이에는 혁명적 이행기 시기가 놓여 있다. 여기에 부합하여 또한 국가가 단지 혁명적인 프롤레타리아 독재를 의미할 뿐인 정치적인 이행기가 그 속에 존재한다.'

이러한 맑스의 결론은 근대 자본주의의 사회에 있어서 프롤레타리아트가 수행해야 할 역할에 대한 분석과, 그 사회의 발전에 관련되는 자료들, 그리고 프롤레타리아트와 부르주아지의 화해할 수 없는 적대적인 이익관계를 기초로 하고 있다. 프롤레타리아트는 자신의 해방을 이루기 위해 부르주아계급을 타파해야 하고 정치권력을 타도해야 하며, 정치권력을 획득하고 그 자신의 혁명적 독재를 수립해야 한다는 것이다. 자본주의 사회에서 공산주의 사회로의 이행은 정치적 이행기 없이는 불가능하며 이 시기에 있어서 국가는 단지 프롤레타리아트의 혁명적 독재일 수밖에 없다는 것이다."15)

"프롤레타리아 독재란 소수에 대한 압도적 다수의 독재로서, 이것은 착취자를 반대하고 각국 인민, 제민족의 억압에 반대하며, 인간에 의한 인간의 모든 착취를 근절시키기 위한 것이다. 프롤레타리아 독재는 노동자계급뿐만 아니라 근로대중 전체의 이익을 표현한다. 모든 사회주의 사회의 건설이며, 그 획득물을 사회주의의 적들로부터 수호하는 것이다. 피착취 계급에 의한 독재요, 착취와 빈곤이 없는 사회주의 사회를 만들기 위한 독재요, 인류 역사상 가장 진보된, 최후의 독재이다. 이와 같은 독재는 역사상 가장 위대하고 가장 곤란한 임무를 지니며, 역사상 가장 많은 투쟁에 직면하고 있으므로 레닌의 말처럼 과오를 범하지 않을 수 없는 것이다. 강대한 적에게 승리하려면 프롤레타리아 독재는 권력의 고도 집중을 요구한다. 고도로 집중된 권력은 고도의 민주주의와 결부되어야 한다. 집중제가 일반적으로 강조되면 많은 오류를 범하게 된다. 이 점도 사람들이 전적으로 이해할 수 있는 것은 아니다. 그러나 어떠한 잘못이 있던지 간에 인민대중에게는 뭐니뭐니 해도 프롤레타리아 독재제도가 착취계급에 의한 모든 제도보다, 부르주아지의 독재보다 훨씬 우월하다."16)

대부분 독재는 다 나쁜 것이라고들 생각이 들 것이다. 독재로 억눌려왔던 역사가 있었고, 지금도 부르주아·자본주의, 제국주의 독재에 갇혀있으니 말이다. 그러나 독재가 지금 자본주의 사회처럼 근로인민대중을 억압하고 착취하기 위한 부르주아독재인지, 노동자계급과 근로인민 전체를 위하고 부르주아계급을 완전 박멸하기 위한 독재인지 구분을 잘 해야 한다.

프롤레타리아 독재! 어느 누구의 독재도 아닌, 왜 프롤레타리아 독재여야 하는가? 지금은 전 세계가 거의 자본주의 사회이다. 임금을 받는 노동자가 대다수인 사회라는 것이다. 노동자는 노동력을 팔

---

15) V.I.레닌, 같은 책, p.108
16) V.I.레닌, 같은 책, p.174

아서 노동의 대가의 일부를 저들이 지불하는 비용, 재생산의 비용이라는 명목으로 임금으로 받는다. 노동의 대가를 덜 주려는, 노동력의 착취로서만 존재가 가능한 자본가와 착취의 임금노예 사슬을 끊어야만 온전한 인간으로서 살게 되는 노동자는 적대적 모순관계일 수밖에 없고, 이 관계가 중심이 되는 사회가 자본주의 사회이기 때문이다. 그러나 지금 현실을 목도하듯이 자본가들은 노동의 대가를 덜 주고, 부를 영속하기 위해 노동자들의 부르주아사회 법제도 안에서의 정당한 투쟁마저도 폭력과 가압류, 법원과 정부동원이라는 악행으로 노동자들을 억압하고 짓누르고 있다.

노동자들이 자신의 생존권을 지키고 더 나아가 임금이라는 제도로부터 해방이 되어야 노동자계급과 전체인민들은 자유로워질 수 있다. 그러므로 임노동의 사회인 자본주의 사회를 철폐하기 위해서는 임금노예로 살 수밖에 없는 당사자인 노동자계급이 중심이 되어야 하는 것이다. 즉 프롤레타리아 독재의 길밖에 없는 것이다. 역사적으로 파리혁명들의 경험들을 보더라도 노동자가 중심인 프롤레타리아 독재만이 꼬뮌을 형성할 수 있었던 것이다. 물론 노동계급을 중심으로 농민, 소부르주아들, 근로인민 전체와의 동맹과 결사투쟁의 연합은 필수이다.

- 민주주의

"자본주의적 착취라는 조건 때문에 근대의 임금노예들은 너무나도 기아와 빈곤으로 압살당하고 있기 때문에 생활 속에서 민주주의나 정치를 귀찮게 여기게 된다. 일상적으로 평화로운 사건들의 전개과정 속에서 대다수 대중은 정치와 공화국에의 참여에서 배제되어 있다. **극소수를 위한 민주주의, 부자들을 위한 민주주의, 곧 자본주의 사회에서의 민주주의인 것이다.**"[17]

---

17) V.I.레닌, 같은 책, p.109

"자본주의적 민주주의 그것은 필연적으로 협소하며 빈곤계급을 음흉하게도 배제시키고 있고, 철두철미하게 위선적이며 허위적인 것이다. 돈주머니를 위한 민주주의가 아니라 최초로 빈자와 인민을 위한 민주주의가 되는 민주주의의 광범위한 확산과 동시에, 프롤레타리아 독재는 기존의 억압자들과 착취자들과 자본가들의 자유에 대한 일련의 제한을 가하게 된다. 우리는 임금노예가 되는 것으로부터 자유로운 인간성을 지키기 위하여 그들을 억압해야 하며, 그들의 반동적인 저항을 무력으로 타파해야 한다. 억압과 폭력이 존재하는 곳에서는 그 어떠한 자유나 민주주의도 존재하지 않는다는 것은 명백하다."18)

"자본주의 사회에서 우리는 편협하고 비열하고 허위에 찬 민주주의, 즉 부자와 소수를 위한 민주주의를 지니고 있다. 반면에 공산주의로의 이행시기에 있어서 프롤레타리아 독재는 최초로 착취자와 소수에 대한 필연적인 억압과 더불어 인민을 위한, 대다수를 위한 민주주의를 창조할 수 있으며, 그 민주주의가 완벽하게 되면 될수록 빨리 그 민주주의는 필요 없게 되면서 스스로 사멸되어 버릴 것이다."19)

"부르주아 민주주의는 그것이 중세사상에 비해 대단한 역사적 진보라 할지라도, 제한되고 불완전하고 거짓되고 위선적이며, 부자에게는 천국이고, 피착취자, 가난한 자에게는 함정이며 속임수인 것은 항상 여전하며 또한 자본주의 하에서는 반드시 그렇게 된다. 그러나 카우츠키는 모든 부르주아 민주주의를 부자를 위한 민주주의로 만든 그러한 제 조건을 과학적으로 비판하지는 않고 부르주아지에게 "즐거움"을 선사하고 있다."20)

"부르주아 민주주의 위선의 징표를 어디서나 보게 될 것이다. 공공질서의 교란의 경우에 그리고 실제로는 피착취계급이 자신의 노예 신분을 어기고 노예답지 않게 행동하려고 하는 경우에, 아무리 민주적인 국가

---

18) V.I.레닌, 같은 책, pp.110~111
19) V.I.레닌, 같은 책, p.112
20) V.I.레닌, ≪프롤레타리아 혁명과 배신자 카우츠키≫. 소나무. 1991, p.29

라 할지라도 그 헌법에 노동자를 향해 군대를 출동시킬 가능성, 계엄령을 선포할 가능성 등을 부르주아지에게 보장하는 단서와 빠져나갈 구멍을 마련해 놓지 않는 국가는 단 하나도 없다. 그러나 카우츠키는 뻔뻔스럽게도 부르주아 민주주의를 미화하면서, 부르주아지가 파업을 일으킨 노동자를 어떻게 다루는지에 대해서는 언급을 회피하고 있다. 이 문제에 관해 침묵을 지키는 것이 비열한 짓이라는 사실을 미처 깨닫지 못하고 있다. 그는 노동자에게 민주주의는 소수를 보호하는 것을 의미한다는 따위의 동화를 들려주기를 더 좋아한다."21)

부르주아 민주주의의 위선의 징표들은 지금 현대자본주의 사회에서도 다를 것이 없을 뿐만 아니라, 매스매디어, 교육시스템 등과 함께 합작하여 보다 더 집요하고 고도화되어서 노동계급, 근로인민대중 생활 곳곳에 스며들어 있다. 저들이 직접 입으로 말한 국민들인 인민들을 선거 등을 통해 적절하게 십분 활용하며 자신들의 이익만을 챙기고 나몰라라 하며 지키지도 못할 약속과 거짓 선전으로 기만까지 한다. 정부는 문민정부라든가, 평화통일이라든가, 독도는 우리 땅이라는 것을 앞세워 민족주의를 조성하며 자본주의 사회 자체의 문제점에 대한 비판의식을 흐리게 하는 거짓선전이 무수하게 일상적으로 일어나고 있다. 더 큰 문제는 카우츠키와 같은 반동들이 지금 현실에서도 판치면서 적들보다 앞서서 본인들의 살길만을 찾으며 기회주의적으로 인민들을 우롱하고 있다는 것이다. 이들을 포함한 모든 정부관계자들은 그들의 기득권을 위해 서로 죽일 듯이 물고, 헐뜯고, 할퀴고, 비방하면서, 국민들을 위한다며 민주적이랍시고 위선을 떨며 싸우다가도 노동계급에게서 저항이 일어날 조짐만 보여도 한 치의 용납도 없이 바로 손 맞잡고 힘을 합쳐 처참하게 짓밟아 버리는 것이 저들의 본성인 것이다.

---

21) V.I.레닌, 같은 책, p.31

한국사회만 해도 수많은 선배동지들의 목숨을 건 투쟁의 산물로서, 프롤레타리아 독재라는 단어라도 사용할 수 있게 되었다. 그러나 결코 노동계급과 서민들을 위한 진정한 민주주의는 여전히 없다. 하지만 극소수를 위한, 부자들을 위한 민주주의라도 노동자들의 정당한 권리를 위해 가열차게 투쟁한다면 그 결과로서 부르주아 민주주의 자체에 지배계급 그 자신들을 가둬 버리고 옥죄일 수는 있을 것이라 본다.

4. 국가의 사멸

"국가는 사회전체의 공식적인 대표자이며, 눈에 보이는 하나의 단체가 사회전체를 총괄하는 것이다. 그러나 국가가 이렇게 된 것은, 다만 그것이 각 시대에 스스로가 전 사회를 대표한 계급의 국가인 한에서만 그러했다. 국가는 사실상 사회전체의 대표자가 됨으로써 자기 자신을 불필요한 것으로 만든다. 억압하여야 할 사회계급이 완전히 없어지자마자 계급지배와 함께 지금까지 생산의 무정부상태에 근거하던 개인적 투쟁과 더불어, 그리고 또한 이런 데서 일어나는 충돌과 교란이 제거되자마자 특수한 억압기구인 국가권력을 가지고 억압해야 할 것은 아무것도 존재하지 않게 된다. 국가가 실제로 전사회의 대표자로서 등장하는 최초의 행위-사회의 이름으로 생산수단을 장악하는 것- 그것은 동시에 국가가 국가로서 행사하는 자주적인 마지막 행위이기도 하다. 사회적 제 관계에 대한 국가권력의 간섭은 일정한 영역마다에서 점차 불필요한 것이 되고 끝내는 스스로 잠들어 버린다. 사람들에 대한 통치에 대신하여 사물의 관리와 생산과정의 지도자가 나타난다. 국가는 폐지되는 것이 아니다. 그것은 사멸되는 것이다."[22]

"국가가 사멸하는 과정은 지도적인 사회주의 세력의 주관적인 의지에

---

22) V.I.레닌, ≪국가와 혁명≫. 논장. 1988, pp.196~197

만 걸쳐 있는 것이 아니다. 그것은 사회주의적 관계가 발생·발전·성숙한 것, 그리고 일반적으로 사회주의의 사회경제세력이 성장한 것의 유기적인 결과로써, 과도기의 수많은 어려움이 사회주의적으로 해결됨으로써 생기는 것이다."23)

- 낮은 단계의 공산주의(사회주의사회)

"공산주의 첫 번째 국면에서는 아직 공정과 평등이 완전히 실현될 수 없다. 여전히 부에 있어 **차별과 불공평한 차별은 존재할 것이다. 그러나 한사람에 의한 또 다른 한사람에 대한 착취는 불가능해질 것이다.** 왜냐하면 생산수단을 거머쥐고 그것을 사적 소유화 하는 것이 불가능해질 것이기 때문이다. … 단지 개인의 손에 장악되는 생산수단의 불공평만을 제거하고자 하는, 다른 종류의 불공평은 일시에 제거할 수 없는, 그리고 아직은 필요에 의해서가 아니라 수행한 노동의 양에 따른 소비재의 분배가 유지되는 공산주의 사회로의 발전과정을 밝히고 있다."24)

"첫 번째 국면이나 단계에서의 공산주의는 아직 경제적으로 충분히 완성된 것이 아니며, 자본주의적인 전통과 유산에서 완전히 자유로울 수도 없다. 부르주아적 권리의 편협한 지평을 여전히 유지하고 있는 현상이 보인다. 물론 소비재의 분배에 관련하여 부르주아적인 권리는 불가피하게 부르주아적 국가의 존재를 전제하고 있는데, 왜냐하면 권리란 권리의 기준에 대한 준수를 강제할 수 있는 장치 없이는 아무런 의미도 지니지 않기 때문이다. 또한 그러한 공산주의 하에서는 부르주아적인 권리뿐만 아니라 부르주아지는 없지만 부르주아적 국가도 계속해서 남는 것이다."25)

"우리가 이상주의에 빠져있지 않으려면, 우리는 자본주의를 전복시킴으로써 인민이 일시에 그 어떠한 권리기준도 없이 사회를 위해 일하는

---

23) V.I.레닌, 같은 책, p.201
24) V.I.레닌, 같은 책. p.116
25) V.I.레닌, 같은 책, p.122

것을 배우게 될 것이라고 생각해서는 안 되기 때문이다. 더구나 자본주의 철폐는 그러한 변화를 위해 필요한 경제적 전제조건을 즉시 창출하지는 않는다. 현재에는 부르주아적 권리 이외의 다른 표준척도가 없다. 이러한 범위 내에서는 국가의 필요성이 여전히 남는데, 그 국가는 생산수단의 공동소유를 보호할 동안에 노동과 생산물의 분배에 있어서 평등을 보호하게 될 것이다. 더 이상 그 어떠한 자본가들과 계급들도 존재하지 않게 되면 국가도 사멸하게 되며, 그 결과 그 어떠한 계급도 억압받지 않게 된다. 그러나 부르주아적 권리에 대한 보호가 여전히 존재하게 되고 실질적인 불평등이 인정되는 한, 국가는 아직 완전히 사멸한 것이 아니다. 국가가 완전히 사멸하기 위해서는 완전한 공산주의가 필요하다."26)

- 높은 단계의 공산주의

"보다 높은 국면의 공산주의 사회에서는, 즉 개인을 노동 분업에서 노예적으로 복종시키는 대립이 제거되고 그와 더불어서 정신노동과 육체노동 간에 존재했던 대립이 제거된 후에, 또한 **노동이 생존만이 아니라 삶의 제일의 요구가 된** 후에, 생산력이 개인의 전반적인 발전과 더불어서 신장되고 모든 합동적인 부의 신장이 보다 광범위하게 물결친 후에-바로 그때에만 부르주아적 권리의 편협한 지평은 그 조종을 울리게 되고, 사회는 자신의 진정한 기치 아래 굳건하게 성립되는 바, 그 기치는 곧 각자는 능력에 따라, 각자에게는 필요에 따라가 될 것이다."27)

"자본가들과 관료들을 타도한 연후에 무장한 노동자들과 무장한 대중 전체에 의한 생산과 분배의 통제, 노동과 생산물의 회계 작업에 있어서 즉각적이고 짧은 시간 내에 그들을 대체할 수 있다. 통제와 회계의 문제가 과학적으로 훈련된 기술자나 농경학자 등과 같은 참모의 문제와 혼동되어선 안 된다. 이들은 오늘은 자본가들의 요구에 따라서 일하고 있지만, 내일에는 무장한 노동자들의 요구에 따라 훨씬 더 열심히 일하

---

26) V.I.레닌, 같은 책, pp.117~118
27) V.I.레닌, 같은 책, p.118

게 될 것이다."28)

"모든 사회구성원, 또는 적어도 대다수가 국가를 자신들이 관리하도록 배우게 되고, 이 작업을 자신들의 손으로 하게 되고, 극소수 자본가와 자본가적 습성을 버리지 못하고 있는 무리들과 자본주의에 깊숙이 매수된 노동자들을 조직적으로 통제하게 되는 순간부터 그 어떠한 종류의 정부도 그 필요성을 상실하기 시작한다. 민주주의가 완전해지면 완전해질수록 민주주의가 불필요하게 되는 순간은 점점 더 가까워진다. 무장한 노동자들로 구성되고 더 이상 고유한 의미로서의 국가도 아닌 국가가 점점 민주적으로 될수록 점점 더 급속하게 모든 형태의 국가는 사멸되기 시작한다."29)

국가의 사멸! 말만 들어도 가슴이 마구 설렌다. 난 더 이상 먹고 사는 문제 때문에 하기 싫은 일을 착취당하면서는 안 해도 되는 건가? 생활고에 시달리지 않아도 되는 건가? 등등 그러나 지금은 자본과 정치권력에 지배당하고 있는 현실이다.

혁명을 통해 프롤레타리아 독재가 되었다고 해서 모든 것이 일순간에 이루어지는 것은 아니다. 부르주아지는 없어졌어도 그간에 익혀왔던 부르주아 사회의 질서, 일상적 생활, 교육, 문화 등등 무엇보다 잔존하는 부르주아 저항세력들, 사적 소유들이었던 주요 생산수단들의 국유화 과정들, 사회주의 민주주의의 실현과정들 등등 어디가 끝인 줄 아직은 알 수 없는 지난한 진통의 세월을 현명하고도 단호하게 겪어야 한다. 모든 인민이 부르주아적 지배에서 경제·정치적으로 해방될 때에만 진정한 자유의 사회를 맞이하게 되는 것이다.

---

28) V.I.레닌. 같은 책. p.124
29) V.I.레닌. 같은 책, p.125

하지만 누차 말하고 또 말했지만, 노동자계급과 인민대중들의 독자적 주체적 투쟁의 시작 없이는 결코 이루어질 수는 없는 것이다. 노동계급·인민대중의 진정한 자유, 노동해방·인간해방을 위해 노동계급 단결투쟁으로 전진 또 전진을 바라며 글을 마친다.

노사과연

공산당 및 노동자당 20차 국제회의에서: 그리스 공산당 중앙위원회 총서기 디미트리스 코촘파스(Dimitris Koutsoumpas)의 연설

번역: 제일호 | 부산지회 회원

20년 전 우리 당의 주도로 국제회의가 처음 시작된 도시, 여기 아테네에서 열리는 제20차 공산당 및 노동자당 국제회의에 참석해 주신 여러분들을 환영합니다.

우리는 오늘 여기 여러분 앞에 서있는데 한 세기의 삶과 활동을 마감한 후입니다. 우리는 그리스 공산당(the KKE)의 명예롭고 영웅적인 100년을 정당하고 자랑스럽게 생각합니다.

왜냐하면 우리는 승리하는 삶을 위해 투쟁하는 과정에서 모든 인류의 가장 소중한 소유물인 목숨 자체를 바쳤던, 우리 당의 영웅적이고 명예로운 죽음의 발자취를 따라 결의에 차서, 역동적으로 계속 나아가고 있기 때문입니다.

당은 비합법의 조건, 박해, 처형, 투옥 및 억압의 석기 시대 동안 그리고 지난 44년의 부르주아적 합법성의 세월 동안 계급투쟁의 모든 전환들을 커다란 결단력으로 견뎌냈습니다.

당은 1991년의 반혁명의 커다란 역사적 반전 기간을 거쳐 오늘날까지 계속 위치를 지키고 있습니다. 당은 스스로 일어나는 힘을 얻었습니다. 재편성의 가파른 길을 한 걸음씩 오르고 있습니다.

반혁명의 승리를 이끈 원인을 추적하고 있고, 1996년 최초의 심의에서부터, 20세기 사회주의 건설 과정의 전복의 총체적 원인들에 대한 18차 당 대회에서의 이러한 노력의 집단적인 문서화에 이르기까지, 주요하게는 쏘련의 경험에 기초하여 연구하고 논의하고 있습니다.

100년의 전체 기간의 이 장엄한 과정을, 승리와 패배, 도약과 역전, 실수와 약점들, 뿐만 아니라 비길 데 없는 영웅주의와 결합시키기 위해 역사 기록 보관소의 문서들을 한 페이지 한 페이지씩 열심히 살피고 있습니다.

동지들,

반동과 기회주의의 사이렌이 역사의 종말, 노동계급과 그 운동의 종말에 대해 노래하는 만큼, 삶 자체가 그들이 잘못되었다는 것을 증명하고 있습니다. 노동계급은 조만간 자신의 역사적인 역할, 역사적인 사명의 도전으로 나아갈 것입니다. 즉, 인간에 의한 인간의 착취의 최종적인 폐지와 사회주의-공산주의 사회의 건설.

이것은 노동계급이 집중화된 산업생산과 관련된 힘을 가지고 있기 때문입니다. 이로부터 위대한 계급투쟁의 과정에서 입증된, 집단성, 의식적인 규율, 탁월한 인내와 같은 미덕이 뻗어 나오고 있습니다.

파리 코뮌과 10월 혁명은 우리의 투쟁에 영감을 주는 빛나는 예들입니다. 자신의 목숨을 바쳤고, 우리의 시대에 이르기까지 100년 동안 행진해 나가면서 무수한 어려움을 견뎌낸, 우리나라의 수천 명의 노동 남성과 여성들처럼.

계급투쟁의 과정에서 그리스 노동 운동의 몸체에 지울 수 없는 흔적을 남긴 전투들이 있습니다.

가르침들, 긍정적인 것들과 그 과정의 약점들이 있는데 그에 대해 우리는 노동자의 전위라는 관점, 거친 계급투쟁의 발전이라는 관점에서 연구를 해야 합니다.

노동계급은 자연발생적으로 이 지위를 성취하는 것이 아니라 공산당, 즉 의식적이고 조직된 전위의 혁명 이론과 활동으로써 이 지위를 성취합니다.

동지들,
혁명적인 강령의 존재, 맑스-레닌주의의 세계관과 프롤레타리아 국제주의의 고수, 새로운 유형의 당의 형성의 원칙들, 우리의 역사적 경험에 대한 정교화된 연구는 부정할 수 없는 현대의 무기가 됩니다. 그것들은 우리에게 이점을 줍니다: 그러나 쟁점은 우리가 그것들을 우리의 일상 활동과 노력에서 창의적으로 그리고 올바른 방식으로 사용하는가 입니다.

당면 요구들을 위한 노동자 투쟁의 가치와 이것들에 대한 당의 역할을 평가하는 것만으로는 충분하지 않습니다. 평가의 기준은 정치적 의식을 수립하는 과정에서 이것들이 얼마나 많은 도움이 될 것인가 하는 것입니다. 발전의 기준은 당 건설을, 직장에서 그리고 당의 대열의 사회적 구성, 연령 구성 및 여성 참가의 측면에서 심화시키는 것입니다. 당의 이론적, 정치적, 조직적 수준을 높이는 데 있어서 꾸준한 발전뿐만 아니라 중앙위원회로부터 시작하여 정치국에 이르기까지 노동계급에게 정치적 지도를 제공하고 그들과 연결되어야 한다는 관점에서 그 능력을 향상시키는 것이 하나의 기준이 될 것입니다.

복잡한 일상의 과제들이 우리를 주요하고 기본적인 과제, 즉, 당이 준비되어 있도록 하기 위해, 전환점들과 갑작스런 선회의 시기에 당이 기습을 당하지 않기 위해, 당이 주요한 목표를 놓치지 않으면서 시의 적절하게 예측하고 적응하는 능력을 항상 갖기 위해, 기층에서 작업해야 한다는 것에서 멀어지도록 해서는 안 됩니다.

우리가 특수한 객관적 조건, 우리의 의지와 욕망과, 우리 자신의 개입과 독립적으로 존재하는 조건을 평가하면서 주체적인 요인을 판단하는 능력을 각 개인이 얻지 못한다면, 우리가 사업의 과정을 충분히 살피는 것, 필요한 방식으로 판단하는 것, 시의적절한 방식으로 실수와 누락을 관찰하고 교정하는 것은 불가능합니다.

그리스의 그리고 국제적인 경험은 또한, 혁명적 정세의 조건이 창출되고 노동계급이 권력을 빼앗아 장악한 경우를 제외하고는, 당의 이데올로기적-정치적 영향력과 힘은, 투쟁에서 그 전위적인 전투적 활동, 당의 책임 있는 활동, 당의 사심 없음 그리고 그 공헌과 헤아릴 수 없는 희생과 일치하지 않으며, 일반적으로 말하면 인민을 향한 당의 예측과 경고가 확증되어 왔다는 사실과 일치하지 않는다는 것을 확인시켜 줍니다.

이것은 이상한 것이 아닙니다. 노동계급이 정치권력을 획득하고 사회주의 건설 과정에 있을 때만이 사회주의 이데올로기가 지배적인 것이 되기 위한 전제조건이 창출될 것입니다.

이것은 그리스 공산당이 노동계급의 정치적 의식의 발전에 공헌하는 데 있어 자신의 책임성을 수동적으로 보고 있다는 것을 의미하지는 않습니다. 당이 투쟁하고 있다는 것 그리고 가능한 한 빨리 자신의 약점, 단점, 실수의 가능성으로부터 벗어나는 것과 자본주의의 조건 하에서 사회주의 의식이 지배적일 수 있다는 환상을 품는 것은 별개의 것입니다. 당이 스스로에게 부과하는 요구들, 자신의 활동의 결과에 대한 비판과 자기 비판적 검토는, 부르주아 정당들—자본주의 체제의 한계 안에서 투쟁하는 것을 선택했거나 자본주의가 사회주의로 개혁될 수 있다고 대중에게 선언한 정당들—과 동일한 관점으로부터, 동일한 기준으로 생겨날 수는 없습니다.

그리스 공산당에게 가장 중요한 것은 공장, 대도시 중심, 전략적 중요성을 가진 지역에서 끈이 확대되고 집중적으로 심화되는가 하는 것입니다.

우리는 계급적 본질을 은폐하고, 부르주아 계급과 노동 계급이라는 두 개의 기본적 계급 사이의 구분선을 숨기는 계급 본질을 은폐하는 성격 규정과 이데올로기적 발명들을 거부합니다.

그리스 공산당은 계급투쟁이 자본주의 체제를 전복하는 방향을 취하도록 투쟁하고 있고 그리고 그 방향에서, 노동조건과 생활환경을 개선하기 위해 노동계급과 인민의 중간층의 모든 부문의 투쟁을 연결하려고 시도하고 있습니다.

우리의 일상적인 노력의 목표는, 협소하게 노동조합의 대중 투쟁에서 전위로서가 아니라 혁명적인 전위로서의 노동계급을 실천적으로 고무하는 것입니다. 가능한 한 대규모로 대중적 의미의 사회적 동맹을 드러내기 위해, 중간층의 인민 부문을 가능한 한 대규모로 노동계급과의 결합된 행동과 동맹으로 견인하는 것.

우리는 경제 공황의 빈번한 표현에도 불구하고, 유럽과 그리스에서 노동운동과 그 동맹들이 상대적 후퇴, 환멸, 그리고 상대적 침체의 국면에 있다는 것을 알고 있습니다.

계급적 지향의 대중성 약화와 부패의 경향이, 사회주의 건설의 과정에 있던 쏘련과 다른 나라들에서 자본주의가 복구되기 이전에, 오랜 기간에 걸쳐, 주요하게는 사회-민주주의적인 지배로 인해 발전해 왔습니다.

유로꼬뮤니즘은, 자신의 오른 손에 사회 민주주의를 든 서유럽 자본주의가, 노동조합 운동에 심각한 타격을 가하고, 노동조합 운동의 점진적인 후퇴, 심지어 그것의 타락을 초래하게 하는 기본적인 통로로서 작용했습니다. 그렇지만 투쟁들이, 세력들의 상호관계와 관련하여 긍정적인 차이들—그와 정반대되는 것이 유럽적 수준에서 발생했습니다—을 만들어 낼 수 없었음에도 발생했습니다.

그리스에서는, 노동 남성과 여성들의 의미 있는 부분. 인민 대중들이 "피로를 느끼거나" 실망하게 되었는데, 왜냐하면 노동조합 투쟁이 즉각적인 결과를 가져오지 않았기 때문입니다.

또 다른 부분은, 어느 시점에 야만적인 조치가 끝나고, 위로부터 어떤 변화가 발생할 것을 기대하면서, 물론 헛되이 기다리기를 지속하고 있습니다.

요구를 축소시켜야 한다는 입장이 우세합니다. 이 끈들은, 자신의 생애의 첫 걸음부터 노동자, 종업원, 가난한 자영업자, 농부들인 사람들과 "묶여져 있으며", 물론 직장에서는 결정적으로 강화되고 있습니다. 그리고 그 의식에서는, 자본가를 일자리를 공급하고 수입을 분배하는 사람으로 간주할 준비가 되어 있습니다.

경제와 정치 간의 관계, 뿐만 아니라 당들의 계급적 성격을 이해하지 못하는 무능력이, 두려움과 환상, 냉담함과 실망으로 표현되고 있습니다. 이러한 무지는, 자본주의 체제가 무엇인지, 자본주의가 어떻게 기능하는지, 그리고 노동 계급의 혁명적인 역할에 대한 지식의 결여를 통해 표현됩니다. 이미 수립된 의회주의의 환상이 표현되고 있습니다. 확실히 국제공산주의 운동은 일정한 책임이 있는데, 우리 당이 부르주아 의회의 다수당과 정부에 대한 참여 혹은 지지와 관련하여 여러 번에 걸쳐 부르주아적인 동화(同化 assimilation)의 네트워크로부터 시의적절한 방식으로 자유롭게 될 수 없었던 것과 마찬가지입니다.

이데올로기적 작업과 계몽은, 단지 현재의 쟁점들에만 기초하여, 혁명 전략의 일반적인 슬로건들과 입장들―생동감과 투쟁성 없이, 발전들에 기초하여 그것들을 풍부히 함이 없이―을 반복하는 형태로 발생할 수는 없습니다.

마치 목사의 설교처럼 우리의 입장을 다른 당들에 대한 자세 혹은 일반적 비판의 형태로 제기한다면 어느 누구도 끌어 들이지 못할 것입니다. 왜냐하면 다른 당들이 일정한 길을 가고 있는 상황에서, 우리가 자발적인 책임과 희생의 제공을 요구하는 완전히 다른 길―더욱이 이 모든 것을 사회주의 나라들에서 반혁명의 승리의 시기에 수행하는―을 향하고 있는 정세에서 그러한 우리의 입장은 근거를 잃기 때문입니다.

모든 것이 우리에게 불리한 것처럼 보입니다. 오늘날 자본주의의 과정은 사회주의를 향한 그리스 공산당의 전략적 목표의 필요성에 대해 훨씬 더 많은 증거를 제공하는 반면, 역사 자체는 그리스 공산당의 전략의 견지에서뿐만 아니라 국제적인 수준에서 과거에 저질렀던 실수의 교정이 얼마나 필요한지를 입증하고 있습니다.

전략의 정교화는 이론과 실천의 통일을 요구합니다. 더 광범한 노동자 대중의 활동과 발전을 위한 안내자로서 공산주의적 전위가 이것을 진전시키는 것은 쉬운 일이 아닙니다.

우리가 부르주아주의(bourgeioism)의 스킬라[Scylla, 역자 주, Messina 해협 이탈리아쪽 해안의 큰 바위. 『그리스신화』 이 바위에 살던 머리 6개, 다리 12개 달린 여자 괴물]와 개량주의와 기회주의의 카리비스[Charybdis, 역자 주, 『그리스신화』 바다의 소용돌이를 의인화한 여자 괴물]를 극복해 내고 투쟁과 정치적 발전에서 지속적인 활동, 일상적인 활동상을 당이 똑바로 유지해 가는 것은 우리가 자신의 경계를 풀 수 있도록 허락해주지 않는데, 왜냐하면 오늘날 활동 조건과 요구가 특히 어렵고 복잡하기 때문입니다.

우리의 강령적인 정교화와 특히 정치적 입장은 계급적 적들뿐만 아니라 기회주의에 의한, 당에 대한 체계적인 공격을 불러 일으켰습니다. 기회주의의 주창자들은, 1990-91년 기간 동안—당시 그들은 반혁명의 승리가, 공산주의 운동과 마르크스-레닌주의를 "제거"하거나 혁명적 사회주의의 본질이 거세된 어떤 맑스주의적 사상들을 제기할 수 있는 황금의 기회라고 믿었습니다—사용되었던 무디고 도발적인 언술을 사용할 수 없었기 때문에 그 공격은 교활하고 또 잘 다듬어져 있습니다.

2012년부터 계속하여, 기회주의는, 부정적인 선거 결과와 SYRIZA의 갑작스런 부상을 둘러싼 우려와 불안을 자신들의 주요 무기로 이용하여 우리에게 대응하는 방식을 선택했습니다. 주요하게는 SYRIZA가 반인민적인 공격에 제동을 걸 수 있을 것이라는 그릇된 희망의 노선을 가지고, 기회주의자들은 아마도 "좌파적인" 정치 세력들의 정부를 통해, 정치적인 정부 차원의 협조, 개혁들 그리고 유로존(Eurozone)에로부터의 가상의 출구의 노선으로, 그리스 공산당을 끌고 들어가려고 시도했습니다. 기회주의자들은, 그리스 공산당의 노선과 당헌에서 협조를 향한 이러한 움직임이 결여되어 있다고 비난했습니다—정치적, 이데올로기적 성격을 가진 선거에서 그리스 공산당이 손실을 기록했던 시기에. 기회주의는 세력들의 부정적인 상호 관계 때문에 이러한 선택이 요구된다고, 그것은 이러한 관계를 변화시킬 발판이 될 것이라고 주장했는데 그러면서 그리스 공산당이 전술을 결여하고 있다고 비난했습니다. 물론 그 시점에서 SYRIZA가 제국주의적 중심들과 수립한 긴밀한 관계는 충분히 폭로되지 못했습니다.

기회주의는 물론 사회적 토대를 갖고 있는데 확대된 노동귀족층의 형성이 그러하고 국유기업들의 팽창으로 인해 봉급을 받는 과학자, 예술가, 교육자, 대중 매체의 노동자들을 광범하게 포함하고 있습니다. 이 모든 것은 계급적 적과의 타협, 체제 내에서의 정치적 해결책의 추구, 노동운동 내에서, 노동계급의 당내에서의 기회주의를 향한 경향을 형성합니다. 이러한 이유 때문에 기회주의를 반대하는 싸움은 세력들 상호관계 간의 계급투쟁의 모든 기간과 모든 국면에서 당의 혁명적인 노동계급적 성격을 보존하기 위한 전제 조건입니다.

공산당들의 탈공산주의화에 대한 예방은 바로 이 투쟁으로부터, 그것의 이데올로기적-정치적 일관성과 그 능력으로부터 시작하고 그것의 조직적 일관성을 통해서 가능하게 됩니다.

자본주의적인 유럽과 라틴아메리카의 경험은, 공산당이 과도기적 선택이라는 이름으로 정부의 관리에 참여하기로 결정했을 때, 심지어 공산당이 공식적인 합의에 의해 구속되지 않거나 혹은 공산당이 자신의 독자성을 유지한다고 선언했을 때조차도, 이미 자신들의 손을 묶어버렸다는 것을 보여주었습니다. 문서로 된 책임이 있든지 없든지 간에 그것은 보장될 수 없습니다. 자본주의 시장의 법칙들은 정치적 협정들에 의존하지 않습니다. 1944년과 1989년 부르주아 정부에 대한 당의 단기간의 참가로 인한 부정적인 경험이 있습니다.

만약 우리가 경제와 정치 간의, 모든 경제적 및 정치적 현상 간의 관계, 예를 들어, 하나의 스캔들, 혹은 새로운 당의 출현 등과 같은 것에 기초하여 모든 사회적 문제를 사고하고 판단하지 않는다면, 그 문제들과 자본주의에 맞선 투쟁의 필요성—이것은 오늘날 노동계급의 커다란 부문이 이해할 수 없는 것입니다(그리고 이 점은 설명될 수 있습니다.)—사이에 하나의 구분선이 그어지게 됩니다.

경쟁하는 사회 세력들의 입장에 대한 기본적인 기준은 자본의 근본적인 모순의 첨예화에서 발견됩니다: 한편으로는, 생산의, 가장 중요한 생산력으로서 노동의, 인간의 사회화가 있고 다른 한편으로는 생산 수단의 사적 소유에 기초한 생산물의 개인적인 전유가 있습니다. 이러한 모순은 그 체제의 모든 모순과 갈등의 근원입니다. 이것이 바로 당의 강령을 규정해야만 하는 축입니다.

확실히, 자본주의 체제의 이 모순은 노동계급 전체에 의해 이해되지는 않습니다. 오히려, 노동계급은 부르주아 이데올로기, 즉 자본주의 생산양식과 사회 전체의 조직은 역사적으로 우월하고 따라서 대체될 수 없다는 입장을 채택합니다.

그것은, 고용주 및 국가 폭력을 통해서만이 아니라 이데올로기적, 정치적 조작—교육, 대중 매체, 교회, 부르주아 정당의 기구, 그리고 지방정부 및 반(半)국가 조직(예를 들어, 비정부 기구(NGO))과 같은 대중과 연결되는 국가 기구—을 통해서, 심지어 체제에 동화되고 있는 노동조합 조직들(예를 들어, GSEE, ADEDY)을 통해서조차, 부과되는 자본주의 권력의 한 측면입니다. 노동계급에 대한 이데올로기적 조작은, 그것의 왜곡된 정치의식과 부르주아 정당에 대한, 혹은 최초에는 자신들의 대열로부터 생겨나지만 그 과정에서 부르주아 정당이 되는 정당들에 대한 정치적 애착에서 반영되고 있습니다.

이런 식으로, 세력들의 정치적 상호관계는 모든 점에서 부르주아

계급의 지배를 반영하며, 예를 들면 선거 과정을 결정하는 부르주아의 권력 기관들—그 중에서 의회—에서 계급 지배를 표현하며, 자기 자신의 기관을 구성합니다.

세력들의 상호관계에서의 실제적인 변화는 부르주아 권력의 약점으로 인해 노동계급의 중요한 부분이 부르주아적인 이데올로기 조작의 끈을 끊었다는 것을 의미합니다.

세력의 상호관계 문제는 적어도 공산당에 대해서는 비혁명적 조건 하에서 노동계급의 정치 의식의 성숙 과정에 의해 결정되지만, 또한 자본, 독점체들, 부르주아 정치 체제, 입법부, 합법적이고 억압적인 구조들, 지배적인 교육적, 종교적 그리고 도덕적 개념들, EU와 나토라는 제국주의적인 국제적 연합들에 대한 폭로와 충돌을 멈추지 않고 있는 노동계급-인민 세력은 공산당의 주위에 결집했습니다.

주체적인 요인인 우리 당의 결과들, 우리 당의 경과와 효율성에 대한 필수적인 비판적 및 자기비판적인 검토는, 사회주의 건설의 과정에 있던 나라들에서 반혁명의 승리를 수반한 극적으로 부정적인 방향 전환이 발생했던 계급투쟁의 국제적인 세력들의 상호관계로부터 분리될 수 없습니다. 물론 공황들, 전쟁들, 경쟁들을 수반하는 자본주의의 지배에서의 균열은 축적되고 있으며, 공산주의 운동의 부분에 준비태세를 요구하는 새로운 조건, 가능성들에 대한 전망을 창출하고 있습니다.

계급투쟁의 진전, 긍정적인 발전의 추진력은 속임수, 혹은 "전술적" 움직임들, 혹은 소위 숙명론적인 리얼리즘, 혹은 선거 득표율에 대한 분개, 혹은 아마도 혁명적인 "순간들"과 "사건들"로 운동을 대체하는 것에 달려 있지도 않습니다. 그것은 전위적 노동자들이 인민 세력을 조직하기 위한, 조직화되고 방향 잡힌 개입들에 달려 있습니다.

목표는 가장 전위적인 노동 남성과 여성들로 당의 대열을 확대하는 것, 연령의 견지에서 당의 갱신, 당에 조직화되는 여성의 수의 증가입니다. 거기에 더하여 인민의 계층과 농부, 자영업자, 봉급을 받는 과학자와 예술가들로부터 지도적인 활동가들을 모집하는 것입니다. 그것은 우리가 투쟁의 시기에 있는지 혹은 정체의 시기에 있는지 상관없이 체계적인 전문화된 작업을 요구합니다. 또한 당 대열에서의 증가가 자동적으로 더 강력한 투쟁을 야기하는 것도 아닙니다. 두 가지 사이에 연관성은 있지만, 이것은 결합된 과제들, 기준 및 수단과 함께 체계적으로 그리고 조직화된 방식으로 촉진되는 것이지 자연발생적으로나 기계적으로 추진되는 것은 아닙니다.

두 개의 적대하는 계급 간의 힘의 상호관계에서 실제적인 변화는 충돌하고 있는 노동계급 당과의 대규모 연대로 그리고 부르주아 기구들, 부르주아 기관들 및 그들의 정부 부문의 가시적인 약화, 기능에서의 무능력으로만 나타날 수 있습니다.

세력들의 부정적인 국제적 상호관계는, 국제적 수준에서 계급투쟁이 반자본주의적이고 반독점적인 방향을 취하면서, EU의 전략적 선택에 기초하는 위기로부터의 정치적 탈출구와 직접적으로 충돌하면서 발전하는 정도에 따라 공격받기 시작할 것입니다.

자본의 예비 세력을 제한—그것이 우리에게 달려 있는 만큼—하는 것, 자본의 기회를 제한하는 것, 피해를 입히고 반격과 자본의 타도를 위해 세력을 집중시키는 것은 우리의 책임입니다.

당의 힘을 구축하는 것은 기준의 결합에 의해 결정되는데 그것의 어떤 것은 다른 것에 비해 더 결정적인 역할을 하며, 노동운동을 재편할 필요성, 반독점, 반자본주의 사회적 동맹의 촉진, 사회주의-공산주의를 위한 투쟁과 관련이 있습니다.

노동계급은 자신의 동맹들과의 결합된 방향과 행동의 수준에 대해 우선적인 책임을 지고 있습니다. 동맹의 수준과 정도는 각각의 국면에서, 소부르주아 층, 그들의 동요에 의해 가해지는 압력을 노동운동이 견뎌내는 능력에 의해 판단될 것이다.

또 다른 기준은 고용주와 국가의 위협, 폭력, 자본주의의 경제 공황, 제국주의 전쟁의 조건 하에서 인내할 수 있는 능력입니다. 당의 전략에 의해 결정되는 일상적인 투쟁의 꾸준한 전투성은 조만간 열매를 맺게 될 훌륭한 씨앗이 될 수 있습니다.

다음의 그리고 이어지는 선거 투쟁에 직면하여, 우리 자신의 공세적인 구호는, 우리가 이미 촉진해 왔던 것, 즉, 자본주의의 경제공황 혹은 그리스 자본주의의 상승 반전의 조건 하에서, EU로의 응집이 강화되거나 약화되거나 하는 조건 하에서, 부르주아 정책들, 유로존의 일방통행에 반대하는 노동자들의 대중적인 반대를 강화하기 위하여 그리스 공산당을 강화해야 할 필요성입니다.

노동조합운동의 재편성은 계급운동, PAME—노동계급과 그 운동을 위한 과거 수십 년 간의 최대의 성과이며, 노동자의 전투에서, 사회적 동맹의 촉진에서 올바른 방향을 이끌고 있는—의 가일층의 강화와 관련이 있습니다. 그 재편성은, 지도력에서 그리고 첨예한 문제들을 둘러싼 투쟁의 조직화에서 세력들의 상호관계에서의 변화와 또한 관련이 있는데, 일관된 계급세력이 다수가 되도록 하기 위하여, 그것은 노동조합 조직체, 그 운동에서 대중적인 조직화와 참가를 위한 필요성을 이해한다는 문제와, 뿐만 아니라 노동운동에서 어떤 투쟁 노선이 지배적일 것인가와 관련된 문제와 연관되어 있습니다.

우리는 노동운동, 일반적으로는 인민의 운동은, 그것이 대중운동이고 따라서 중립적 입장을 가져야 하기 때문에 통치, 권력이라는 쟁점에 관한 입장을 가져서는 안 된다는 견해는, 부르주아 세력과 기회주의 세력들에 의해 그릇되게 이해되고 지시되고 있다고 굳게 믿습니다. 그것들에 대한 중립성은 계급 협조, 사회적 협력, 노동에 대한 자본의 우월성의 승인, EU의 일방통행의 논리를 의미합니다. 자본가들과 정치인들 그리고 그들의 테크노라트 대표자들은, 아마도 노동자들이 많은 정당 혹은 모든 정당에 속한다는 것이 고려되고 있지 않기 때문에 그 투쟁들이 정치적으로 지도되고 있고 위험하고 분열적이라고 비난합니다. 그러나 '정치화'라는 의미의 내용은 정치화의 목표와 관련이 있는데 그 핵심은 자본의 권력의 타도입니다.

노동 인민이 당면한 문제에 대한 단결을 선택해야만 하는지, 아니면 노동자들의 인민 권력을 위한 단결을 선택해야만 하는지는 잘못된 딜레마인데 그것은 투쟁을 침식하고 패배시키기 위해 의도적으로 투쟁을 분열시키는 것입니다. 노동계급의 다수가 정치적 의식이 높으면 높을수록, 어떤 것이 악화되는 것을 막거나 혹은 어떤 더 좋은 것을 획득하기 위하여 당면한 문제들을 둘러싸고 투쟁을 할 수 있는 기회는 더 많아집니다.

그것은 서로 간에 분리되지 않는 전략과 전술의 문제인데 전술은 전략의 유연성 측면에 의해 결정됩니다.

오늘날 우리는 자신감을 가지고 말할 수 있습니다: 저항과 반격에 대한 분위기는 보편적으로 패배하지 않았습니다. 이런 분위기는 존재합니다: 그것은 체계적 노력에도 불구하고 파괴되지 않았습니다. 그리고 그것은 한편으로 그리스 공산당과 그리고 현존하고 있으면서 그 운동에서 우리와 나란히 서 있는 급진적인 세력들 덕분에 파괴되지 않을 것입니다. 세력들의 상호관계가 부정적이라 할지라도 자신의 오랜 경험과, 그것이 배웠던 교훈들과, 또한 동화(同化)의 덫을 건더낼 수 있는 능력과 결합되어 있는, 그리스 공산당의 전진적인 추진력은 계속되고 있습니다.

그것은, 이번에는 확실히 그리고 돌이킬 수 없을 정도로 진정으로 우월한 사회주의-공산주의 사회의 가능성을 최종적으로 실현하기 위해, 모든 나라에서, 모든 대륙에서 동일한 투쟁을 수행하고 있는 우리의 인민, 세계의 민족들, 국제 노동계급에 대한 신뢰의 맹세입니다. **노사과연**

"68'년 5월로부터 우리는 무엇을 배웠는가?"*

번역: 제일호 | 부산지회 회원

68년 5월 이후 50년이 지난 지금 우리가 왜 이 주제에 관해 토론하고 있는지 궁금해 하는 사람들이 있을 것이다. 우리는 확실히 향수 때문에 68에 대한 토론을 하는 것은 아니다. 우리에게 다행스럽게도, 시리자(SYRIZA) 및 일부 기회주의자들의 최근의 행사들과는 달리, 오늘날의 KNE 행사에는 주로 젊은이들, 대학생들이 참석을 하고 있으며, 단지 그 사건에 대해 경험적인 기억을 가지고 있거나 혹은 지난 수십 년 동안 대학 강당에서 관련된 토론의 기억을 가진 몇몇의 중년의 사람들만 참석하고 있는 것이 아니다.

우리가 68년의 5월을 토론하고 있는 것은, 단지 그 현실을 덮어 가리기 원하는 부르주아 선전의 신화, 그 투쟁에서 노동계급 그리고 CGT(노동총동맹, Confederation Generale du Travai)와 PCF(프랑스 공산당, Parti Communiste Français)의 지도적 역할을 부정하는 신화를 폭로하기 위해서일 뿐만 아니라, 동시에 그 운동의 빠른 하향으로의 전환에 대해 배타적인 정치적 책임을 그들에게만 도발적으로 놓는다는 것을 폭로하기 위해서이다. 콘-벤디트(Cohn-Bendit)와 같은 두드러진 반공산주의적 모험주의자들을 진정한 혁명가로서 끈질기게 내세우고 5월을 단순한 학생들의 봉기로

---

* 아티카(Attica) KNE 조직의 대학생 축제에서 마키스 파파도폴로스(Makis Papadopoulos)의 연설 (2018년 6얼 16일)

내세우는 부르주아적 신화.

국제 공산주의 운동의 긍정적 경험과 실수들, 약점들에 대한 자기비판적인 검토가 오늘날 우리를 더 강하게 하며, 이는 동일한 실수를 반복하기 위해서가 아니라 인간에 의한 인간의 착취의 폐지, 사회주의를 미래에 더 빨리 가져오기 때문에 우리는 68년 5월을 토론하고 있는 것이다. 그러나 다른 역사적 사건과 마찬가지로 68년 5월 사건의 원인을 이해하기 위해서는 경제와 정치 사이의 관계를 조명할 필요가 있으며 사건 발전의 경제적 배경을 이해해야 한다. 물론 예를 들어, 1960년대 베트남 전쟁에 반대하는 미국에서의 운동과 같은 운동의 상승의 국제적인 차원이 있지만, 오늘 우리는 프랑스에 국한해서만 논의할 것이다.

올해는 맑스의 탄생 200주년이 되는 해인데, 그는 그의 저작 "루이 보나빠르뜨의 브뤼메르 18일"에서 사람들은 자기 자신의 역사를 쓰지만, 그들이 스스로 선택한 자유로운 조건 하에서 임의로 역사를 쓰는 것이 아니라, 그들이 처한 객관적인 조건—각각의 주어진 시대에서의 생산 관계를 의미하는—하에서 쓴다고 하였다.

그러면, 사건의 발전을 이해하기 위해, 이 시기에 프랑스에서의 자본주의 경제의 전개를 잠깐 살펴보기로 하자.

프랑스 자본주의 경제의 발전

제2차 세계대전 후, 장 모네(Jean Monnet)에 의해 구체화된 현대화 및 기반시설을 위한 국가 계획이 프랑스에서 시행되었고, 미국의 마셜 플랜(Marshall Plan)에 의해 투자 부분에서 자금이 조달되었다. 1954년 이후 프랑스 산업생산의 증가율은 연간 9-10%에 달했다. 원자력 발전, 항공우주, 전자의 현대적인 분야들은 유럽의 다른 열강의 자본주의 경제에 비해 많은 역동성을 가지고 있었다.

1968년 프랑스에는 자본주의의 공황이 없었다. 대조적으로 1969년과 1973년 사이에 프랑스는 일본에 이어 두 번째로 높은 성장률을 보였다.

프랑스의 부르주아지는 물론 유럽 영역에 대한 제국주의 열강으로서의 자신의 역할을 한 단계 상승시키려고 하고 있었다. 이 목표는 1960년 이후 프랑스가 15개 식민지에서, 특히 아프리카에서 직접적인 정치적 통치권을 상실했기 때문에 더욱 더 절실하게 되었다.

힘의 상호관계가 변화함에 따라 프랑스 제국주의의 더 큰 독자성을 표방하는 드골(De Gaulle) 장군은 미국의 선택과는 어느 정도 다르게 자기 자신을 차별화 시켰다.

1966년 프랑스는 NATO의 군사 부문과 조직 기구에서 철수했다. 프랑스의 우라늄 농축 망이 국내의 핵무기 생산을 위해 만들어졌다.

1963년 이후 프랑스 정부는 프랑스 경제의 전략적인 부문에서 외국인 투자를 제한했다. 달러의 지배에 대한 공격이 시작되었다. 드골은 냉전의 시기에 "대서양에서 우랄까지의 유럽"에 관해 말했다. 그는 66년 9월 프놈펜(Phnom Penh)과 대화하면서 베트남에 대한 미국의 개입을 비판했고 같은 해 쏘련을 방문했으며 중화인민공화국을 승인했다.

EEC(유럽경제공동체-역자)를 설립하고 발전시키는 과정에서, 드골은 초국가적 기관과 유럽 공통의 외교 및 방위 정책에 대해, "여러 국가들의 유럽"을 대치시켰다. 그는 1963년 영국의 가입을 거부했으며 영국을 미국의 "트로이의 목마"로 간주했다. 그는 프랑스-독일 축을 구축하려고 노력했으며 아데나워(Adenauer) 수상과 프랑스-독일의 정기적인 회의에 대해 협약을 체결했다.

미국과 드골 간의 논쟁

우리가 언급한 것을 보면, 우리 모두는 왜 드골의 정치에 대한 미국의 대응이 있었는지, 그리고 왜 프랑스에서 부르주아 내부적인 모순이 심화되었는지를 이해할 것이다. 미국이 프랑스 부르주아지의 가장 친(pro)대서양적인 세력들과 협력하여 프랑스에서 독자적이고 다면적인 전후의 활동을 한 것은 단지 프랑스 공산당의 영향력을 제한하고 반공산주의를 육성하는 데만 제한된 것이 아니며, 미국은 시간이 흐르면서 드골의 정치적 지배에 대해 부르주아적 압력을 가하고 침식하는 형태로 관여하였다.

전후의 최초의 기간에, 미국은 국민통합정부로부터 프랑스 공산당을 축출하고 노동계급 내에서 프랑스 공산당의 영향력을 위축시키는 것을 목표로 초점을 맞추었다. 프랑스 공산당의 개량주의 노선에도 불구하고, 프랑스 공산당의 강력한 영향력은 미국이 추구한 반쏘련 노선의 확대에 장애로 간주되었고 체제의 안정성에 대한 잠재적 위험으로 간주되었다. 만일 프랑스 공산당이 자신의 노선을 수정하고 혁명적인 전략과 활동을 획득하는 경우에 대비하여.

1946년 총선에서 프랑스 공산당은 29%의 득표율을 기록했고 후마니테(L'Humanité)는 독자가 가장 많은 신문이었으며 CIG(CIA의 전신)의 수장인 호이트 반덴버그(Hoyt Vandenberg)는 프랑스 공산당이 원한다면 그 당은 정권을 잡을 수도 있다고 경고했다.

전후 미국의 반공산주의 개입에는 여러 계획들과 비밀 요원들의 네트워크가 포함되었으며, 그 중 일부는 부르주아 내부의 모순의 맥락에서 프랑스 부르주아 정치인들에 의해 폭로되었다. 붉은 프랑스(red France)의 창조를 막기 위한 블루 플랜(Blue Plan)이 알려지게 되었다. 예를 들어 코드명 "바람의 장미"(Rose of the Winds)라는 프랑스 반공산주의 네트워크가 설립되었는데, 대서양 동맹의 별 모양의 상징과 같이, 후에 사회주의자 대통령 미테랑(Mitterrand)의 특별 고문이 되었던 프랑수아 드 그로수브르(François de Grossouvre)에 의해 지도되었다.

CIA는 분리주의적이고 반공산주의적인 노조 연합인 포스 오브리에르(Force Ouvrière)의 창설과 활동을 지지했는데 그것은 붉은 노동자들의 연합인 노동총동맹(CGT)의 커다란 영향력을 제한하려고 시도했다.

CIA는 또한 불법적인 비밀 군사 조직(OAS, Secret Army Organization)의 활동을 지원했는데, OAS는 드골에 대한 쿠데타를 조직했다. OAS는 알제리에서 식민지 명에의 유지를 추구하면서, 드골을 지지했던 에비앙(Evian) 시장과 같은 사람들을 살해했을 뿐만 아니라 드골을 직접 죽이려고 시도했다.

오랜 기간 후에 밝혀진 프랑스 의회의 보고서에 따르면, 1968년 5월 이전 기간 동안 수만 명의 성원이 시민 행동 기구(Civic Action Service)에 모집되었으며 그들은 비밀 활동의 이러한 비밀스러운 전쟁에 참여했다. 피에르 멘데스 프랑스(Pierre Mendès France)—그는 1968년 5월 27일 샤를레티 스타디움(Charléty Stadium)에서 열린 반정부 집회에서 따뜻한 환영을 받았다—와 같은 반권위주의적이고 기회주의적인 학생 그룹들이 친대서양적인 사회민주주의 정치인들을 지지한 것도 주목할 만하다.

마오주의자, 뜨로츠키주의자, 반권위주의 조류를 포함하는 콘-벤디트(Cohn-Bendit) 그룹은 드골 정부와 프랑스 공산당 모두를 목표로 삼았고, 실천적으로 대서양주의적인 프랑스 사회민주주 정부로의 접근을 촉진했다.

가이 호켄헴(Guy Hocquenghem)과 같은, 68년 5월의 비공산주의적 활동가들조차도 버나드 쿠치너(Bernard Kouchner)와 세르게 줄리(Serge July)와 같은 당시의 저명한 주역들을 친미 사이비 좌파의 기관들로 지목했다.

부르주아 진영에서 무슨 일이 일어나고 있었는지를 살펴보았는데, 이제 이러한 발전의 결과들이 노동 계급, 학생들, 청년에게 무엇을 가져왔는지 살펴보자.

만족되지 못하는 현대의 요구들

1968년이라는 특수한 기간에, 이전의 기간과 관련하여 노동계급의 절대적 빈곤에 있어서 급격한 악화, 첨예한 증가가 있지는 않았고 심각한 자본주의의 공황이 발생하지도 않았다.

그렇다면 우리는 무엇을 경험했는가? 1960년대에는 노동계급의 상대적 빈곤의 경향이 노동계급이 생산하는 부—이러한 부를 부르주아지, 독점 그룹의 주요 주주들이 향유하였다—와 관련하여 강화되었다. 노동자들은 그들의 현대적 요구와 구매력 사이의 벌어지는 거리를 경험적으로 목격했다.

우리 시대에는 노동계급이 더 이상 단지 의복이나 일상적인 영양 공급과 같은 기본적인 요구만을 충족시키는 것에 만족할 수 없다. 노동계급은 여가 시간의 증가, 창의적인 업무내용, 미래에 대한 불안의 근절, 자녀의 실질적인 교육, 건강보호 개선에 대한 요구들에 대해 관심을 가졌다.

노동계급이 자본주의 착취의 메커니즘을 이해하지 못하고 대규모로 맑스주의를 연구하지 않았더라도, 노동계급은 원자력 발전소, 작업장, 자동차 산업, 현대적인 공장에서 노동의 사회화와, 대자본에 의한 생산 결과물들의 전유 사이의 모순을 더욱 격렬하게 경험했다.

노동계급은 지금, 20세기의 처음 수십 년보다 더 교육을 받고 숙련되었다. 노동계급은 누가 업무의 속도를 결정하는지, 누가 투자와 우선 순위를 결정하는지를 객관적으로 더 반영할 수 있다. 혁명적인 전위가 노동계급을 이러한 방향으로 이끄는 만큼.

피고용인들은 대량 실업의 증가에 대해 우려했는데, 특히 1964년

20만 명에서 1967년 30만 명으로 증가했던 젊은 층의 대량 실업, 그리고 낭트(Nantes)와 세인트 나자르(St Nazaire) 조선소와 같은 특정 부문의 위기의 발발을 우려했다. 그들은 드골의 안정화 계획으로 인해 일과 보험의 권리를 제한하는 첫 번째 조치를 경험했는데, 다른 무엇보다도 그것은 보험료를 인상했고 보험 기금들을 노동조합의 통제로부터 빼앗아갔다.

노동계급의 하위 계층, 말하자면, 150만 명의 노동자들이 최저임금(월 400프랑밖에 되지 않는)을 받았는데, 노동자들이 매주 초과근무를 많이 하지 않는 한 이 돈으로 버젓한 생활을 해 나가기에는 충분하지 않았다.

현대적 요구에 대한 만족의 결여가 특히 예민하게 떠올랐던 곳은 대학이었다. 전쟁 후 자본의 확대 재생산의 필요는 숙련된 과학 분야 인력에 대한 요구를 증가시켰다. 과학적인 연구와 지식은 자본의 수익성의 향상을 위해 생산에서 점점 더 확산되고 있었다.

이리하여 1960년대에는 대학에 입학하는 학생들이 엄청나게 증가했다. 이는 학생들의 출신 계급이라는 점에서 그 구성을 변화시키는 것이지만, 주요하게는 그들의 계급적 전망을 차별화시켰다. 처음에는 실업과 저임금 작업의 위험, 말을 바꾸면 프롤레타리아화의 경향이 나타난다.

동시에, 기반시설, 실험실, 건물, 강사들이 학생들에게는 적절하지 않았다. 교육에서 계급의 장벽이 점점 더 강화되고 있었다. 교수의 권위주의 그리고 학생 강당을 남성을 위한 강당과 여성을 위한 강당으로 분리하는 것과 같은 일련의 시대착오는 이제는 받아들일 수 없는 것으로 간주되었다. 성에 대한 억압과 성평등에 대한 논의가 열렸다.

이러한 분위기 속에서 미래의 학생들에 대한 시험 장벽과 분리 메커니즘에 관련되었던 교육부의 법령과 같은, 한 점의 불꽃은 4월 말에 최초의 학생 동원의 방아쇠를 당기기에 충분했다. 그래서 만족되지 않는 현대의 요구라는 쟁점은 흐릿한 일반적인 도전의 분위기에 방아쇠를 당겼고 약간의 투쟁이 일어났다. 문제는 공산당이 그 상황을 어떻게 마주했는가이다.

프랑스 공산당(PCF)의 정치적 약점

프랑스 공산당은 노동계급과 강한 연계를 맺고 노동조합 운동에 커다란 정치적 영향력을 행사했다. 공장 점거에서, 노동 투쟁에서, 68년 5월에 대해 실제적인 정치적 무게를 부여했던 1000만 명의 강력한 대규모 총파업에서, 프랑스 공산당 노동조합 세력은 노동총동맹을 통해 지도를 했다.

1968년 5월 29일 프랑스 공산당의 대규모 정치 시위 이후에 비로소 드골은, 비록 슬로건이 정부의 변화라는 목표에 국한되었음에도 불구하고, 계급투쟁의 상승과 투쟁의 역동성으로 인한 대통령궁의 점거 가능성에 대해, 실제적으로 경계하게 되었다.

드골은 노동자 투쟁의 축소와 타협의 방향으로 프랑스 공산당을 밀어붙이기 위해 5월 30일 프랑스 공산당이 시민적 합법성에 반대하는 음모를 꾸몄다는 죄목으로 고발했다. 드골이 "직접 선거 이외의 다른 출구", 즉 계엄령의 억압 조치를 선택하겠다고 위협한 것은 프랑스 공산당이 역동적인 모습을 보인 직후였다.

불행하게도 부르주아지에게 상황은 그리 어렵지 않았다. 흐릿하고 일반적인 도전의 분위기는 권력에 대한 노동자 계급의 계획되고 조직된 공격으로 이어지는 데 결코 충분하지 않았을 뿐만 아니라, 노동운동이 적절한 사회적 동맹을 형성하는 데도 충분하지 않았다.

1968년까지에 이르는 전후의 시기에 프랑스 공산당은 혁명적 전략에서 점점 더 후퇴하고 있었고 마침내 유로꼬뮤니즘이라는 공개적인 항복 노선을 쫓는 것으로 마감을 했다. 우리는 오늘날 이 쟁점의 깊이에 관심을 두지 않을 것인데, 그것은 공산주의 인터내셔널의 전쟁 이전의 전략의 정교화의 모순과 그릇된 고려에 뿌리를 두고 있다.

이해를 하기 위해 중요한 것은 개량주의 노선의 결정적인 부정적 영향, 사회주의로의 의회주의적 이행에 관한 환상, 더불어 사회민주주의자들과 공산주의자들이 협력하는 정부이다. 이 전략은 프랑스에서 친대서양적인 부르주아와 드골 지지자들 사이의 부르주아 내부의 모순에서 프랑스 공산당이 종종 스스로 추의 역할을 하도록 이끌었다.

시간은 기회주의적인 교란과 사회주의 혁명의 법칙에 대한 부정의 이 과정을 상세히 제시하는 것을 허용하지 않는다. 그러나 그것의 핵심 요점을 간략히 언급할 가치는 있다:

프랑스 공산당은 프랑스의 자본주의적인 재건을 목표로 한 46년 국민 통일 정부에 참여했다. 그 선택 때문에 프랑스 공산당은 1947년 코민포름에 의해 비판을 받았다.

정부에 의한 프랑스 공산당의 추방—이러한 발전에 대한 미국의 개입이 증명되었다—이후에, 프랑스 공산당은 제12차 당 대회(1950년)에서 그 화력을 단지 미국의 영향력에 반대하는 것에 쏟았고, 실천적으로 프랑스 부르주아지에게 면죄부를 주었다.

1956년 제20차 쏘련 공산당 당 대회 이후, 사회민주주의와 행동의 통일의 목표가 제기되었는데 사회민주주의에서는 무엇보다도 친대서양적인 부르주아 정치인들의 다수가 발견되고 나타났었다. 사회주의로의 폭력 혁명을 통한 이행은 필수적이지 않으며, 이제는 세력들의 국제적 상호관계의 변화로 인해 제국주의 전쟁을 막는 것이 가능하다고 선언되었다.

알제리에서의 군사 쿠데타 이후, 그리고 드골이 국회의 해산뿐만 아니라 공화국의 대통령으로서 많은 권력의 집중을 요구했던 1958년 국민투표의 경우에서, 프랑스 공산당은 특정 독점체들의 국유화,

자본주의 생산의 현대적인 부문의 강화, 실업의 감소, 교육개혁에 초점을 맞춘 공동의 강령을 가지고 사회민주주의자들과 공산주의자들 간에 정부적 협력의 목표를 특별히 언급했다.

프랑스 공산당은, 정부의 변화를 통해 자본가들의 부르주아 국가로부터, 사회의 현대적 요구에 대한 친인민적인 관리가 있을 수 있다는 환상을 키웠다. 프랑스 공산당은 사회주의로의 의회적 이행이라는 환상을 키웠다. 프랑스 공산당은 군사 독재를 강요하고자 하는 드골의 야망을 지지하는 프랑스 부르주아지의 가장 반동적인 부분에 대해서만 이야기함으로써 노동자의 적을 모호하게 만들었다. 프랑스 공산당은 자본의 독재의 주요 형태로서 부르주아 민주주의의 역할을 모호하게 만들었다.

프랑스 공산당은 66년 대통령 선거에서 유로-대서양 동맹의 입장을 명백히 했던 프랑수아 미테랑(François Mitterrand)의 공동 입후보를 지지했다. 1967년 의회 선거에서 프랑스 공산당은, 1차 투표에서 표를 덜 받은 한 당의 후보자가 더 많은 표를 얻은 당의 후보자에 찬성하여 2차 투표에서 철수하는 상호 철수 제도에 대해 사회주의자와 협정을 맺었다.

제17차 프랑스 공산당 당 대회에서 모리스 소레즈(Maurice Thorez) 총서기는 사회당과 공산당의 통일이라는 목표를 언급하기도 했다. 1968년 사회당과 공산당의 협력을 위한 프랑스의 샹피니(Champigny) 협정이 공식화되었으며, 그 협정에서 국유화와 부르주아 민주주의의 확대가 기본 조건으로 확인되었다. 1962년부터 1968년까지의 기간 동안 미테랑은 선거에서 승리하더라도 프랑스 공산당이 정부에 참여하는 것에 대해 분명히 하는 것을 체계적으로 피했다는 점은 주목할 가치가 있다. 체코슬로바키아에서 반혁명이 발발한 후, 미테랑은 명확한 반소비에트 지향과 함께 "사회주의와 자유"라는 새로운 정치적 동맹의 필요성에 대해 말했다. 본질적으로 그는 프랑스 공산당이 쏘련 공산당으로부터 더 공개적으로 거리를 두도록 압력을 가했다.

이리하여 68년 5월의 초점 없는 도전의 흐름을 배양한 오늘날의 만족되지 못하는 사회적 요구의 폭발에 직면하여, 프랑스 공산당은 한편으로는 사회주의의 필요성과 역사적 적시성을 조명하고 또 다른 한편으로는 노동자 투쟁의 상승과 그것의 반자본주의 방향으로의 심화에 기여할 수 있는 혁명적인 노선을 더 이상 형성할 수 없었다.

그레넬 협정

노동권을 위한, 보다 많은 여가시간을 위한, 창의적인 노동의 내용을 위한, 사회적 번영을 위한 생산력으로서의 과학의 인력에 대한 효과적인 활용을 위한 현대의 요구는, 자본주의적 이윤에 기초한 성장의 길을 근절할 필요성을 조명하고 있는 반면에, 프랑스 공산당은 노동운동의 전투성과 역동성을, 임금 상승, 은퇴 연령의 저하, 주 40시간의 노동에 관한 투쟁이라는 경제적 틀에 제한하였다.

이러한 경제적 목표는, 심지어 자본의 권력, 나토(NATO) 및 유럽 경제 공동체(EEC)와의 총체적인 갈등의 필요성과 연계되어 있는 선언적인 방식조차도 아니다.

그 유일한 정치적 목표는 드골 정부의 사임과 소위 인민적인 정부의 출현이었다.

부르주아 정부로서는, 재정적 요구에 관하여 정부와 노동조합 간에 그레넬 협정을 제안하고, 그것에 서명한 후 며칠이 지나서 선거를 요구하는 것을 통해 이 개량주의 노선을 다루는 것은 쉬운 일이었다.

5월 27일의 그레넬 협약에서 부르주아 정부는 노동총동맹(CGT)의 경제적 요구에 직면하여 상당한 양보를 했다. 부르주아 정부는 상승하고 있는 노동자 투쟁의 정치적 역동성을 제한하기 위해 최저임금의 35% 상승, 은퇴 연령의 저하를 받아들였다. 공장 점거중인 노동자들은 그 협정을 즉각적으로 또는 유보조건 없이 받아들이지 않았다. 어떤 경우에는 강한 불만이 표출되기도 했다. 그러나 6월 첫째 주 안에 산업 생산은 다시 시작되었다.

자유주의에 대한 "자유의지론적"(libertarian) 설교자들

현대의 사회적 요구를 충족시키기 위하여 반자본주의적인 노선을 가진, 급진적인 투쟁 강령으로써 전투적 방식으로 표현하지 못하는 프랑스 공산당의 무능력은 또한 부르주아적 및 소부르주아적 개념들이 꽃피우는 데 기여했는데 이것들은 차례로 대규모 반공산주의 운동의 출현과 노동운동의 무장해제에 도움이 되었다.

예를 들어 마르쿠제(Marcuse)는 현대적인 가전제품과 자동차의 획득을, 노동자의 소외에 책임이 있는 것으로 보면서, 그러한 물질적 요구를 충족시키기 위한 노동계급의 요구를 비난하였다. 그리하여 그는 노동계급에게 죄를 뒤집어 씌우면서, 자본주의 체제가 노동자를 자신의 노동의 생산물, 자기 자신의 노동 활동, 다른 사람들과 그 환경으로부터 소외시키는 데 책임이 있다는 사실을 모호하게 했다.

그러나 노동자가 생산하는 특정 제품이나 특정 서비스가 아닌, 자본주의적 이윤을 노동의 목표로 강요하는 것이 바로 자본주의이다. 노동계급의 계급의식에 영향을 미치는 것은 바로 자본주의인데, 물(水)에서부터 건강과 자녀의 양육에 이르기까지 모든 것을 상품으로 전화시키면서 특정한 소비 패턴을 형성하게 하는 것이 바로 자본주의이다. 자본주의 시장의 정글 안에서 일시적인 일자리를 확보하기 위해 많은 노동자들이 경쟁하도록 압박하는 것이 바로 자본주의이다.

이러한 상황은 산업과 기술의 발전 일반에 의해 창조된 것이 아니라, 인간에 의한 인간의 착취 관계와 자본주의적 생산관계에 의해 창조되었다.

우리는 68년 5월에 학생 운동의 대열에 최초로 영향을 주었던 수많은 소부르주아적 및 부르주아의 흐름에 대해서는 논의하지 않을 것이다. 상황주의자들, 실존주의자들, 신프로이트주의자들, 소위 반권위주의자들 등과 같은 그들 중 다수의 사람에 대해, 우리는 뒤에 이어지는 루카스(Loukas) 동지의 개입에서 그들을 간략하게 언급할 것이다.

그러나 우리는 어떠한 사회적 억압에 대해서도 반대하는 개인의 권리를 미화했던 "자유의지 노선"의 정치적 결과를 지적할 필요가 있다. 이 노선은 자본주의 체제에 무해할 뿐만 아니라 자본의 새로운 공격을 위해 유용했다. 당시의 프랑스 맑스주의자들(미셸 클로스카드(Michel Clouscard))은 "자유의지론적 자유주의"에 대해 정확하게 말했다.

무정부주의적 슬로건인 "금지하는 것은 금지되어 있다"와 "어떤 종류의 권력도 부패한다"는 것은 자본의 권력을 타도한다는 전략적 목표를 모호하게 만들고 그 운동을 무장해제 시켰다. 왜냐하면 인간에 의한 인간의 착취 그리고 실업을 철폐하기 위해서는 생산 수단에 대한 사적 소유를 불법화하는 것이 필수적이기 때문이었다.

더 적은 정부 관료주의 그리고 더 많은 자유에 대한 흐릿하고 일반화된 요구는 자유주의적인 부르주아 정치의 기치가 되었는데, 이것은 물론 강력한 부르주아 국가들에 의해, 반공주의와 함께—왜냐하면 그것은 부르주아 국가를 노동자 권력의 국가에 비유하기 때문이다—적용되었다.

억압적인 사회 일반에 반대하는 개인주의의 미화는 사회주의 나라들에서 인권이 짓밟히고 있다고 이야기하는 미국의 선전 활동의 배경이 되었는데 이는 사회적 권리 및 의무와 관련하여 개인적 권리의 우선권과 보호라는 동시대의 선전으로 발전했다. 사회의 이익을 사회적 억압의 한 형태로서 제기하는 어떤 선택에 세례를 주는 것은 철저하게 반동적인 정치 노선이다. 이 정치노선은 자본주의에서 착취를 당하는 수백만 명의 권리를 억압하고 숨 막히게 한다.

만약 우리가 이러한 입장을 받아들이고 확장한다면, 몇 년 안에 우리는 강간범, 어린이에 대한 이상 성욕자, 마약 거래자의 개인적 권리의 보호에 대해 논의하게 될 것이다. 그리고 물론, 이 입장은 생산 수단의 사적 소유에 대한 권리를 신성하고 불가침한 것으로 간주한다.

모든 사람들은 우선적으로 자기 자신에 대한 책임을 진다는 주체성에 대한 개인주의적 신화는 1968년 5월 이후 자본주의적 노동 조직에 의해 이용당했다. 적극적인 참여와 각 개별 노동자들의 창의성의 자유화라는 망토를 걸친 새로운 형태의 조직들은 노동자들 간의 경쟁과 노동 강도의 강화를 증가시켰다. 그것들은 기업의 수익성을 높이기 위해 각 노동자들의 개인적인 책임에 초점을 맞추었다.

뜨로츠끼주의 그룹들의 실제 역할

3월 22일의 운동은, 한 사회학과 학생인 콘 벤디트(Cohn-Bendit) 자신이 그때 말한 것처럼, 명확한 강령, 체계, 구조를 가지지 못했다는 점에서 체제에 무해한 것이었다. 이 노선을 따르는 학생들은 "억압의 타도"와 "권력에의 상상력"을 외쳤지만, 본질적으로 부르주아 권력을 손상시키지 않은 채 내버려 두었고, 부르주아 국가가 인민들에 대한 착취와 억압을 조직하는 것을 허용했다. 콘 벤디트는 여러 차례에 걸쳐 자신의 확고한 반공산주의를 언급했다.

그는 일반적으로 드골 정부와 프랑스 공산당을 비난하면서, 친대서양적인 프랑스 사회민주주의를 체계적으로 정치적으로 건드리지 않고 내버려 두었다. 입안된 "자유의지적인" 모호한 슬로건은 정부를 교체하고자 하는 목표에 실천적으로 봉사했다.

이 모험주의적인 사람은 처음에는 프랑스 공산당의 프랑스 청년 조직에서 추방되었던 근본적인 뜨로츠키주의 그룹—이 그룹은 알랭 크리빈(Alain Krivine)을 지도자로 하는 '혁명적 공산주의 청년'이라는 이름으로 출현했었다—을 지지했다.

그들은 이미 1956년에 폴란드의 그리고 주요하게는 헝가리의 반혁명 세력에 대하여 동정심을 표명했다. 프랑스와 같은 나라에서 사회주의를 건설할 가능성을 거부하면서, 그들은 사회주의 혁명의 불꽃을 먼 미래로 연기했다. 그들이 제안한 이행기적 투쟁 강령은 자본주의의 영역에 대한 노동자 통제의 조직의 창출에 초점을 맞추었다.

프랑스 공산당에 대한 그들의 비판은, 프랑스 공산당이 자연발생적인 노동자 활동과 전투적인 형태의 투쟁을 과소평가하고 고무하지 않았다는 사실에 초점을 맞추었다. 그들의 이론가인 어니스트 만델(Ernest Mandel)은 68년 5월을 평가하면서, 혁명적 전위가 존재하지 않을 때조차도 자본주의 모순에 대한 노동자들의 실천적인 경험은 혁명적인 계급의식의 발전의 가속화를 초래할 수 있음을 경험은 보여 주었다고 썼다.

그러나 경험은 이것을 보여주지 않았다. 효과적인 혁명적 전위의 결여는 부르주아 계급이 운동의 상승을 완화하도록 촉진했다. 부르주아 정부는 당근—그것은 노동자의 경제적 요구에 대한 일시적인 양보의 전술이다—과 채찍—그것은 프랑스 공산당이 부르주아적 합법성에 반대하여 음모를 꾸미고 있다고 하면서 프랑스 공산당에 대한 체포, 상해, 살인, 위협을 가하는 억압이다—을 활용했다.

부르주아 정부는 "민주주의를 위한 방위 위원회"와 같은 준국가 기구를 동원했고, 뿐만 아니라 5월 30일 드골을 지지하며 결집한 수십만 명의 시민을 동원했는데 그들은 "프랑스인을 위한 프랑스"와 "공산주의는 허용되지 않을 것이다"라는 슬로건을 내세웠다. 준국가

조직들은 심지어 프랑스 공산당과 노동총동맹의 지역 사무소 밖에서 때때로 경고 사격을 하기 시작했다.

부르주아 정부는 조기 선거를 선언하는 카드를 사용했는데 거기에서 드골주의자들(Gaulists)은 38.3%에서 46.4%로 그들의 득표율을 상승시켰다: 선거 전(前) 기간 동안 18세의 노동자이자 공산주의 청년 조직의 성원인 마크 랑뱅(Marc Lanvin)이 살해되었는데, 푸조(Peugeot) 공장의 공장 점령에서 2명의 노동자처럼 그리고 한 17세의 학생처럼 그렇게 살해되었다. 노동자들에게 경제적 요구에 만족한 후에는 파업을 중단하라고 이미 요구했던 프랑스 공산당은, "사회주의자들과의 민주적 통일"이라는 부르주아 정부의 형성을 정치적 목표로 설정했으며 그리고 드골이 헌법위원회를 향한 자신의 손을 자유롭게 할 수 있는 덫에 빠지지 않았다고 선언했다. 자연스럽게 사건의 경과는 프랑스 부르주아 계급이 결정적인 계급적 대결을 목표로 하고 있지 않다는 것과 노동 운동을 쉽게 무장 해제할 수 있다는 것을 보여 주었다. 주요하게는 공산주의 청년 조직에서 추방된 분파로부터 형성되었던 뜨로츠키주의 연맹은 사회당과 공산당 간의 협력이라는 부르주아 정부를 구성하려는 목표를 지지하기 위해 선거에 나타났다.

5월에 "포장 도로 아래, 해변"이라는 노래를 부르던 대학생들은 이미 6월부터 여름 방학을 시작하기 위해 진짜 해변을 찾기 시작했다.

너무나도 빨리 68년 5월 프랑스의 전투적 투쟁들이 죽어 버렸다. 그 후 몇 년 동안 프랑스는 유럽-대서양의 제국주의적 계획 내에 더 유기적으로 동화되었다. 프랑스의 낭테레(Nanterre)에서 활동하기 전에, 독일 사회주의 학생 연합에서 출발했던 콘 벤디트(Cohn-Bendit)는, 다음 수십 년 동안 독일에서 부르주아 정치가로 다시 나타났다.

68년 5월은 무엇이었나?

앞서 논의한 내용을 바탕으로 우리는 지금, 프랑스의 1968년 5월에 대한 몇 가지 특수한 결론들을 도출할 수 있다.

자본주의의 발전 자체가 자본과 노동 간의 근본 모순을 첨예하게 만들고, 노동 계급, 인민, 인민의 청년층의 증가하는 불만에 객관적으로 기름을 붓는다는 것을 68년 5월은 증명했다. 체제가 부패해가고 있는 독점 자본주의 시대에 어떤 부르주아 정책, 어떤 형태의 기술적인 현대화도, 성장하고 있는 사회적 요구를 만족시킬 수 있는 가능성과 자본주의적 이윤의 제단에서 그러한 요구의 희생 사이의 간극을 완전하게 영원히 은폐할 수는 없다는 것을 5월은 폭로하였다.

역으로, 생산력의 성장이 자본주의 하에서 진행됨에 따라, 이 격차는 단지 점점 커질 뿐이며, 그리하여 이 길은, 팽창하고 변화하고 있는 현대의 사회적 요구의 만족을 초래하지 않을 뿐만 아니라 실제적으로는 그러한 만족에 반대된다는 것이 증명될 수 있다.

그러나 노동계급의 처지와 불만의 악화는 노동자와 빈곤한 인민층의 부분에서 계급의식의 성숙을 자동적으로 초래하지는 않는다. 혁명적 전위가 존재하면서 단호하게 행동하는 것이 필요하다: 즉, 자본주의 하에서의 공산당은, 노동계급의 역사적 사명인 인간에 의한 인간의 착취 폐지를 실현하기 위해 노동계급을 조직적으로, 정치적으로 그리고 이데올로기적으로 준비시키고 지도하기 위해 필요하다.

자코뱅(Jacobins)과 로베스피에르(Robespierre)가 없었다면 1789년 프랑스에서 부르주아 혁명은 없었을 것이고 필리키 에타이레이아(Filiki Etaireia)가 없었다면 1821년 그리스 부르주아 민족해방 혁명은 없었을 것이며 볼셰비키와 레닌이 없었다면 10월 혁명은 없었을 것이다.

68년 5월 기간 동안 이러한 결론은, 개량주의 노선과 의회주의적인 환상의 우세로 인해, 자본주의 영토에 사회민주주의와 함께 "진보적인" 정부를 형성한다는 목표로 인해, 프랑스 공산당이 혁명적 전위의 역할을 효과적으로 수행하지 못하게 한 약점에 의해 두드러지게 되었다.

일반적으로 프랑스 공산당은 사회의 욕구를 충족시키기 위한 자본주의의 혁명적 전복의 중요성과 노동계급의 권력 쟁취를 강조하는 혁명 정책을 정식화하지 않았다. 이리하여 1968년 5월의 더 광범한 기간 동안, 부르주아적, 소부르주아적, 기회주의적 인식의 영향력이 강화되었고, 무해하고 체제에 쉽게 통합되는 슬로건, 혹은 이어지는 몇 년 동안 자본주의의 재구조화에 있어서 자본의 공격을 위해 유용한 슬로건이 지배적이었다. 이러한 관점에서 볼 때, 나중에 반공산주의적, 부르주아 정치인이 된 콘 벤디트와 같은 5월 학생 운동에서의 다른 지도자들의 발전은 본질적으로 완전히 자연스러웠다.

우리나라에서도 그와 상응하게, 우리는 2012년 광장에서 겉보기로는 자발적인 항의를 경험했는데, 그것은 실제적인 적을 겨냥하지 않았고, 조직화된 노동운동 외부에서 일어났으며, 본질적으로 시리자(SYRIZA)가 정부 권력으로 부상하는 것을 도왔다. 이 경우에 있어서 그것은 정부에 무해한 변화의 방향으로 대중의 불만을 오도하는 조직화된 중심의 개입을 강조했다. 2012년의 흐릿한 반(反)각서 슬로건을 내거는 것은, 시리자(SYRIZA) 세력과 황금 새벽당(Golden Dawn) 세력의 정치적 만남의 지점을 구성했다.

노동계급은 68년 5월에 총파업과 전투적인 공장 탈취를 통해, 투쟁을 조직하고 자본주의 생산을 중단시키면서 역동적으로 전면에 부상하는 능력을 보여 주었다. 부르주아 계급과 드골 정부는 노동총동맹과 프랑스 공산당의 파업에 대한 호소 이후, 1000만 명의 노동자들의 총파업의 성공을 목격하고 난 후 비로소 실제적으로 걱정하게 되었다. 그들은 계급투쟁의 객관적인 첨예화가 프랑스 공산당의 지도부로 하여금 개량주의 노선에서 혁명적인 방향으로 교정하도록 추진할 수 있었기 때문에 걱정을 했다. 지배계급은 객관적으로 어떤 계급이 자신들을 전복할 수 있는 전위적인 사회 계급인지—왜냐하면 그 계급은 사슬 외에는 잃을 것이 없기 때문이다—를 잘 알고 있기 때문에 걱정을 했다.

그러나 프랑스 공산당 세력의 전투적인 정치 및 노동조합 활동에도 불구하고, 그 노선은 본질적으로 노동운동을 경제적 안정과 재분배에 대한 요구로 축소시키는 노선이었고, 그 목표는 정부의 변화였다.

객관적으로 프랑스 공산당은, 일시적인 양보로써 운동의 역동성을 완화하고 부르주아 지배의 깃발 아래 보수적인 사회 세력을 동원하려 한 드골 정부의 책동을 촉진했다.

핵심적인 기회주의자, 뜨로츠키주의자 및 마오주의 그룹의 개입은 객관적으로 운동의 정치적 무장 해제에 도움을 주었다. 반쏘비에트주의, 일국에서, 민족적 수준에서 사회주의 혁명의 승리를 위한 투쟁의 거부, 자연발생적인 노동자 활동의 역동성에 대한 관념화, 자본주의의 토대위에서 노동자의 통제와 '인민 친화적' 관리에 초점을 맞춘 이행기적 투쟁 강령은 기회주의적 노선의 기본 요소 중 일부였다. 이런 식으로 뜨로츠키 5월 연맹은 3월 22일의 흐릿하고 무해한 운동의 꼬리로 출발하는데, 그것은 연속해서 실시된 선거에서 사회주의자와 공산주의자 사이의 협력의 목표를 지지하도록 이끄는, 특수한 정치적 내용이 없는 봉기를 요구하고 있었다.

68년의 5월은 혁명이었을까?

68년 5월은, 대학생들과 청년들이 균일한 객관적인 이해를 가진 독자적인 계급이 아니라는 것을 또한 우리에게 상기시켜준다. 그들의 상이한 계급적 배경, 그러나 주요하게는 졸업생들에게 있어서 상이한 계급적 전망, 대학들에서의 대중적인 조직화 이후에, 그들 중

많은 사람에게 있어서 실업의 위험과 미래의 프롤레타리아화로 가는 경향은 봉기에, 투쟁에, 그리고 대학생 운동의 급진화에 역할을 했다. 이는 결정적인 쟁점은, 부르주아 계급의 정책과 권력에 반대하는 계급 지향적인 노동운동과 학생운동의 실질적인 협력이라는 점을 다시 한 번 강조하였다.

일찍이 언급되었듯이, 그것은 우리가 프랑스 68년 5월의 정치적 내용에 대한 질문에 더 명확하게 대답하도록 해주고 그것이 다르게 진화할 수 있었는지 없었는지를 평가할 수 있도록 해준다. 68년 5월은 자본주의 권력의 전복을 위한 노동계급과 그 동맹들의 계획되고 조직된 공격을 표현하지 않았다.

한편으로 이것을 허용하는 객관적인 조건이 충분히 존재하지 않았다: 혁명적인 정세는 여전히 존재하지 않았다. 다른 한편으로 프랑스 공산당은 개량주의적 전략으로 인해, 노동운동을 이러한 방향으로 이끌 수 있는 혁명적인 정책을 제시하지 않았다.

그러나 첨예한 계급적 갈등이 있었다. 자본의 권력과의 갈등과 전복의 방향으로 계급투쟁이 상승하는 데 유리한 조건을 객관적으로 창출하는 노동운동에서의 의미 있는 상승이 있었다. 우리가 "비혁명적 정세"라고 개략적으로 묘사하는 것은 정적이고 불변하는, 고정된 정세가 아니다.

물론 혁명적 정세가 표출되는 시점은 정확하게 예측할 수 없을 뿐만 아니라 혁명적 전위의 의지에 달려 있지도 않다. 그러나 프랑스 공산당과 혁명적 노동운동의 활동은 객관적 조건의 변화에 영향을 미쳤고 기록되어졌다. 계급 간의 세력 균형은 자연현상과 같이 저절로 바뀌어 지지 않을 뿐만 아니라 기적을 통해서도 바뀌어 지지 않는다. 그것은, 기본적인 모순과 부르주아 내부의 모순의 첨예화와 연관이 있는 특수한 조건 하에서 자연스럽게 수행되는 계급투쟁의 과정과 결과에 기초하여 변화한다.

객관적 조건과 주체적인 요인 사이의 이러한 상호 작용의 중요성은, 긍정적 방식으로는 1917년의 10월 혁명의 승리를 그리고 부정적 방식으로는 68년 5월의 투쟁의 결과를 비추어준다.

혁명적 상황에 대한 레닌주의의 기준에 근거해서 그 기간을 검토하면, 다음과 같이 확인할 수 있다:

우리가 가지고 있는 사실들로 볼 때, 68년 5월에 프랑스에서 "권력을 가진 사람들이 더 이상 이전처럼 통치할 수 없는", 즉 부르주아 계급의 정치적 지배의 불안정성이 본질적으로 나타났던 지점에 우리가 객관적으로 도달했다는 것은 증명될 수 없다. 그러나 증가된 사회적 요구를 정치적으로 관리하는 어려움이 증가하고 부르주아 헤게모니는 약화되었다. 드골을 지지하는 프랑스 부르주아 계급의 부분과 미국 간에 제국주의 내부적인 모순이 첨예화 되었다. 미국은 프랑스의 사회민주주의 정치인들을 지지했고 그 운동이 드골 정부에 대항하는 방향을 취하도록 개입을 했다. 그럼에도 불구하고 부르주아 국가, 군대, 경찰 및 법원은 모두 단호하게 기능했고 따라서 혼란을 겪지는 않았다. 정부는 수십 만 명의 지지자들을 동원했다.

68년 5월은 노동계급과 청년의 삶에 있어서 첨예하고 광범위한 악화를 특징으로 하지는 않았다. 그러나 자본주의의 발전이 현대의 사회적인 요구의 만족으로 이어지지 않고 실업, 불안정, 상대적 빈곤의 증가로 이어진다는 것은 더욱 더 분명해졌다. 노동계급이 생산한 부와 관련하여 노동계급의 상대적 빈곤은 증가했다

68년 5월, 우리는 전투적인 분위기, 전투성에서 극적인 상승, "아래로부터의 대규모 대중"의, 노동계급, 대학생들의 흐릿하고 피상적인 급진화를 보았지만, 이것은 혁명적 정세를 특징짓는, 부르주아 계급을 희생시키면서 일어나는 세력들의 균형에 있어서의 커다란 변화가 일어나기에는 당연히 충분하지 않았다.

그러나 이것 때문에 프랑스 공산당이 계급투쟁의 결과와 운동의 급속한 완화에 대한 커다란 책임을 벗어날 수는 없다. 분명히 프랑스 공산당이 무장 혁명 봉기를 즉각적으로 이끌 수 있는 조건은 성

숙하지 않았다. 그러나 프랑스 공산당은 실제적인 적, 부르주아 계급의 권력을 목표로 하면서, 부르주아 계급의 정치적 지배력에 균열을 내고 그 균열을 심화시키면서, 노동 운동의 정치적 투쟁을 상승시키고 한 단계 높일 수 있었고 또 그렇게 했었어야 했다. 프랑스 공산당은 개량주의 노선을 교정할 수 있었고 많은 공장 탈취에서 나타난 전투적인 열정을 정치적으로 풍부하게 할 수 있었지만 그렇지 못하였다.

프랑스 공산당은 "드골 하에서 10년이면 충분하다"라고 외치는 노동자들과 "권력에의 상상력"이라고 벽에 적는 학생들에게 "노동자들이여, 당신들은 사장 없이도 관리할 수 있다"라는 슬로건을 공개적으로 선전할 수 있었지만 그렇지 않았다. 노동자의 권력을 향한 방향으로 선동할 수 있는 공간이 있다는 것을 보여주었던, "노동자를 위한 공장"이라는 희미하게 급진적 슬로건이 들려오고 있었다. 프랑스 공산당은 바로 계급투쟁 내부에서, 진보적인 부르주아 정부에 대한 의회주의적 기만이라는 개량주의 노선을 교정할 수 있었지만 그렇지 않았다.

실망은 없다

68년 5월의 과정은 무엇보다도 우리 모두에게 공산당이 노동계급의 혁명적인 전위로 남아있기 위해 필요한 조건들을 가르쳐 준다. 이 역할은 단순히 건네어 지는 것이 아니며 역사에 의해서 영원히 수여되는 것도 아니다. 모든 공산당들이 말이 아니라 행동으로 혁명적인 전위로 남아있기 위해서는, 현대적 발전을 해석하기 위해, 사회주의 혁명, 사회주의 그리고 현대의 사회적 요구의 만족을 위한 필요를 조명하는 이상적인 전략을 정교화하기 위해, 계급투쟁의 역사적 경험을 지속적으로 자기 비판적으로 연구해야 한다. 계급투쟁의 상승에 도움이 될 이상적인 정책을 전투적으로 그려내기 위해, 노동계급과 가난한 인민 층과의 끈을 심화하고 넓히기 위해, 노동운동 내에서 반자본주의적 지향을 확립하기 위해, 사회적 동맹의 구축에 기여하기 위해.

우리 당은 이 모든 과업에 부응하기 위해 매일 끊임없이 노력하고 있다. 우리는 영웅적인 그리스 공산당의 100년 동안의 투쟁과 희생을 통해 배우고 있을 뿐만 아니라 국제 공산주의운동의 경험— 긍정적이든 부정적이든—을 통해서도 배우고 있다.

프랑스에서의 68년 5월과 같은 중요한 역사적 순간을 연구하면서, 우리는 아마도 패배한 투쟁들에 대해 어떠한 실망감도 느끼지 않는다.

1968년 5월로부터, 우리는 발전된 자본주의의 한 가운데서 인터내셔널가를 부르면서 똑같은 길을 함께 행진하는 수십 만 명의 노동자와 학생들의 모습을 마음속에 그린다. 그리고 우리는, 노동계급이 우리의 상상 속에서가 아니라 현실의 삶 속에서 마침내 권력을 잡기 위해, 이 똑같은 길을 끝까지 걸어가면서 투쟁을 계속해 나갈 것이다! 노사과연